Como a democracia chega ao fim

David Runciman

Como a democracia chega ao fim

tradução
Sergio Flaksman

todavia

Prefácio
Pensando o impensável **7**

Introdução
20 de janeiro de 2017 **17**
1. Golpe! **32**
2. Catástrofe! **90**
3. Revolução tecnológica! **129**
4. Alguma coisa melhor? **176**
Conclusão
É assim que a democracia chega ao fim **221**
Epílogo
20 de janeiro de 2053 **234**

Leituras recomendadas **241**
Agradecimentos **247**
Notas **249**
Índice remissivo **257**

Prefácio
Pensando o impensável

Nada dura para sempre. A democracia sempre esteve destinada a passar, em algum momento, para as páginas da história. Ninguém, nem mesmo Francis Fukuyama — que anunciou o fim da história em 1989 —, jamais acreditou que suas virtudes a tornassem imortal.[1] Mas até bem pouco tempo, a maioria dos cidadãos das democracias ocidentais teria imaginado que o fim ainda estava distante. Jamais esperariam que ocorresse durante as suas vidas. Pouquíssimos pensariam que pudesse vir a acontecer diante dos seus olhos.

Mesmo assim, aqui estamos, antes de a segunda década do século XXI se completar, e nos defrontamos com a pergunta que ninguém esperava: é assim que a democracia chega ao fim? Como tantos outros, deparei-me pela primeira vez com essa pergunta depois da eleição de Donald Trump para a presidência dos Estados Unidos. Para emprestar uma expressão da filosofia, parecia a reductio ad absurdum da política democrática: qualquer processo que chegue a uma conclusão tão ridícula só pode ter cometido um erro sério em algum ponto do caminho. Se Trump é a resposta, é que não estamos mais fazendo a pergunta certa. Mas o problema não é só Trump. Sua eleição é sintomática de um clima político superaquecido que parece cada vez mais instável, fraturado pela desconfiança e pela intolerância entre as partes, alimentado por acusações insensatas e bravatas virtuais, um diálogo de surdos que se afogam mutuamente na balbúrdia. Em muitos lugares, e não só nos Estados Unidos, a democracia começa a dar a impressão de que vem saindo dos eixos.

Quero deixar claro desde o início: não acredito que a chegada de Trump à Casa Branca assinale o fim da democracia. As instituições democráticas dos Estados Unidos foram concebidas para suportar todo tipo de solavanco, e a presidência estranha e errática de Trump não está além do que pode ser superado. O mais provável é que, depois do seu governo, venha algo relativamente rotineiro, e não uma coisa ainda mais bizarra. Ainda assim, a chegada de Trump à Casa Branca nos impõe um desafio imediato: o que poderia acarretar a falência da democracia num país como os Estados Unidos? A que coisas uma democracia estabelecida não teria como resistir? Sabemos agora que precisamos começar a formular essas perguntas. Mas não sabemos como respondê-las.

Nossa imaginação política continua presa a imagens ultrapassadas de como se dá o fim da democracia. Ainda somos cativos da paisagem do século XX. É nas décadas de 1930 ou 1970 que vamos buscar as imagens do que ocorre quando a democracia entra em colapso: tanques nas ruas; ditadores caricatos bradando mensagens de unidade nacional enquanto deixam um rastro de violência e repressão. A presidência de Trump vem suscitando muitas comparações com tiranias do passado. Somos alertados contra a complacência de achar que não poderia acontecer de novo. Mas e quanto ao outro perigo: de que, enquanto procuramos os sinais familiares de sua falência, nossas democracias estejam fracassando de maneiras que desconhecemos? Essa me parece a maior das ameaças. Não creio que haja muita chance de estarmos no caminho de volta para os anos 1930. Não estamos vivendo uma segunda alvorada de fascismo, violência e guerra em escala mundial. Nossas sociedades são diferentes demais — prósperas demais, idosas demais, interligadas demais — e trazemos profundamente arraigado um conhecimento histórico coletivo do que deu errado àquela altura. Quando a democracia chegar ao fim, o mais provável é que fiquemos surpresos com a forma que irá assumir. Podemos nem sequer perceber que o fim está chegando porque estaremos olhando na direção errada.

A ciência política contemporânea tem pouco a dizer sobre as novas maneiras como a democracia pode falhar porque está preocupada com outra questão: entender como a democracia continua a funcionar, para começo de conversa. O que é compreensível. Durante o processo de sua difusão pelo mundo, a democracia quase sempre deu um passo atrás para cada dois passos dados à frente. Pode ter sido estabelecida precariamente em partes da África, da América Latina ou da Ásia, e depois sufocada por um golpe de Estado ou uma sublevação militar antes da próxima tentativa. Foi assim em lugares como o Chile, a Coreia do Sul e o Quênia. Um dos enigmas centrais da ciência política é explicar a persistência da democracia, que é fundamentalmente uma questão de confiança: aqueles que correm o risco de perdas com o resultado de uma eleição precisam confiar que vale a pena a perseverança até a próxima disputa eleitoral. Os ricos precisam confiar que os pobres não irão tomar seu dinheiro. Os militares precisam confiar que os civis não irão tomar suas armas. Muitas vezes, essa confiança acaba. E é então que a democracia desmorona.

Por esse motivo, os cientistas políticos tendem a ver a falência da democracia como um "retrocesso" ou uma "recaída" (*backsliding*, em inglês). A democracia volta ao ponto anterior à consolidação de uma confiança duradoura em suas instituições. E é por isso que recorremos a exemplos passados de falência democrática para entender melhor o que pode dar errado no presente. Imaginamos que o fim da democracia irá nos levar de volta ao início. O processo de criação em marcha à ré.

Neste livro, pretendo apresentar uma perspectiva diferente. Que feição a falência política pode assumir em sociedades em que a confiança na democracia é tão firme que é quase impossível de abalar? A grande questão do século XXI é saber por quanto tempo poderemos manter os arranjos institucionais em que estamos tão habituados a confiar, a ponto de nem notar mais quando param de dar resultado. As eleições regulares são um desses arranjos e continuam a ser o grande alicerce da política democrática. Mas também envolvem corpos legislativos democráticos, tribunais independentes e uma imprensa livre. Todos eles podem continuar a funcionar da maneira habitual, mas sem nos proporcionar o que deviam garantir. Uma versão esvaziada da democracia tem o perigo de nos acalentar com uma falsa sensação de segurança. Podemos continuar a confiar na democracia e recorrer a ela como salvação, ao mesmo tempo que fervemos de irritação com sua incapacidade de corresponder às nossas expectativas. A democracia pode entrar em falência mesmo permanecendo intacta.

Essa análise pode parecer em desacordo com as discussões frequentes sobre a perda de confiança na política democrática e nos políticos de todas as sociedades ocidentais. É verdade que boa parte dos eleitores não gosta de seus representantes eleitos e nem confia neles, hoje mais do que nunca. Mas essa perda de confiança não é do tipo que leva as pessoas a pegar em armas contra a democracia — em vez disso, obriga todos a se armarem de paciência. E a democracia pode sobreviver a longos períodos de desespero. Aonde ela vai dar é uma questão em aberto, que pretendo tentar responder. Mas não deságua na década de 1930.

Devemos tentar evitar uma visão da história à moda de Benjamin Button, em que tudo que é velho torna a rejuvenescer, mesmo enquanto adquire mais experiência. A história não anda para trás. É verdade que a democracia ocidental de hoje se comporta de maneiras que parecem ecoar os momentos mais sombrios do passado — e quem tiver visto manifestantes ostentando suásticas pelas ruas de Charlottesville, na Virgínia, ouvindo em seguida o presidente dos Estados Unidos dar um jeito de afirmar que a culpa estava dos dois lados, não poderá ser criticado por temer o pior. No entanto, por mais funestos que sejam, esses eventos não prenunciam a volta de uma coisa que julgamos ter deixado para trás. É fato que deixamos o século XX para trás. Precisamos de um novo quadro de referência. Peço licença então para apresentar outra analogia. Não é perfeita, mas espero que ajude a esclarecer meus argumentos neste livro. A democracia ocidental está atravessando uma crise da meia-idade. O que não quer dizer que o que vem acontecendo seja trivial: a crise da meia-idade pode ser calamitosa e até fatal. E a que estamos assistindo é bem avançada. Mas para entendê-la precisamos levar em conta não só o esgotamento da democracia como também sua volatilidade, além da complacência que, ao lado da raiva, também se mostra com tanta clareza atualmente. Entre os sintomas de uma crise da meia-idade estão comportamentos que tendemos a associar a pessoas muito mais jovens. Ainda assim, seria um erro supor que o modo de entender o que acontece hoje seja estudar a maneira como os jovens se comportam.

Quando um homem infeliz de meia-idade cede ao impulso de comprar uma motocicleta, o perigo pode ser grande. Se ele for um sujeito de pouca sorte, tudo pode acabar numa bola de fogo. Mas é muito menos perigoso do que a compra de uma moto por um garoto de dezessete anos. Geralmente, é só uma coisa constrangedora. A motocicleta da meia-idade é usada poucas vezes e acaba estacionada para sempre. Ou passada adiante. A crise precisa ser resolvida de algum outro modo, se é que tem solução. Pois a democracia dos Estados Unidos está vivendo sua crise da meia-idade. Donald Trump é a motocicleta. E tudo ainda pode acabar numa bola de fogo. O mais provável, porém, é que a crise continue e requeira alguma outra solução, se é que existe solução para ela.

Sei bem que falar da crise da democracia nesses termos pode ser visto como um sinal de complacência, ainda mais quando quem fala é um homem branco e privilegiado de meia-idade. Esse comportamento é um luxo que muita gente pelo mundo não pode bancar. Trata-se de um problema de primeiro mundo. A crise é real, mas também tem lá o seu lado cômico. E é isso que torna tão difícil saber no que vai dar.

Passar por uma crise que começa não no início, tampouco no fim da vida, mas em algum ponto intermediário, é ser puxado ao mesmo tempo para a frente e para trás. O que nos puxa para a frente é nosso anseio por coisas melhores. O que nos puxa para trás é nossa relutância em abrir mão do que nos trouxe até aqui. E a relutância é compreensível: a democracia nos prestou bons serviços. O apelo da democracia moderna reside em sua capacidade de trazer benefícios de longo prazo às sociedades, ao mesmo tempo que confere voz a cada um dos seus cidadãos. Uma combinação quase imbatível. É fácil ver por que não queremos desistir dela, pelo menos por enquanto. Porém, pode ser que a escolha não se dê simplesmente entre o pacote integral da democracia e algum pacote antidemocrático alternativo. Pode ser que os elementos que tornam a democracia mais atraente continuem a operar, mas deixando de funcionar em conjunto. O pacote começa a se desfazer. Quando um indivíduo se desestrutura, às vezes dizemos que ele ou ela está caindo aos pedaços. Hoje, a democracia nos parece cair aos pedaços. O que não quer dizer que seja irrecuperável. Ainda não.

Quais são, então, os fatores que distinguem a crise atual das outras que a democracia enfrentou no passado, quando era mais jovem? A meu ver, há três diferenças fundamentais. Primeiro, a violência política não é mais o que foi para as gerações anteriores, nem na escala nem no caráter. As democracias ocidentais são sociedades fundamentalmente pacíficas, ou melhor: nossos impulsos mais destrutivos se manifestam de outras maneiras. A violência ainda existe, é claro. Mas espreita às margens da política e nos recônditos da imaginação de cada um, sem jamais assumir o centro do palco. E é ela o fantasma dessa história. Segundo, a ameaça de uma grande calamidade não é mais a mesma. No passado, a probabilidade de uma catástrofe tinha um efeito mobilizador, mas hoje tende a nos deixar apalermados. Paralisados pelo nosso medo. Terceiro, a revolução da informática alterou por completo os termos em que a democracia precisa operar. Passamos a depender de formas de comunicação e compartilhamento de informação que escapam tanto ao nosso controle como à nossa plena compreensão. E todos esses traços da nossa democracia condizem com o seu envelhecimento.

Organizei o livro em torno destes três temas: o golpe de Estado; a calamidade; o triunfo da tecnologia da informação. Começo pelos golpes de Estado — os sinalizadores-padrão da falência democrática — e pergunto se uma tomada das instituições democráticas pela via armada ainda é uma hipótese realista. Caso contrário, como a democracia pode ser subvertida sem o uso da força? Saberíamos, pelo menos, o que estaria acontecendo? A escalada das teorias da conspiração é um dos sintomas da nossa crescente incerteza quanto à natureza real do que nos ameaça. Todo golpe parte de uma conspiração, pois precisa ser planejado em segredo por pequenos grupos. Quando ele não ocorre, porém, ficamos só com as teorias da conspiração, que nunca esclarecem nada.

Em seguida, discuto o risco de uma catástrofe. A democracia entrará em colapso se todo o resto desmoronar: guerra atômica, mudança climática calamitosa, bioterrorismo, surgimento de robôs assassinos, qualquer desses fatores pode acabar com a política democrática — no caso, porém, este seria o menor dos nossos problemas. Se alguma coisa der realmente muito e terrivelmente errado, quem sobrar estará ocupado demais com a luta pela sobrevivência para se preocupar muito com a mudança através do voto. Mas não será grande o risco de que, ante essas ameaças, a vida da democracia se esgote de qualquer maneira, enquanto nos vemos paralisados pela indecisão?

E então discuto a ameaça da tecnologia. Robôs inteligentes ainda estão longe de existir. Mas máquinas semi-inteligentes de um alcance mais limitado, encarregadas de minerar dados ou tomar decisões invisíveis em nosso nome, aos poucos estão se infiltrando em boa parte das nossas vidas. Temos hoje uma tecnologia que promete uma eficácia sem precedentes, controlada por empresas obrigadas a prestar menos conta de seus atos que quaisquer outras na história política moderna. Iremos abdicar da nossa responsabilidade na democracia em favor dessas novas forças, sem nem mesmo pensar duas vezes?

Finalmente, pergunto se faz sentido imaginar a troca da democracia por coisa melhor. Uma crise da meia-idade pode indicar que realmente precisamos de mudanças. Se estamos encalhados num impasse, por que não rompemos de uma vez com o que nos deixa tão insatisfeitos? A democracia, na famosa definição de Churchill, é a pior forma de governo que existe, à exceção de todas as outras experimentadas de tempos em tempos. Ele disse isso em 1947. Muito tempo atrás. E será que desde então não tivemos realmente uma escolha melhor? Passo em revista algumas das alternativas, do autoritarismo ao anarquismo em suas versões do século XXI.

Para concluir, pergunto onde pode dar a história da democracia, no fim das contas. A meu ver, não haverá um ponto final único. Dada a grande diversidade das experiências, as democracias continuarão a seguir caminhos diferentes em diferentes partes do mundo. O fato de a democracia dos Estados Unidos conseguir sobreviver a Trump não significa que a democracia turca seja capaz de sobreviver a Erdogan. A democracia pode estar prosperando na África ao mesmo tempo que começa a falir em várias partes da Europa. O destino da democracia no Ocidente não será necessariamente determinante para o destino da democracia em toda parte. Mas a democracia ocidental ainda é o modelo emblemático do progresso democrático. Sua falência teria implicações enormes para o futuro da política.

Haja o que houver — a menos que o fim do mundo chegue antes —, a sucessão será demorada. A experiência atual da democracia dos Estados Unidos está no cerne do meu relato, mas precisa ser entendida em contraste com a experiência mais ampla da democracia em outros tempos e lugares. Quando digo que devíamos abandonar nossa fixação atual na década de 1930, não estou sugerindo que a história seja desimportante. Muito pelo contrário: nossa obsessão por certos momentos traumáticos do passado corre o risco de nos cegar para as muitas lições que podemos extrair de outros momentos. Pois temos tanto a aprender com a década de 1890 quanto com a de 1930. E posso recuar ainda mais: à década de 1650 e à democracia do mundo antigo. Precisamos da história para nos libertar da nossa pouco saudável fixação em nosso passado imediato. Eis uma boa terapia para gente de meia-idade.

O futuro será diferente do passado. O passado é mais extenso do que parece. Os Estados Unidos não são o mundo inteiro. Ainda assim, o passado imediato dos EUA é por onde eu começo, com a posse do presidente Trump. Não foi o momento em que a democracia chegou ao fim. Mas foi um bom momento para começarmos a pensar no que pode significar o fim da democracia.

Introdução
20 de janeiro de 2017

Assisti à posse de Donald Trump como presidente dos Estados Unidos numa tela grande, num salão de conferências de Cambridge, na Inglaterra. A plateia estava repleta de estudantes estrangeiros, bem agasalhados contra o frio — as salas de Cambridge nem sempre são muito bem aquecidas, e havia tanta gente de casaco e cachecol dentro do salão quanto no palanque das autoridades em Washington, D.C. Mas o clima entre os estudantes não era nada gélido. Muitos riam e faziam piadas. Reinava uma atmosfera festiva, como ocorre em grandes funerais públicos.

Quando Trump começou a discursar, os risos foram morrendo. Na tela grande, que tinha como pano de fundo colunas e bandeiras estadunidenses ao vento, o efeito era estranho e desagradável. Ficamos com medo. O modo de falar de Trump, parecendo que latia, somado a seus gestos expressivamente crus — cortando o ar com seus dedos gorduchos, erguendo um punho cerrado no clímax de sua fala —, fez com que a mesma ideia ocorresse a muitos de nós: o que vemos é uma versão caricatural do fascismo. A semelhança com uma cena de um dos filmes de Batman — em que o Coringa discursa para os cidadãos aterrorizados de Gotham — era tão grande que chegava a parecer um clichê. O que não anula a analogia. Os clichês são aonde a verdade vai para morrer.

O discurso de Trump foi chocante. Ele usou expressões apocalípticas que ecoavam as fronteiras menos civilizadas e mais enfurecidas da política democrática, a faixa em que a democracia pode começar a se transformar em seu oposto. Deplorou "as fábricas enferrujadas, espalhadas como pedras tumulares pela paisagem da nossa nação [...] o crime, as gangues e as drogas". Ao clamar por um renascimento do orgulho nacional, lembrou a seus ouvintes que "todos nós sangramos o mesmo sangue vermelho dos patriotas". O que soou como uma ameaça pouco velada. Acima de tudo, ele pôs em dúvida a ideia básica do governo representativo: os cidadãos conferem aos políticos eleitos o poder de tomar decisões em seu nome. Trump preferiu fustigar os políticos profissionais por terem enganado o povo estadunidense e traído a sua confiança:

> Já faz tempo demais que um pequeno grupo, reunido na capital de nossa nação, vem gozando dos benefícios do governo, enquanto o povo arca com as despesas.
> Washington floresceu — mas as pessoas não compartilharam sua riqueza.
> Os políticos prosperaram — mas os empregos foram embora, e as fábricas fecharam.[1]

Trump reafirmou que sua eleição assinalou o momento em que o poder deixou de ser transmitido apenas de presidente a presidente, ou de um partido para o outro, mas de Washington, a capital da república, de volta para o povo. Pretendia mobilizar a fúria popular contra qualquer político profissional postado em seu caminho? Quem seria capaz de detê-lo? Quando terminou o discurso, foi saudado, em nosso salão de Cambridge, por um silêncio atônito. E não fomos os únicos surpreendidos. O predecessor de Trump na presidência, George W. Bush, foi flagrado murmurando, ao deixar o palanque: "Que porra mais estranha".

Em seguida, como vivemos numa era em que tudo que é consumido pode ser instantaneamente reconsumido, resolvemos assistir de novo ao discurso. Da segunda vez, foi diferente. Já sabendo aonde iria chegar, achei o discurso menos chocante. Senti que minha primeira reação tinha sido excessiva. Trump disse essas coisas, mas não quer dizer que sejam reais. Seu discurso assustador destoou da civilidade fundamental da cena. Afinal, caso o país estivesse tão fraturado quanto ele descrevia, não existiria uma grande dificuldade de acompanhar educadamente a sua posse até o fim? E destoou também da ideia que eu sempre fiz dos Estados Unidos. Os EUA não são uma sociedade partida, certamente não, se comparados a qualquer padrão histórico.

A despeito de alguns picos recentes, a violência vem declinando por toda parte. A prosperidade aumenta, embora a distribuição da riqueza continue muito desigual. Se as pessoas acreditassem de fato no que Trump dizia, teriam votado nele? Teria sido um gesto de grande coragem, nesse caso, tendo em vista o risco de pane total da sociedade. Talvez tenham votado nele porque, no fundo, não acreditam no que ele diz?

Levei uns bons quinze minutos para me aclimatar à ideia de que essa retórica tinha passado a ser a nova normalidade. Os autores dos discursos de Trump — Steve Bannon e Stephen Miller — não puseram em sua boca nenhuma palavra explicitamente antidemocrática. Foi um discurso populista, mas o populismo não é o inverso da democracia. Ele se propõe, isso sim, a resgatá-la das elites que a traíram. Nada que Trump tenha dito questionou a premissa fundamental da democracia representativa: a ideia de que, no momento certo, as pessoas têm o direito de dizer que estão fartas dos políticos que vêm tomando decisões por elas. Trump ecoava uma convicção óbvia dos seus eleitores: está na hora de dizer chega.

Quando assisti ao discurso pela segunda vez, me concentrei menos em Trump e mais nas pessoas distribuídas à sua volta. Melania Trump parecia alarmada por se ver no mesmo palanque que o marido. O presidente Obama se limitava a uma expressão de desconforto. Hillary Clinton, mais afastada, parecia atônita. Os comandantes das Forças Armadas exibiam semblantes estoicos e impassíveis. A verdade é que, depois do juramento, havia pouco o que Trump pudesse dizer para ameaçar diretamente a democracia dos Estados Unidos. Foram só palavras. O que conta, na política, é o momento em que as palavras se convertem em ação. As únicas pessoas com o poder de dar cabo da democracia dos EUA no dia 20 de janeiro de 2017 estavam sentadas ao lado de Trump. E não estavam fazendo nada.

Como podia ter sido diferente? A definição mínima de democracia afirma simplesmente que, numa eleição, os perdedores aceitam a derrota. Entregam o poder sem recorrer à violência. Noutras palavras, dão um sorriso amarelo e aguentam firme. Se isso acontece uma vez, temos todo o potencial de uma democracia. Se acontece duas vezes, temos uma democracia feita para durar. Nos Estados Unidos, já ocorreu 57 vezes de os derrotados numa eleição presidencial aceitarem o resultado, embora aqui e ali tenha sido por pouco (especialmente na muito discutida eleição de 1876 e em 2000, quando a presidência foi conquistada pelo derrotado no voto popular — o mesmo caso de Trump). Em 21 ocasiões, os EUA assistiram à transmissão pacífica do poder de um partido para o outro. Uma única vez, em 1861, a democracia do país deixou de passar nesse teste — quando um grupo de estados do Sul não se conformou com a ideia de Abraham Lincoln ser o presidente legítimo, e lutou contra ela por quatro anos.

Noutras palavras: a democracia é a guerra civil sem o combate armado.[2] A democracia fracassa quando as batalhas simbólicas se transformam em combates de verdade. Consumada a vitória de Trump, o maior perigo para a democracia do país teria sido uma oposição do presidente Obama ou de Hillary Clinton em relação ao resultado. Clinton venceu no voto popular por uma boa margem — 2,9 milhões de votos, mais que qualquer outro candidato derrotado na história do país — e ainda assim perdeu devido às regras arcaicas do Colégio Eleitoral. Na noite das eleições, Clinton teve dificuldade em aceitar que tinha sido vencida, como tantos outros candidatos derrotados. Obama ligou para ela e insistiu que devia admitir o resultado o mais depressa possível. Disso dependia o futuro da democracia dos Estados Unidos.

Quanto a isso, um discurso mais significativo que o da posse de Trump foi o pronunciado por Obama no gramado da Casa Branca em 9 de novembro, o dia seguinte à eleição. Pela manhã, Obama tinha encontrado muitos de seus auxiliares em lágrimas, desolados porque oito anos de trabalho árduo estavam prestes a ser anulados por um homem que lhes parecia totalmente desqualificado para o cargo ao qual se elegera. Fazia poucas horas que o resultado fora proclamado, e democratas enraivecidos já questionavam a legitimidade de Trump. Obama escolheu outra abordagem:

> O caminho que este país vem seguindo, vocês sabem, nunca foi uma linha reta. Fazemos nossos zigue-zagues, e às vezes alguns acham que estamos seguindo em frente enquanto outros acreditam que andamos para trás, mas não há problema [...]. A questão é que todos avançamos presumindo a boa-fé dos nossos concidadãos, porque a presunção da boa-fé é essencial para uma democracia vibrante e funcional [...]. E é por isso que confio no prosseguimento dessa incrível jornada de que participamos como americanos. E farei o que puder para garantir o sucesso do nosso próximo presidente em relação a isso.[3]

Não é difícil entender por que Obama julgou que sua única escolha fosse dizer o que disse. Qualquer outra coisa teria posto em dúvida os fundamentos da democracia. Mas talvez valha a pena perguntar: quais são as circunstâncias em que um presidente, no exercício do mandato, pode se sentir obrigado a dizer algo diferente? Quando é que a fé nos zigue-zagues da política democrática deixa de ser uma precondição do progresso e começa a se transformar na entrega do futuro às forças do acaso?

Caso Clinton tivesse vencido a eleição de 2016 — especialmente se tivesse conseguido vencer no Colégio Eleitoral, mesmo perdendo no voto popular —, é improvável que Trump se mostrasse tão magnânimo. Durante toda a campanha, deixou claro que sua disposição a aceitar o resultado dependia de ele ser ou não o vencedor. Um Trump derrotado podia muito bem ter desafiado a premissa fundamental da democracia: nas palavras de Obama, "se perdemos, aprendemos com os nossos erros, lambemos as feridas, sacudimos a poeira e voltamos para a arena".[4] Lamber as feridas não é do estilo de Trump. Se o pior cenário possível para uma democracia é uma eleição em que os dois lados discordam quanto à validade do resultado, a democracia dos Estados Unidos evitou um grande perigo em 2016.

É fácil imaginar que Trump, em caso de derrota, pudesse ter preferido boicotar a posse de Hillary Clinton. Seria um desdobramento feio, mesquinho e com certo potencial de violência, mas não seria necessariamente fatal ao predomínio da Constituição. A República poderia ter resistido, apesar das dificuldades. Por outro lado, se Obama tivesse recusado a permissão para a investidura de Trump, por ainda ser o ocupante da Casa Branca ou por planejar dar posse a Clinton, a democracia estaria liquidada nos Estados Unidos, ao menos por ora.

Existe uma outra definição sumária de democracia funcional: é quando quem tem armas não faz uso delas. Os eleitores de Trump possuem muitas armas e, tivesse ele perdido, parte dessas pessoas podia ter sucumbido à tentação de usá-las. Ainda assim, existe uma grande diferença entre um candidato de oposição que se recusa a aceitar a derrota e um presidente em fim de mandato que se recusa a deixar o cargo. Por maior que seja o poder de fogo dos eleitores do perdedor contrariado, o Estado terá sempre mais. Se não tiver, não será mais um Estado em condições de funcionar. "Quem tem armas", nessa definição mínima de democracia, são os políticos que controlam as Forças Armadas. A democracia entra em falência quando uma autoridade eleita com poder de comando sobre os generais se recusa a desistir desse poder. Ou quando os generais se recusam a obedecer.

Isso significa que os outros atores com a capacidade de desferir um golpe mortal na democracia em 20 de janeiro também estavam sentados perto de Trump: os comandantes militares dos EUA. Caso se recusassem a acatar as ordens de seu novo comandante em chefe — por exemplo, se decidissem que ele não merecia receber os códigos de acionamento do arsenal nuclear —, não haveria cerimônia capaz de esconder que a posse era uma encenação vazia. Um dos motivos para a atmosfera de relativa hilariedade em nosso salão de conferências de Cambridge era o rumor, rapidamente espalhado, de que Trump já tinha o controle dos botões desde o café da manhã. E a piada é que era uma sorte ainda estarmos vivos. Mas nenhum de nós acharia graça se os comandantes militares tivessem preferido deixar o novo presidente no escuro. Mais alarmante ainda que um novo presidente errático de posse de tanto poder de destruição é a ideia de que os generais decidissem que esse poder ficaria só com eles.

Ainda assim, em relação aos generais vale a pena perguntar o mesmo que perguntamos quanto ao presidente em exercício: a partir de que momento seria apropriada a desobediência às ordens de um comandante em chefe eleito conforme as regras? Trump tomou posse cercado de boatos de que estava sob influência de uma potência estrangeira. Sua inexperiência era óbvia, sua irresponsabilidade, provável, e seu comprometimento, possível. A democracia dos Estados Unidos já sobreviveu a coisas piores — se a inexperiência e a irresponsabilidade nas relações internacionais impedissem alguém de chegar à presidência, a história de seus governos teria sido outra. E é por sabermos que a democracia dos EUA sobreviveu a coisas piores que é tão difícil entender como devemos reagir agora. Em Cambridge, demos algumas risadas mas depois ficamos sentados num silêncio soturno. Em Washington, aconteceu o mesmo.

A posse de Trump nos permite esboçar três versões diferentes de como uma democracia como a dos Estados Unidos poderia falhar. A primeira é mais ou menos inimaginável: Trump vence, de acordo com as regras, mas o Estado se recusa a reconhecer sua vitória. As chaves da Casa Branca lhe são negadas pelo presidente em exercício, e os militares rejeitam sua autoridade. Esse caminho leva à guerra civil. E Obama excluiu essa possibilidade praticamente no momento em que se soube o resultado. A segunda é algo que podia ter ocorrido, mas não aconteceu: Hillary vence e Donald se recusa a reconhecer sua vitória. O que se segue não é necessariamente uma guerra civil. Tudo depende de quanta violência os decepcionados eleitores de Trump estarão dispostos tanto a infligir quanto a suportar. Jamais saberemos a resposta a essa pergunta. Meu palpite é de que, a despeito de todas as declarações inflamadas, o uso da violência nunca foi provável. Pode haver gente disposta a matar por Trump. Mas morrer por ele? Aí já é muito diferente.

O terceiro cenário é o que realmente aconteceu: Trump vence, e o establishment político dos Estados Unidos resolve sorrir amarelo e aguentar firme. Alguns embarcam com relutância em seu governo, na esperança de poder exercer uma influência estabilizadora. Outros fazem caretas e esperam que o pior não dure muito. Acreditam que as palavras de Trump ainda podem ser absorvidas e domesticadas pela flexibilidade das instituições democráticas. É uma aposta — e se Trump for indomesticável? —, mas nem tão arriscada assim. A alternativa — recusar-se a reconhecer Trump como presidente — parece muito mais perigosa. O risco da aposta não é tão catastrófico quanto o que o establishment político alemão decidiu correr em 1932-1933, quando os políticos que se achavam capazes de domesticar Hitler acabaram devorados por ele. Os Estados Unidos do século XXI não lembram em nada a Alemanha de Weimar. Suas instituições democráticas se fortaleceram com a experiência de mais batalhas. Sua sociedade é muito mais próspera. Sua população tem coisas muito melhores a fazer do que pegar em armas contra a democracia.

No momento em que escrevo, ainda não se sabe no que deu a aposta. Mas a vantagem parece estar ao lado da sobrevivência da democracia. Pode-se até dizer que, por Trump ter sido eleito, a democracia dos Estados Unidos está funcionando como deve. Existe um conflito em curso entre a ameaça destruidora de Trump e um sistema criado para suportar um grande potencial destrutivo, especialmente quando provém de um demagogo. O demagogo começa a descobrir o mundo de diferença entre as palavras e os fatos. É tolhido por instituições que resistem às suas cobranças de lealdade pessoal.

O Congresso não se mostrou tão dócil quanto ele pode ter esperado. Os tribunais também ergueram uma barreira contra decretos do Executivo. Sempre que surgem novas vagas, Trump as preenche, com algum sucesso, com juízes simpáticos à sua causa, por assim dizer. Isso contrasta com sua incapacidade, ou sua falta de disposição, para repovoar a burocracia da administração federal, onde muitos postos continuam vagos. Ainda assim, o número de tribunais e juízes é grande demais para que essa estratégia possa se mostrar decisiva a curto prazo. Como ocorreu com todos os outros presidentes dos EUA, os efeitos do seu impacto sobre o Judiciário só serão sentidos bem depois do fim do seu mandato. Qualquer revolta populista que espere contar com os tribunais para conseguir seus objetivos tende à frustração. Trump tem seus acólitos e seus companheiros de viagem, mas todos os presidentes também tinham. Além de seu círculo imediato, que não para de encolher, as instituições da democracia do país se mostram relativamente resistentes a toda tentativa de captura.

Para os partidários mais encarniçados de Trump, porém, esse resultado não difere muito do primeiro cenário. Dizem eles que o Estado não se recusou a lhe entregar o poder, deixando de reconhecer sua vitória, porque não precisava de uma atitude tão explícita. Em vez disso, o "Estado profundo" decidiu minar a presidência de Trump desde o seu primeiro dia de mandato. A traição corre solta nos bastidores. Segundo essa narrativa, a democracia já parou de funcionar há muito tempo, porque nenhum presidente decidido a desafiar o establishment político jamais conseguiria se sair bem. Não houve um golpe contra Trump. Ainda assim, fala-se com insistência de golpe desde a sua posse: simpatizantes acusam os inimigos de seu próprio partido, além do establishment liberal, de participação num complô para obrigá-lo à submissão. O inflamado comentarista político conservador Rush Limbaugh fala de um "golpe silencioso".[5] Parece até que ninguém mais sabe o que significa um golpe de Estado.

Para os opositores mais ferrenhos de Trump, em contraste, vivemos uma variante modificada do segundo cenário. Embora Trump tenha vencido, ele jamais aceitou a principal consequência de sua vitória: começar a se comportar como um presidente. Nem sequer admite que tenha perdido no voto popular, alegando ter sido vítima de fraude. Pela primeira vez na história, o vencedor se recusa a aceitar o resultado de uma eleição presidencial. A ciência política tem pouco a dizer a respeito porque o fato não se enquadra em nenhuma teoria conhecida sobre a democracia. O presidente Trump não tolera críticas, e não há fato que não conteste, se isso for do seu interesse. Começou ainda na posse, quando divulgou que o público presente era imenso, apesar de todos os indícios em contrário. Trump governa sem respeitar os limites da civilidade democrática, que obriga qualquer um a reconhecer que pode haver verdade do outro lado. Ele faz pouco do próprio sistema que o tolera.

Assim, enquanto Trump trava uma batalha permanente com as instituições democráticas de seu país, há outro debate em andamento entre pessoas que se recusam a aceitar que essa seja a verdadeira história. Vivem no mundo das sombras das teorias da conspiração e dos fatos alternativos. Um mundo que se baseia no pressuposto de que um retrato verdadeiro do que acontece só pode ser compreendido imputando motivações antidemocráticas aos principais atores em cena. Pode parecer que a democracia está funcionando, mas a verdade é que não, porque o outro lado não está mais jogando conforme as regras. Nos termos dessa forma de intolerância mútua entre as partes, a ordem política já entrou em colapso, mas ninguém admite ainda. Em vez de uma guerra civil sem combate, temos embates verbais sem guerra civil.

A existência desse submundo de conflitos partidários torna difícil avaliar o tamanho dos problemas que a democracia dos EUA atravessa. Se houvesse uma série de cadeiras vazias no palanque no dia da posse de Trump — ou se não tivesse havido cerimônia alguma —, a ameaça à democracia seria bem visível. As linhas de batalha teriam sido claramente definidas, e ninguém poderia duvidar delas. O mesmo seria verdade se o evento tivesse rebentado em violência, como alguns temiam. Saberíamos onde estamos. Mas nada aconteceu aquele dia para sinalizar que o jogo tenha acabado. A afronta à democracia foi só caricatural. Todo o resto aconteceu da maneira esperada, de acordo com as regras do jogo. Os protestos foram irados, mas respeitosos. Os dignitários preservaram sua dignidade mais ou menos intacta. Se existe alguma coisa profundamente errada na democracia dos Estados Unidos, ela está escondida bem à vista de todos.

Como muita gente, passei boa parte do tempo desde a posse de Trump pensando em Trump. O que talvez seja um erro. Os Estados Unidos podem não ser o lugar certo para antecipar o fim da democracia, por mais que seu presidente atual chame a nossa atenção. O mundo assistiu a tudo em transe, no dia 20 de janeiro de 2017, porque era difícil desviar os olhos. O teatro da presidência de Trump é irresistível, e absurdo. Versões menos irresistíveis e menos absurdas do mesmo drama vêm sendo apresentadas em outros lugares. As linhas de batalha podem ser traçadas com mais clareza nos países onde as eleições foram vencidas por políticos antiestablishment mais de esquerda do que de direita, ou onde as instituições democráticas são menos entrincheiradas, ou mais fáceis de cooptar. Se a extinção da democracia requer, em última instância, um enfrentamento total entre militares e civis, ou uma clara tomada do poder por forças autoritárias, existem muitos países onde a probabilidade de que ela aconteça é bem maior que nos Estados Unidos. Este livro, portanto, não vai falar apenas dos EUA: vamos olhar também para Delhi e Istambul, para Atenas e Budapeste. A presidência de Trump pode acabar desviando nossa atenção de ameaças mais graves enfrentadas pela democracia noutras paragens.

Mas os Estados Unidos ainda contam. E se a verdadeira história for o que consideramos menos digno de atenção? Não digo isso como um adepto de teorias da conspiração poderia argumentar. Não estou sugerindo que as momices de Trump sejam uma tentativa deliberada de desviar nossa atenção de alguma agressão mais articulada às instituições democráticas. Ainda acredito que Trump é exatamente o que parece. O problema é que é difícil entender o que ele parece. Ele é cômico e ameaçador, familiar e estranho, está tanto dentro quanto fora dos limites do que a democracia pode tolerar. Minha reação confusa à sua posse — um choque seguido de uma ausência de choque, tudo no espaço de quinze minutos — não se limitou àquele momento. É assim que ainda me sinto. Trump, mais que qualquer outro político da história democrática recente, evoca ao mesmo tempo emoções contraditórias. É ridículo e terrivelmente sério. É incompreensível e transparente como uma criança. É motivo para pânico e motivo para manter a calma e seguir em frente.

Trump importa a partir do momento em que entra em cena na história da democracia dos EUA: não no fim, mas em algum ponto intermediário, que ainda vai se revelar como o começo do fim. Os Estados Unidos não são apenas a democracia mais importante do mundo; são também uma das mais antigas. Discute-se muito qual seria a data do início da democracia no país. Parte dela começou ainda no princípio, com a fundação da República em 1776. Mas uma República baseada na escravidão não pode ser considerada uma democracia no sentido moderno. Mesmo com o fim da escravatura, muitos cidadãos ainda viviam sem plenos direitos. Foi só no século XX, com a emancipação das mulheres e, mais tarde, com o movimento dos direitos civis, que finalmente começou algo parecido com o que hoje chamamos de democracia. Feita a conta, a democracia atual dos EUA tem menos de cem anos, e talvez não mais do que cinquenta ou sessenta. Em termos políticos, não é uma idade avançada. Mas tampouco é a juventude, haja vista a quantidade de democracias extintas antes de nem sequer ter a chance de começar. A democracia dos Estados Unidos está na meia-idade. A democracia da antiga Atenas viveu duzentos anos antes de expirar. Em comparação, a estadunidense nem se encontra no meio do caminho.

Nunca é fácil pensar na morte — muito menos na morte de quem pensa. Mas a meia-idade é o momento em que ela passa a frequentar nossos pensamentos. Você sabe que a morte está vindo — não é mais possível acreditar, como na juventude, que a mortalidade só afeta os outros. Chegar à meia-idade é ter sobrevivido o suficiente para aprender a reconhecer os sinais. Um colapso dramático é possível — acontece com muita gente. Ao mesmo tempo, tratar cada dor e incômodo como um sinal de que o fim está próximo é francamente ridículo. A hipocondria, por si só, é uma doença. A vida ainda pode ser vivida, e o melhor pode ainda estar por vir. Eis o ponto em que se encontra a democracia dos Estados Unidos.

A história do pensamento político está coalhada de comparações entre a vida artificial dos Estados e a condição natural dos seres humanos. Essas analogias são muitas vezes mal construídas, e nem inspiram respeito. Refletir sobre a mortalidade do corpo político pode ser apenas uma desculpa para defender sua continuidade a qualquer preço. "O rei está morto! Longa vida ao rei!" Ainda assim, a política pode aprender alguma coisa com a maneira como as pessoas envelhecem. A democracia dos EUA chegou à meia-idade cansada e com muitos achaques. Não é imune à hipocondria. Ter medo da morte por qualquer motivo ínfimo não é a mesma coisa que pensar seriamente sobre a morte. E esse medo torna uma ação refletida mais difícil, porque tende a gerar uma sensação de desamparo. E também pode dar origem ao tipo de destemor produzido pela convicção de que temos pouco a perder. Há muitas maneiras diferentes de viver uma crise da meia-idade. Os Estados Unidos podem estar experimentando várias delas ao mesmo tempo.

O defeito mais evidente de qualquer analogia entre a vida dos regimes políticos e a dos seres humanos é que sabemos mais ou menos quanto tempo os seres humanos conseguem viver. Ou pelo menos julgamos saber. No caso dos Estados, não temos a menor ideia. Só porque a democracia ateniense morreu aos duzentos anos não quer dizer que essa seja a condição natural da democracia. Mesmo que a democracia dos EUA se encontre em algum ponto intermediário de sua existência, não dispomos de nenhum modo seguro de saber se está mais próxima do início ou do seu fim.

Ao mesmo tempo, começam a crescer as dúvidas sobre o lado humano da equação. Em alguns lugares, entre eles o Vale do Silício, um pequeno número de privilegiados está começando a contemplar sua eventual imortalidade. O progresso tecnológico parece indicar que os primeiros indivíduos a transformar radicalmente a duração natural da vida — seja estendendo suas vidas por duzentos anos, ou 2 mil, ou mesmo para sempre — podem já estar vivos. Em breve, é possível que a democracia dos EUA comece a dar mais sinais de mortalidade que algumas das pessoas que nela vivem. A necessidade de manter vivo o Estado sempre partiu da premissa de que ele sobrevivia aos seus cidadãos: eis de onde vinha o imperativo de morrer por ele quando convocados à guerra. E se agora for a vez de o Estado morrer por eles? A lógica da longevidade pode estar mudando.

O protagonista da posse de Donald Trump foi um velho com a personalidade política de uma criança, assumindo a chefia de um Estado no desconforto de sua meia-idade, num momento em que a mortalidade humana não é mais um dado absoluto. É tempo de repensar o que significa, para a democracia, viver ou morrer.

Voltaremos a Washington. Mas, antes, precisamos passar por Atenas.

I.
Golpe!

Quando uma democracia fracassa, geralmente esperamos por um fracasso espetacular. É um acontecimento público, tão bem conhecido na história moderna que já adquiriu todo um cerimonial próprio. A democracia já morreu muitas vezes em todo o mundo. Sabemos como isso ocorre. E é mais ou menos assim: Nada foi anunciado de antemão. Tanques cercaram a cidade da noite para o dia e soldados receberam a missão de tomar pontos-chave das comunicações, entre eles as estações de rádio e TV e a central dos correios. O primeiro-ministro foi preso. E também o homem que deveria sucedê-lo depois das eleições previstas para dali a três semanas. O parlamento e o palácio real foram ocupados. Os soldados faziam circular listas de indivíduos perigosos, que foram detidos e mantidos incomunicáveis. Tudo isso aconteceu no espaço de poucas horas. Os coronéis no comando do golpe foram visitar o rei em sua residência de fim de semana, pedindo que ele os confirmasse como os novos governantes legítimos do país. E lhe disseram: "O golpe foi dado em seu nome, para salvar o país". Quando o rei, furioso, perguntou: "Onde está o meu primeiro-ministro? Onde está o meu governo?". Responderam-lhe: "Seu governo acabou. Todos foram presos".[1]

A cidade era Atenas, na noite de 21 de abril de 1967. O alvo primário do golpe foi Andreas Papandreou, líder da ala esquerda da União de Centro liderada por seu pai, Georgios Papandreou. Era esperado que o partido viesse a formar o próximo governo democraticamente eleito da Grécia. Elementos das Forças Armadas, insuflados pela CIA, suspeitavam de que o mais jovem dos Papandreou tinha planos de tirar a Grécia da Otan. Acreditavam também que tentaria promover um expurgo entre os militares. Depois de uma perseguição por telhados da cidade, Andreas Papandreou foi capturado à ponta de baioneta em sua casa de campo e levado para um pequeno hotel, onde ficou sob uma guarda munida de armamento pesado. Lá foi visitado pelo repórter Cyrus Sulzberger, do *New York Times*, que escreveu: "Ele tentava demonstrar coragem, mas estava muito pálido em torno da boca e não conseguia ficar com as mãos quietas, como às vezes acontece com gente assustada".[2] Papandreou não sabia que o rei Constantino tinha condicionado sua aceitação das exigências dos coronéis a que ninguém fosse fuzilado sumariamente. Durante 24 horas, o futuro primeiro-ministro não tinha como saber se iria ser morto ou não.

O golpe foi bem-sucedido porque foi rápido, decisivo e surpreendeu suas vítimas. Entre elas estava o comandante-geral das Forças Armadas, que não sabia dos planos dos oficiais subalternos. O povo grego foi dormir acreditando que vivia numa democracia e, na manhã seguinte, descobriu que não era mais verdade. O sinal de um golpe de Estado bem-sucedido é a separação clara entre um antes e um depois, demarcada por acontecimentos que assinalam uma diferença inequívoca entre um e outro. No dia 22 de abril, as rádios gregas suspenderam as transmissões normais e começaram a tocar música marcial, interrompida por anúncios dos decretos do novo regime: os partidos políticos foram abolidos, tribunais militares, instituídos, e a liberdade de opinião estava suspensa. Enquanto isso, tanques permaneciam nas ruas. A finalidade de um golpe de Estado como este é não deixar a menor dúvida quanto ao que aconteceu, pois a eliminação da dúvida é a única maneira de assegurar a obediência. As alternativas são o fracasso ou uma guerra civil.

A velocidade com que o fim chega não significa que uma democracia saudável tenha sido apagada subitamente, como uma pessoa saudável que de repente cai morta depois de um ataque cardíaco. Fazia tempo que a democracia grega vinha atravessando graves problemas. As causas do golpe são amplamente discutidas até hoje, por serem tantas as possibilidades. O país estava dividido ideologicamente entre esquerda e direita e, institucionalmente, entre o rei, o Exército e o parlamento. Nenhuma das diferentes facções confiava nas outras, e complôs brotavam dentro de complôs. As eleições não resolviam as diferenças: a de 1961 era vista como amplamente fraudada pelos vencedores — a União Radical Nacional (ERE) —, ao final de uma campanha marcada pela violência. Muitos políticos importantes foram assassinados, mas os criminosos quase nunca eram levados a julgamento. Primeiros-ministros se sucediam, indicados pelo rei sem o devido apoio parlamentar. Era difícil saber quem governava. Talvez ninguém.

Enquanto isso, a Grécia se situava na linha de frente da Guerra Fria, o que envolvia questões muito maiores do que as meras dificuldades locais. Para quem tinha olhos de ver, o envolvimento da CIA era perceptível em tudo. O próprio Sulzberger era suspeito de trabalhar para a CIA — de que outra maneira teria um acesso tão rápido a Papandreou na prisão? Por outro lado, se não fossem os americanos, eram os russos. Esquerdistas moderados foram acusados de protocomunistas. A paranoia campeava e as teorias da conspiração se multiplicavam, alimentadas pelo antigo medo de uma invasão turca. A paranoia fazia sentido durante a Guerra Fria, especialmente para nações como a Grécia, transformadas em peões no tabuleiro geopolítico. A Grécia era um país pobre pelos padrões europeus, e apenas vinte anos antes vivera uma guerra civil. Sua democracia se apoiava em bases muito precárias. Quando veio, o golpe foi uma surpresa, mas ao mesmo tempo um desdobramento há muito previsto.

A fraqueza de democracia grega explica como um golpe foi possível. E também explica por que, para seus perpetradores, um golpe era necessário. Os coronéis se aproveitaram das divisões políticas que, para eles próprios, justificavam que resolvessem as coisas com as próprias mãos. A democracia não vinha funcionando, e por isso precisava ser abolida. No entanto, esse é o problema ao justificar os golpes: a explicação nunca é totalmente convincente. Se a democracia era tão fraca e ineficaz, por que uma ação tão brutal para pôr-lhe fim? Por que todas as detenções, os tanques nas ruas, a música marcial? Do que os coronéis tinham medo, senão da própria democracia?

Vamos dar um salto de cinquenta anos à frente. A democracia grega está novamente às voltas com extremas dificuldades. O país continua rachado por divisões ideológicas e institucionais profundas. A situação econômica é grave: a Grécia sofreu uma das piores depressões dos tempos modernos. A queda da renda nacional tem sido mais prolongada, mais profunda e mais dramática que a sofrida pelos EUA durante a Grande Depressão. Entre os jovens, o desemprego é superior a 50%. Pululam teorias da conspiração, nas quais grande parte da culpa pelo que deu errado cabe agora aos alemães. Eles são vistos como o poder por trás do trono, embora o trono não exista mais. Eleições não parecem adiantar nada: vença quem vencer, os mesmos problemas persistem. A confiança na política democrática se encontra no ponto mais baixo de todos os tempos.

São condições que parecem maduras para um novo golpe. A Grécia ainda tem um Exército relativamente bem municiado — o velho medo de uma invasão turca jamais deixou de existir. Junte-se a isso a indignação dos cidadãos, a divisão das elites, a profunda crise econômica e a interferência de potências estrangeiras, e temos todos os ingredientes para a democracia chegar ao fim. Ainda assim, não ocorreu nenhum golpe militar na Grécia desde a queda dos coronéis em 1974, e parece muito improvável que outro venha a ocorrer. O parlamento grego conta com a participação de um partido neofascista, o Aurora Dourada, que manifesta abertamente sua admiração pela ditadura militar. Mas é uma opinião minoritária: o partido raramente ultrapassa os 10% nas pesquisas. A possibilidade concreta de uma insurreição militar é remota. Se a Grécia vivesse uma repetição de 1967, não seria apenas uma surpresa, mas um fenômeno quase inexplicável.

O que mudou? Primeiro, as divisões institucionais seguem agora linhas muito diferentes. Em vez do rei, do Exército e do parlamento, o impasse atual se dá entre a União Europeia (UE), os bancos e o parlamento. E ninguém entra nessa disputa com armas nos bolsos. As batalhas são travadas por homens e mulheres de terno, armados de planilhas. O Exército grego não tem participação ativa nessa luta pelo poder. Limita-se a acompanhar os acontecimentos.

Segundo, a Guerra Fria acabou. Não existe mais uma luta de vida ou morte entre a democracia ocidental e seus inimigos ideológicos. A Grécia está na linha de frente de outro confronto, entre o sistema financeiro global e as soberanias nacionais. Vem fazendo o possível para dar conta de um influxo de refugiados de guerras civis em outros países, como a Síria. Os Estados Unidos se interessam pelo que ocorre com a Grécia, mas não veem sua própria sobrevivência em jogo, como no tempo em que temia a tomada do poder pelos comunistas. As preocupações da CIA são outras. As linhas bem definidas da Guerra Fria deram lugar às águas turvas da suspeita de interferência russa na própria política dos Estados Unidos, o que pode ser visto em toda parte e em lugar algum. Os chineses também estão envolvidos, mas não têm o menor desejo de militarizar a situação. Só procuram oportunidades de investimento.

Se as circunstâncias políticas mudaram, a Grécia também mudou. Hoje, é um país muito diferente do de 1967. Está muito mais pobre que dez anos atrás, ao final de uma década em que o PIB perdeu quase um quarto do valor. Mas ainda é muitíssimo mais rica que cinquenta anos atrás. A economia grega quintuplicou entre 1969 e 2008, com um PIB per capita que chegou ao valor máximo de cerca de 30 mil dólares. Hoje, está em torno de 20 mil. Mas isso ainda situa a Grécia acima do limiar que os cientistas políticos identificam como o ponto em que as sociedades democráticas se tornam vulneráveis a um golpe militar. Nunca houve uma democracia que caísse sob o domínio militar com um PIB superior a 8 mil dólares por habitante. Por quê? É difícil dizer ao certo. Mas parece provável que uma maior riqueza modifique a estrutura dos incentivos para os envolvidos. Quando todos têm mais a perder — tanto os militares quanto os políticos, além dos simples cidadãos — pensam duas vezes antes de derrubar a coisa toda.

A Grécia é uma sociedade muito mais idosa do que era cinquenta anos atrás. Hoje, tem uma das idades medianas mais altas do mundo: metade da população tem 46 anos ou mais. Houve relativamente pouca violência durante a crise atual, certamente em comparação com o derramamento de sangue das décadas de 1960 e 1970. A violência política é uma atividade de jovens. Um motivo para o altíssimo desemprego dos jovens não ter provocado uma instabilidade maior é que simplesmente não existem mais tantos jovens na Grécia. A quantidade de aposentados supera muito a de estudantes. Em termos demográficos, a situação começa a parecer extrema: em certas cidades menores da Grécia, só nasce uma pessoa para cada dez que morrem. Cerca de meio milhão de gregos deixaram o país desde o início da crise econômica em 2008, quase 5% da população. Muitas pessoas de menos de quarenta anos ainda moram com a família de origem, sobrevivendo do que resta da renda dos pais e avós. A lenta morte demográfica pode ser um dos fatores que ajudam a manter viva a democracia. A entropia substitui a mudança explosiva como a condição padrão da vida política.

Os mais velhos também têm memórias que faltam aos jovens. O apoio ao Aurora Dourada vem, em grande parte, de jovens gregos alienados. Não se incomodam tanto com a associação do partido à era dos coronéis, porque não têm lembrança alguma e bem pouco conhecimento do que ocorreu na época. Mas os gregos mais velhos não esquecem. Foi um tempo de violência e opressão. Deu errado e foi substituído por uma forma de política que trouxe paz e prosperidade. Qualquer um que tenha vivido os últimos cinquenta anos da história grega há de se recusar a abrir mão da democracia a essa altura. Ela pode vir tendo dificuldades para lidar com a crise atual. Em comparação com o que veio antes, porém, ainda parece uma boa aposta.

Entretanto, existe uma outra possibilidade. A Grécia mudou, bem como sua situação política, e pode ser que os golpes também tenham mudado.

O ministro da Economia da Grécia, Yanis Varoufakis, passou boa parte do seu tempo no cargo, ao longo de 2015, preocupado com a iminência de um golpe. E descreve seus medos no livro *Adults in the Room* [Adultos na sala], as memórias que publicou em 2017 sobre esse período de crise. Varoufakis não é uma testemunha imparcial. Seu mandato, no governo da coligação de esquerda Syriza, foi breve — durou apenas seis meses, no auge da crise de uma potencial insolvência grega ante uma gigantesca dívida nacional. Na qualidade de ministro da Economia, Varoufakis adotou uma estratégia que desafiava os credores da Grécia — entre eles o Fundo Monetário Internacional (FMI) e os países-membros da UE, especialmente a Alemanha — a aceitar uma reestruturação da dívida grega, sob pena das consequências potencialmente catastróficas de o país abandonar a zona do euro. Era uma estratégia de alto risco, visto que a Grécia tinha a seu dispor poucas armas que também não infligissem danos extensos a si mesma. Em contraste, o arsenal do outro lado era impressionante. A economia grega respirava por aparelhos, sustentada por uma série de empréstimos temporários do Banco Central Europeu (BCE). Se Varoufakis pressionasse demais seus oponentes, eles tinham a opção de tirar os tubos do sistema bancário grego. Em todos os dias que ocupou o cargo, Varoufakis teve medo de acordar e descobrir que os bancos tinham fechado.

E é esse o tipo de golpe a que ele se refere. Não envolve tanques, soldados nem prisões. Requer apenas que um governo democraticamente eleito se veja na situação de refém de forças a que não tem poder para resistir. O que já tinha ocorrido com um dos vizinhos mais próximos da Grécia.

[Em 2013] um novo governo tinha acabado de ser eleito em Chipre. No dia seguinte, a troika [os representantes do PIB, da CE e do BCE] fechou os bancos da ilha, ditando termos ao novo presidente para a sua reabertura. Incrédulo mas despreparado, o novo presidente assinou o documento.[3]

Foi equivalente ao que os coronéis tinham feito com o rei em 1967, só que sem recurso à força armada. Varoufakis define a situação como o "ensaio geral" para o que a troika pretendia fazer na Grécia. E chama o episódio de "o golpe de Chipre".

Houve um único momento em que Varoufakis achou possível outro tipo de golpe, envolvendo armas de verdade. Foi na noite em que renunciou ao governo, depois do referendo de julho de 2015, quando o povo grego decidiu, por grande maioria, rejeitar as últimas exigências da troika. Varoufakis discordou do primeiro-ministro, Alexis Tsipras, e queria que agissem de acordo com os desejos da maioria, preparando-se para enfrentar os credores do país. Tsipras respondeu que não podiam agir assim. Se o fizessem, insinuou ele, "algo como um golpe poderia acontecer [...] o presidente da República e os serviços de inteligência estavam em 'estado de alerta'".[4] Varoufakis não mudou de posição. "Que venham com tudo!", foi sua resposta em tom de desafio.

Um golpe que revertesse o resultado do referendo teria tido a vantagem de assinalar a morte da democracia. Ninguém teria a menor dúvida quanto aos fatos. O que Varoufakis temia é que o governo recuasse sem reconhecer publicamente a subversão da vontade popular. Em vez disso, o recuo seria caracterizado como a única maneira de manter a democracia viva. Ceder às exigências da troika significava que o resultado do referendo — que Tsipras tinha convocado e vencido justamente para resistir a essas exigências — ficava indefinido, mas pelo menos a democracia grega seguiria viva, podendo prosseguir na luta. E foi o que aconteceu. Tsipras continuou no cargo e venceu as eleições seguintes. Varoufakis foi escrever suas memórias.

Varoufakis era criança no tempo dos coronéis na Grécia. Escreve sobre o regime militar em tom de absoluto desprezo. Ainda assim, respeita os militares por uma coisa: nunca disfarçaram os seus atos. Quando tomaram o poder, o primeiro movimento foi se apossar dos canais estatais de televisão. Ele rememora: "Pelo menos se deram ao trabalho de pôr no ar a imagem da bandeira grega [...] acompanhada de música marcial".[5] Na situação atual da Grécia, as estações de televisão ainda desempenham um papel importante de propaganda, mas o que importa é o que *deixa de aparecer* nas telas. O governo e os bancos fazem o possível para impedir a difusão de más notícias. Como agora existem tantas outras fontes de informação na internet, as notícias acabam se espalhando. Mas a proliferação das fontes de notícias dificulta entender o que de fato está acontecendo. As pessoas tendem a procurar o que querem ouvir, de modo que no fim das contas ninguém fica muito informado. Isso não era possível em 1967. Na época, a única escolha era ouvir o pior.

Os coronéis foram claros em seu golpe e se certificaram de que todos entendessem o que tinha mudado. Se Varoufakis tem razão, o golpe à moda do século XXI é caracterizado por um esforço para ocultar o que mudou. Ninguém sabe a verdade. A democracia morreu! Vida longa à democracia!

De todo modo, a história da democracia grega não começou na segunda metade do século XX. Data de muito antes. Atenas foi o berço da democracia. Por esse motivo, também foi o berço do golpe antidemocrático. A democracia representativa moderna está muito distante da democracia direta que existia em Atenas mais de 2 mil anos atrás. Na época, o sistema se apoiava na escravidão, admitia só homens e era construído em torno de interações cara a cara. A política era brutal, e os cidadãos comuns precisavam estar sempre prontos para brigar. O que tinha a ver com uma sociedade em quase permanente estado de guerra. A política democrática do mundo antigo era agitada, consumia tempo e descambava frequentemente para muita violência.

Num aspecto, porém, a Atenas antiga lembra a Atenas contemporânea. Depois de ter existido por algum tempo, a antiga democracia ateniense apegou-se a seus hábitos. Entrou na meia-idade. Em torno do final do século V a.E.C., ao cabo de quase um século de existência, a democracia ateniense funcionava mal. O Estado sustentava com dificuldade uma prolongada guerra com Esparta, e vinha ficando sem dinheiro. As pessoas comuns, em quem recaía o custo da incompetência dos cidadãos que as conduziam, ficavam cada vez mais enfurecidas e alarmadas. Os demagogos mexiam o caldeirão. Ainda assim, a democracia continuava a ser a única forma de governo que era cogitada. Nas palavras de um historiador ateniense da época:

Existe ineficácia e corrupção nessa democracia, mas o *demos* [o povo comum grego] julga que vale a pena continuar com ela, devido a seus benefícios. Os demagogos são muito menos competentes para a condução dos negócios do Estado do que seriam alguns jovens inteligentes, mas novamente agradam ao *demos* porque fortalecem a democracia e aumentam seus benefícios. Por isso, não devemos nos livrar deles. Na verdade, não adianta desejar mudar qualquer detalhe, por mais que eles possam clamar por mudanças urgentes. Todos os pontos menores são efeitos colaterais necessários da democracia, e dado que a democracia não tem como ser desalojada, quaisquer que sejam as suas fraquezas, ela precisa ser aceita.[6]

A democracia parecia imune ao fracasso: tudo que ia mal podia ser atribuído ao desgaste natural desse modo de fazer política. Se não havia alternativa à democracia, não havia alternativa à tolerância ante os seus efeitos. *Plus ça change...*

E então, de repente, veio um golpe. Em meio aos efeitos deletérios de um desastre militar na Sicília dois anos antes, um grupo de jovens aristocratas atenienses tomou o poder à força no verão de 411 a.E.C. Elaborou-se uma nova Constituição, e os defensores mais proeminentes do antigo regime foram banidos ou assassinados. A autoridade se concentrou num grupo conhecido como Os Quatrocentos. A única maneira de entrar para esse grupo era ser rico a ponto de poder trabalhar para o governo sem remuneração, porque a remuneração dos cargos públicos foi suspensa. O grupo tentou fazer de conta que não tinha abandonado de todo a democracia, transferindo a um grupo maior de 5 mil soldados-cidadãos o poder de ratificar suas decisões. Mas foi só um jogo de aparências, que não convenceu ninguém. A democracia dera lugar a uma oligarquia. O poder estava na mão de uma clique de privilegiados, sustentada pela violência.

Quatrocentos homens formam um contigente pequeno demais para uma democracia — mas suficiente para que surjam desavenças entre os ocupantes do poder. Divididos entre conservadores, que queriam extinguir a democracia de uma vez por todas, e moderados, que preferiam mantê-la em estado de animação suspensa, os oligarcas viveram uma divisão fatal. Os moderados prevaleceram, e logo concederam algum poder real ao grupo dos 5 mil soldados. Mais tarde, em seguida a um inesperado triunfo naval sobre Esparta, um ano depois do golpe, a democracia plena foi restaurada. Os demagogos, que sempre tinham sido os defensores mais estridentes da democracia, conseguiram prevalecer sobre os moderados. Convenceram os soldados de que podiam conseguir uma vitória final sobre os espartanos caso pudessem voltar a confiar na democracia que lhes fora roubada, o que significava voltar a confiar nos demagogos.

A antiga Constituição foi restabelecida, mas com o acréscimo de uma nova lei, que dizia: "Hei de matar com palavras ou atos, pelo voto ou com minhas próprias mãos, se puder, qualquer um que subverta a democracia em Atenas. [...] Se algum outro matar uma dessas pessoas, eu o considerarei isento de culpa perante os deuses e os demônios, por ter abatido um inimigo do povo ateniense". Na verdade, os demagogos iludiram o povo: dali a poucos anos, a longa guerra contra Esparta seria perdida. Mas a democracia em Atenas sobreviveu durante a maior parte de mais um século.

A antiga democracia ateniense era um sistema político robusto, fortalecido pela experiência de muitas batalhas. Funcionava bem a ponto de persistir mesmo quando funcionava mal. Assim, quando fracassou, seu fracasso só podia ser inconfundível: o golpe de 411 a.E.C. foi uma tomada hostil do poder por inimigos armados do regime. Nesse aspecto, assemelhou-se ao golpe de 1967. A diferença foi que a democracia da antiga

Atenas teve a força de ressurgir em pouco tempo. No espaço de um ano, os oligarcas tinham sido afastados e a lei foi modificada para incluir uma ameaça de morte instantânea a qualquer um que pensasse em atentar novamente contra ela.

Desse modo, a antiga democracia ateniense foi capaz de sobreviver à sua crise da meia-idade, numa época em que a morte na meia-idade era muito mais comum do que hoje. E tornou a demonstrar sua capacidade de resistência em 404 a.E.C., quando a derrota para Esparta resultou na entrega do poder a uma junta militar de trinta homens. O arranjo só durou oito meses antes da restauração da democracia, depois de uma renhida batalha pelo controle da cidade. A violência foi derrotada por mais violência. Os membros da junta foram mortos ou banidos. Outros que tinham cooperado tacitamente com o regime foram anistiados, talvez no primeiro processo de "paz e reconciliação" registrado na história. Entre os beneficiários estava o filósofo Sócrates, que não demonstrara muito entusiasmo com sua condenação da junta. Com o tempo, decidiu-se que Sócrates continuava a ser uma influência perigosa, e a democracia restaurada resolveu executá-lo também, ao final de uma das farsas judiciais mais flagrantes da história. A antiga democracia ateniense sabia se defender.

Em contraste, a democracia de 1967 era fraca, motivo pelo qual foi sufocada tão depressa. Foi construída num terreno de areia. O golpe impôs seus próprios termos, pondo fim à fraqueza que seus perpetradores afirmavam abominar. Mas apenas trocaram um tipo de fraqueza por outro. Os coronéis se mantiveram por quase sete anos. Finalmente perderam o poder quando começaram a se desentender entre si, paralisados pela incapacidade de administrar as consequências da crise do petróleo de 1973 e incapazes de conter a insatisfação cada vez maior dos jovens gregos, especialmente os estudantes. Quando o regime enviou seus tanques à Politécnica de

Atenas no final de 1973, para pôr fim a uma manifestação pacífica dos estudantes, deu mostras não de força, mas de inadequação. No ano seguinte, os militares cometeram erros fatais numa crise militar em Chipre, permitindo que a Turquia passasse a controlar uma parte da ilha. Diante da perspectiva de uma guerra total, a democracia foi logo restaurada. Tinha sido fortalecida pelo hiato prolongado. As pessoas agora sabiam que as alternativas eram piores.

A democracia da Grécia de hoje tem muito pouco do drama incontido do mundo antigo, e quase nada da violência. O país não está em guerra, de maneira que nem um desastre militar, que quase destruiu a antiga democracia ateniense, nem um triunfo militar, que a restaurou, têm probabilidade de acontecer. Os jovens ricos apresentam antes uma tendência a emigrar, ou passar o tempo no Instagram, do que a pegar em armas contra o Estado. Mesmo na condição de extrema pobreza em que a Grécia hoje se encontra, a maioria de seu povo tem coisa melhor a fazer do que arriscar a vida na política.

O mais perto que a democracia grega contemporânea chegou de um colapso foi no final de 2011, quando o governo eleito em Atenas foi incapaz de concordar quanto às medidas para enfrentar a crescente crise da dívida. Um novo primeiro-ministro, Lucas Papademos, tomou posse sem sequer se candidatar a eleições. Tinha sido banqueiro e conselheiro econômico do primeiro-ministro que se retirava, George Papandreou, filho do homem que os coronéis tinham perseguido pelos telhados em 1967. Papademos tentou governar com um gabinete de economistas e outros técnicos, procurando reformar a economia grega de acordo com as demandas do BCE, a fim de manter o país na zona do euro. Foi um governo de tecnocratas, e durou só cinco meses antes de também se mostrar incapaz de resolver o impasse. O Exército não se manifestou. Em vez disso, foi decidida a convocação de novas eleições, que deram uma oportunidade ao Syriza. Em maio de 2017, Papademos foi vítima de uma tentativa frustrada de assassinato, quando uma carta--bomba explodiu em seu carro. Teve apenas ferimentos leves.

A democracia grega de hoje é relativamente calejada, estando em funcionamento há mais ou menos meio século. A democracia continua a ser a condição preferencial da política grega, e segue funcionando mesmo quando funciona mal. É a única escolha disponível. Eleições ainda ocorrem, e a opinião pública é livre para se manifestar. A discordância é não só permitida como mais ou menos onipresente. O hiato de 2011-2012 foi ainda mais breve que os do final do século V a.E.C. Ainda assim, a democracia grega de hoje nada tem a ver com sua versão antiga. Não acontecem embates públicos para saber quem está de fato no poder, ao fim dos quais os perdedores eram sentenciados à morte ou ao desterro. Quase todas as decisões importantes são tomadas nos bastidores. Para descobrir o que realmente está acontecendo, precisamos esperar que os principais envolvidos escrevam as suas memórias. E, mesmo então, não podemos ter certeza de que contem a verdade. Não existem testemunhas imparciais.

Na Grécia de hoje, são poucos os que realmente acreditam que estejam vivendo sob uma ditadura. Se fosse este o caso, qualquer um perceberia a diferença. Mas a Grécia ainda é uma democracia em funcionamento? Tem toda a aparência de uma democracia, mas as aparências enganam. O governo grego atual precisa se curvar aos ditames da troika, a economia permanece em estado de animação suspensa, e o povo vem sofrendo as consequências. São muitas as teorias da conspiração, mas nenhuma conspiração se revela às claras, ao contrário de 1967 ou de 411 a.E.C., quando os conspiradores precisaram vir a público deixar claro o que pretendiam. Fala-se muito de golpes — o golpe dado pelos banqueiros, o golpe dado pelos tecnocratas, o golpe dos alemães —, mas esses golpes são metafóricos.

Não são de verdade. As mãos de ninguém tremem como tremeram as de Papandreou em 1967.

***

O que faz um golpe ser real? Em 1968, Edward Luttwak, um jovem cientista político estadunidense, publicou um pequeno volume chamado *Coup D'État: A Practical Handbook* [Golpe de Estado: Um manual prático]. Nas palavras do autor, era uma espécie de livro de receitas da subversão política, expondo os passos necessários para a tomada do poder pela força. Segundo Luttwak, seu livro era um guia desapaixonado de medidas práticas. "Assim como ocorre no preparo de uma boa bouillabaisse", escreve ele, "é preciso antes de mais nada usar os peixes certos" — embora avisasse que os perigos de errar na receita seriam bem maiores do que "ter de se conformar com comida enlatada".[7] A ideia de Luttwak foi expor as regras básicas para evitar que os pratos queimassem. Ainda assim, um motivo declarado para ensinar como fazer isso era mostrar como evitar: caso conhecessem os ingredientes certos, os democratas poderiam tentar impedir que caíssem nas mãos erradas.

Luttwak afirma que é importante entender a diferença entre um golpe e uma revolução palaciana. Esta última é um acontecimento particular que se desenrola no interior de uma pequena elite, como quando os imperadores romanos eram assassinados por suas mães ou por seus guarda-costas. Nesse caso, o máximo que acontece é que um governante absoluto acaba substituído por outro. A chave para a sobrevivência nessas circunstâncias é, simplesmente, manter-se fora do caminho. Um golpe de Estado, ao contrário, parte da ideia de que governar é ter o domínio da máquina do Estado, o que inclui todos que trabalham para ele. Funcionários civis neutros, assim como outras autoridades públicas, não têm a liberdade de virar as costas ou desviar os olhos. Precisam se filiar ao novo regime. É por isso que um golpe exige um planejamento cuidadoso e uma execução enérgica. Nas palavras de Luttwak: "Um golpe consiste na infiltração de um segmento pequeno mas crítico do aparato estatal, que é então usado para impedir que o governo controle o resto".[8]

Esse processo transforma o cidadão em espectador: só resta ao povo acompanhar tudo de longe. Num golpe bem planejado, as etapas precisam acontecer suficientemente depressa para que o grosso da população não tenha tempo de se mobilizar em resposta. Deve-se a isso a importância de ocupar logo os pontos-chave da rede de comunicações e começar a transmitir a propaganda do novo regime. Melhor também que ocorra à noite, quando a maioria das pessoas está dormindo. Um golpe de Estado precisa se converter em fato consumado com a maior rapidez possível. Luttwak acha que um golpe terá pouca chance de sucesso num país onde a população sinta um forte apego pela democracia e facilmente se levante em sua defesa. Nessas condições, não basta transmitir música marcial. Quando a democracia é fraca, há pouco que mereça ser defendido. Mas se ela contar com o apoio do povo, será difícil tirar o Estado das mãos do governo, porque o povo não irá aceitar. E pode lutar em revide.

Luttwak afirma que, na prática, a era dos golpes está encerrada na maioria das democracias ocidentais avançadas. Houve uma tentativa de golpe na França em 1961, quando o general De Gaulle enfrentou um levante de oficiais do Exército francês na Argélia que, descontentes, tentaram derrubar o governo usando a força. Os conspiradores acreditavam que De Gaulle planejava traí-los, concedendo a independência da Argélia. Montaram sua rebelião na noite de 21 de abril, por acaso exatamente a mesma data do bem-sucedido golpe grego, seis anos mais tarde. No caso deles, porém, a sublevação não deu certo. E o complô foi derrotado.

Por que fracassaram? Primeiro, porque a Argélia ficava longe demais de Paris, e os conspiradores não conseguiram assumir o controle dos pontos-chave das comunicações ou das principais repartições do governo. Segundo, De Gaulle pôde convocar o povo francês a defender o Estado contra uma revolta armada. Em pouco tempo, começaram a circular rumores de que o Exército argelino planejava despejar paraquedistas em bases aéreas nos arredores de Paris, com ordens de avançar contra a cidade. De Gaulle foi à televisão e declarou: "Em nome da França, ordeno que todos os meios — repito, todos os meios — sejam empregados para impedir em toda parte o avanço desses homens, até que sejam capturados. Proíbo todos os franceses, e antes de mais nada todos os soldados, de cumprir qualquer das suas ordens". Essa mensagem foi retransmitida via rádio para os colonos franceses da Argélia. Em suas memórias, De Gaulle mais tarde diria: "Todo mundo, em toda parte, ouviu o que eu disse. Na França metropolitana, não houve um cidadão sequer que não tenha visto ou escutado meu discurso. Na Argélia, 1 milhão de rádios transistores foram sintonizados. A partir daí, a revolta se deparou com uma resistência passiva imediata, que a cada hora se tornava mais evidente".[9]

A Quinta República Francesa, com De Gaulle na chefia do Estado, não era especialmente democrática: o presidente exercia poderes quase monárquicos, e gozava de uma imensa autoridade pessoal. "Basicamente, a República sou eu", disse De Gaulle, ecoando Luís XIV. Mas era suficientemente democrática — o povo francês a tinha endossado por grande maioria num referendo três anos antes, e se mostrou disposto a defendê-la. Nos países onde a democracia tem legitimidade popular, os cidadãos não se limitam a assistir quando ela é atacada. Por isso, os golpes são muitas vezes vistos como um sintoma do atraso democrático. Só são possíveis nos países em que a democracia não teve tempo de criar raízes.

Parte do sucesso de De Gaulle no seu combate à rebelião argelina foi lhe atribuir um caráter fundamentalmente antifrancês, mais cabível numa república de bananas que numa democracia moderna. Em seu discurso pela televisão, qualificou a revolta não de "golpe", mas de *"pronunciamiento"*, reduzindo-a deliberadamente, nas palavras de um biógrafo, "ao nível de uma opereta cômica latino-americana".[10] Com o fortalecimento da democracia, a possibilidade de um golpe começa a soar cada vez mais como uma piada.

Essa modalidade de golpe de Estado, porém, não é o único tipo de golpe. O livro de receitas de Luttwak enumera os diversos ingredientes para o fim da democracia, mas só tem em vista a preparação de um tipo de prato: uma sublevação armada para a tomada do Estado. Mas e as outras maneiras possíveis de subverter uma democracia? A cientista política estadunidense Nancy Bermeo identificou, recentemente, seis diferentes variedades de golpe, das quais o golpe de Estado tradicional é apenas mais uma. As outras são:

- "Golpes executivos", em que os ocupantes do poder suspendem o funcionamento das instituições democráticas.

- "Fraude do dia da eleição", em que o processo eleitoral é manipulado para produzir um certo resultado.

- "Golpes promissórios", em que a democracia é tomada por pessoas que em seguida convocam eleições para legitimar seu governo.

- "Ampliação do poder do Executivo", quando os ocupantes do poder desgastam as instituições democráticas sem chegar a derrubá-las.

- "Manipulação estratégica das eleições", quando as eleições não são exatamente livres e justas, mas tampouco são claramente fraudulentas.[11]

Em nenhum desses tipos de golpe é necessário que soldados se desloquem silenciosos no meio da noite para surpreender os governantes. Isso porque o golpe ou é promovido pelo próprio governo, ou apresentado como outra coisa que não um golpe. Na maioria das vezes, as duas coisas ao mesmo tempo.

Seja qual for a maneira como se encaram os diferentes tipos de golpe, existe uma diferença fundamental entre eles: há aqueles que, para dar certo, precisam deixar claro que a democracia não está mais em vigor; já outros precisam fazer de conta que a democracia permanece intacta. Os golpes de Estado clássicos se enquadram na primeira categoria. Mas os outros tendem a se enquadrar na segunda, especialmente os últimos três tipos. Para esses tipos de golpe, manter as aparências é fundamental. As eleições são manipuladas porque a aparência de vitória nas urnas é o que confere autoridade ao governo. Os golpes promissórios e as ampliações do poder Executivo requerem que a aparência de democracia se mantenha, porque o sucesso do golpe depende da crença de que a democracia continua a existir. Para certos tipos de golpe, a democracia não é o inimigo a destruir. Ela funciona como disfarce para a subversão, e por isso é amiga dos conspiradores.

Se nos fixarmos nos golpes de Estado clássicos, temos uma determinada ideia da hora e do local em que os golpes precisam ocorrer, o que pode nos induzir a erro. Bermeo assinala que os golpes armados, os golpes executivos e as fraudes eleitorais vêm sofrendo um declínio como métodos de mudança política ao redor do mundo — à medida que a democracia se firma, torna-se cada vez mais difícil derrubá-la pela força ou por uma fraude evidente. Durante a década de 1960, a democracia grega era tão fraca que registrou versões dos três tipos: a eleição "violenta e fraudada" de 1961, quando a maioria acreditou que os resultados foram forjados; o "golpe monárquico" de 1965, em que o rei substituiu o governo eleito sem mandato democrático; e, finalmente, o golpe de Estado dos coronéis, em 1967. A Grécia de hoje não parece nem de longe vulnerável a uma sequência similar de acontecimentos. Nas democracias estabelecidas, há muito pouca margem para intimidar e subjugar o povo quando ocorre uma tentativa clara de tomar o poder.

Mas a margem para os outros tipos de golpe é maior uma vez que a democracia se torna o regime vigente. Quanto mais a democracia é tida como segura, maiores são as possibilidades de que venha a sofrer uma subversão sem precisar ser derrubada. Em especial, a ampliação do poder do Executivo — em que homens fortes eleitos minam as instituições democráticas enquanto alegam defendê-las — parece ser a maior ameaça à democracia no século XXI. Há sinais de que esteja em curso, entre outros países, na Índia, na Turquia, nas Filipinas, no Equador, na Hungria e na Polônia; e é possível que também ocorra nos Estados Unidos. O problema é que pode ser difícil saber com certeza. A grande diferença entre um golpe de Estado clássico e esses outros tipos de golpe é que o primeiro é um evento isolado em que se decide entre tudo ou nada, enquanto os outros são processos graduais. Um golpe do primeiro tipo irá dar certo ou fracassar em questão de horas. Os outros se estendem por anos a fio, sem que ninguém saiba ao certo se triunfaram ou não. Fica muito mais difícil distinguir os limites. E mais que isso: enquanto o povo espera que o golpe real se revele, o golpe gradual pode estar em curso há tempos.

Bermeo assinala que um dos grandes problemas, no caso dos golpes graduais, é saber como se opor a eles. No caso das democracias que "caem por erosão, em vez de desmoronarem, muitas vezes lhes falta a fagulha que possa atiçar uma chamada eficaz à ação".[12] Não existe um momento certo em que as forças democráticas podem ser convocadas para se opor ao perigo que as ameaça. Em vez disso, a luta política surda produz uma série de confrontos isolados que cada lado vê de um modo diferente: enquanto os opositores do regime gritam "É golpe!", seus defensores qualificam suas acusações de histéricas e hiperbólicas. Advogados e jornalistas que se veem como os últimos baluartes de defesa contra a subversão da democracia podem ser caracterizados pelo outro lado como só mais um grupo com "interesses especiais", invocando para si os benefícios da democracia.

Parte da definição de golpe que Luttwak nos apresenta ainda se mantém. Se a democracia está para ser subvertida, é essencial que o povo como um todo seja um simples espectador. Nenhum golpe pode dar certo quando o público se insurge contra ele. A essa altura, as únicas alternativas passam a ser o fracasso do golpe ou uma guerra civil para valer. No entanto, existem várias maneiras de manter o público em silêncio. Um golpe de Estado clássico opera com base na intimidação e na coerção. Mas um golpe que se disfarça nas dobras da democracia pode contar com a passividade inata do público para conseguir o que planeja. Na maioria das democracias funcionais, o povo quase sempre se limita ao papel de espectador. Assiste a tudo enquanto as decisões políticas são tomadas em seu nome por representantes eleitos que, depois, pedem sua aprovação na eleição seguinte. Se for nisso que a democracia tiver se transformado, serve como um excelente disfarce para a tentativa de minar a democracia, pois as duas são notavelmente parecidas.

A ciência política contemporânea forjou uma série de termos para descrever esse estado de coisas: "democracia de plateia", "democracia de espectadores", "democracia plebiscitária". Mas esses termos podem ser amenos demais: "democracia zumbi" pode ser melhor. A ideia básica é que o povo se limite a assistir a uma representação em que seu papel é aplaudir ou negar o aplauso nos momentos apropriados. A política democrática se transformou num espetáculo elaborado, demandando um número cada vez maior de atores bem característicos para manter cativa a atenção do público. A dependência crescente de plebiscitos, em muitas democracias, confirma esse padrão. Um plebiscito pode parecer democrático, mas não é. Os espectadores são convocados ao palco para responder simplesmente sim ou não a uma proposta para cuja formulação não contribuíram em nada. Depois disso, os políticos retomam o trabalho de decidir o que eles quiseram dizer, enquanto os eleitores novamente só assistem, muitos cada vez mais frustrados por não terem a oportunidade de representar um papel mais importante. Em caso de necessidade, um novo referendo pode ser convocado para fazê-los concordar com o que se concluiu ter sido sua decisão no turno anterior. Nem todo plebiscito é indício seguro de um golpe promissório. Mas os plebiscitos são uma das maneiras de encaminhá-los.

O que torna os referendos especialmente eficazes nesse contexto é que eles podem ser apresentados como a antítese da subversão da democracia. O que pode ser mais democrático do que perguntar à totalidade do povo o que ele pensa? Uma pergunta direta obtém uma resposta direta. Muitas vezes, a resposta toma a forma de um pedido por mais democracia. A eleição do Brexit no Reino Unido foi anunciada como um exemplo de democracia direta em ação. Foi vencida com a ajuda de um lema que reforçava o apelo da democracia direta: "Recupere o controle". No entanto, o resultado foi aumentar ainda mais a capacidade de controle do Executivo britânico, encarregado de promover a decisão do povo britânico. Hoje, o Executivo vive um embate com o parlamento britânico para tentar manter esses poderes, mesmo depois de ter assinado o Brexit. Ninguém pode dizer que o referendo do Brexit tenha sido um exemplo de um golpe executivo bem-sucedido, já que o primeiro-ministro que o convocou perdeu o cargo como resultado da eleição. O que o Brexit demonstra é a facilidade com que a demanda popular por mais democracia pode ter o efeito oposto.

O golpe de Estado à moda antiga, porém, ainda está longe de ter desaparecido no mundo inteiro. No final de 2017, o presidente do Zimbábue, Robert Mugabe, foi destituído por um golpe que obedeceu a vários critérios do modelo clássico, embora em câmera lenta. Generais uniformizados tomaram as estações de TV e anunciaram sua intenção de processar "criminosos". Tanques apareceram nas ruas da capital, Harare. Só o discurso hesitante em que o presidente Mugabe, que num primeiro momento aparecia se recusando a renunciar, flanqueado por militares de ar contrariado que procuravam o texto certo em meio aos seus papéis, foi um desvio do roteiro habitual. Três dias depois, entretanto, Mugabe abandonou o cargo mesmo assim.

O flerte recente do Egito com a democracia, depois da Primavera Árabe, resultou numa série de eventos que tinha todos os traços de um golpe militar. Em 2013, o comandante das Forças Armadas derrubou o governo eleito de Mohammed Morsi, prendeu seus principais integrantes e suspendeu a vigência da Constituição. Eleições presidenciais foram realizadas no ano seguinte. O general Abdul Fatah el-Sisi, o homem que havia orquestrado o golpe, venceu com 97% dos votos.

Por pior que as coisas fiquem, parece muito improvável que os Estados Unidos estejam indo pelo mesmo caminho. O país é rico demais, antigo demais, para enveredar por esse tipo de política. Os Estados Unidos de hoje são uma sociedade muito diversa do Egito de hoje, quanto mais do Zimbábue atual. A admiração de Trump por vários homens fortes de todo o mundo, inclusive Sisi, não o torna equivalente a eles. Mas os EUA também são hoje uma sociedade muito diferente do que já foram no passado. Houve um tempo em que os EUA eram o Egito.

O Egito dos dias de hoje é uma sociedade relativamente jovem: sua idade mediana está em torno de 24 anos, mais ou menos a mesma dos Estados Unidos em 1930. O Egito não é uma sociedade próspera: seu PIB per capita é de cerca de 4 mil dólares, o que é mais ou menos o mesmo dos EUA em 1930. O desemprego no Egito está hoje em torno de 15%, semelhante ao que havia nos EUA em 1930 (embora no caso estadunidense, devido à Grande Depressão, estivesse a ponto de crescer muito mais). Claro, as diferenças são grandes. Boa parte das instituições democráticas dos Estados Unidos já eram muito mais robustas e calejadas por batalha na década de 1930 do que as egípcias são hoje. O Exército é uma força muito mais significativa no Egito contemporâneo do que nos EUA na década de 1930, quando não existia um Exército digno desse nome. Tampouco existia um equivalente americano da Irmandade Muçulmana. Ainda assim, se formos afirmar que um golpe no Egito pode ensinar algo à democracia ocidental, precisamos aplicar a lição do modo correto. Podia ter acontecido um golpe nos EUA durante a década de 1930 — havia demagogos e candidatos a ditador, como Huey Long, que poderiam ter decidido tentar a sorte, caso tivesse surgido uma oportunidade. A democracia podia ter entrado em colapso. Havia condições sociais que favoreciam esse desdobramento, embora os controles institucionais o tornassem improvável. Os EUA da década de 1930 têm mais em comum com o Egito do século XXI do que os EUA do século XXI têm em comum com qualquer dos dois.

Ao longo do período entreguerras, a democracia acabou entrando em colapso em toda a Europa Ocidental. Ao final da década de 1930, muito poucas democracias subsistiam fora do mundo de língua inglesa. Em boa parte do resto do planeta, os homens de terno foram desalojados por homens de farda.

Quando falamos hoje de um perigo de retorno à década de 1930, é isso que temos em mente: um efeito dominó de falências da democracia pelo mundo todo. Por isso, é importante deixar bem claro: uma repetição da década de 1930 é muito mais provável em alguns países do que em outros. Os lugares onde é menos provável são os mesmos onde a troca ocorreu da primeira vez. A Alemanha de hoje não tem quase nada em comum, do ponto de vista político, com a Alemanha de 1933. A França é um país muito diferente do que era até cinquenta anos atrás. A Itália não corre o risco de sucumbir a um governo militar num futuro próximo. Mesmo na política grega, esse tipo de hipótese parece ter ficado para trás.

Os lugares onde é mais difícil ter certeza são os que se situam em algum ponto intermediário entre os EUA e o Egito de hoje. Por exemplo, a Turquia atual é uma democracia com raízes relativamente profundas. Desde a fundação da República moderna, em 1923, vem sendo dirigida por sucessivos governos eleitos. Uma história repetidamente pontuada por golpes militares, entretanto. Houve um golpe em 1960, outro em 1971, e mais outro em 1980. Em todos eles, o Exército tomou o lugar do governo eleito.

O golpe de 1980 seguiu o modelo clássico descrito por Luttwak: uma junta de seis generais tomou o poder da noite para o dia, mandando tanques para as ruas da capital e prendendo importantes membros do governo. Ainda assim, também foram golpes promissórios, já que o Exército prometia restaurar a democracia assim que conseguisse restabelecer a ordem. As Forças Armadas turcas se consideram tradicionalmente as guardiãs da Constituição laica, contra os que tentam subvertê-la em nome do Islã. Cada golpe devolveu o poder aos civis ao final de poucos anos, embora sempre um tanto a contragosto; toda vez, os generais retornavam à prontidão para tomar o poder caso as coisas não seguissem o rumo devido.

Não houve novos golpes militares depois de 1980, embora em 1997 o Exército tenha exigido a renúncia do primeiro-ministro, o que obteve sem precisar recorrer à força. A sugestão foi suficiente, levando alguns observadores a dizer que o acontecido foi o primeiro "golpe pós-moderno". Em 2002, o Partido da Justiça e Desenvolvimento (AKP), de Recep Erdogan, obteve uma vitória substancial em eleições cujo resultado foi visto como uma rejeição à interferência militar. Cinco anos mais tarde, Erdogan saiu vitorioso de um confronto com o Exército em torno de sua indicação de um grande defensor do islamismo para a presidência. Os generais avisaram que, mais uma vez, estavam prontos a intervir a fim de proteger a República da dominação islâmica, mas Erdogan denunciou a ameaça de interferência armada e obteve maciço apoio popular. Nos anos seguintes, Erdogan empreendeu uma série de reformas que fortaleceram sua posição e promoveram uma erosão ainda maior no muro divisório entre o Estado e a religião. Iniciativas todas que tomou em nome da democracia.

Então, na noite de 15 de julho de 2016, a Turquia acordou e se descobriu no meio de mais um golpe militar. Tanques roncavam pelas ruas de Istambul; soldados foram despachados para os pontos-chave dos transportes e das comunicações, e foram registrados movimentos no sentido de prender os principais integrantes do governo, inclusive o próprio Erdogan. Dessa vez, o plano fracassou. Erdogan seguiu parte da pauta definida por De Gaulle, atualizada para a era das redes sociais, e apareceu na internet em plena madrugada, denunciando o golpe e pedindo que os turcos comuns tomassem as ruas para impedir seu sucesso. Sua convocação foi atendida, e em doze horas o golpe tinha fracassado, em vista de uma substancial resistência popular. Embora Erdogan viesse perdendo popularidade nos meses anteriores ao golpe, muitos de seus adversários políticos ficaram do seu lado diante da ameaça do retorno a um governo militar.

Nos dias que se seguiram, Erdogan usou esse apoio para consolidar seu controle do poder. A responsabilidade pelo golpe foi posta na conta de seu ex-aliado e agora arquirrival, Fethullah Gülen, cujos seguidores foram acusados de ter subvertido partes significativas das Forças Armadas e do sistema de ensino com a finalidade de fomentar a derrubada do governo. Erdogan promoveu um expurgo no Exército e nas universidades. Encarcerou um grande número de políticos da oposição, além de jornalistas e educadores. Em 2017, convocou e venceu por pouco um referendo que propunha o aumento dos poderes da presidência, cargo que então ocupava. Entre as medidas, encontrava-se a abolição dos tribunais militares, uma reforma popular. Iniciativas todas que tomou em nome da democracia.

A situação atual da política turca mostra como as linhas divisórias podem ficar indistintas entre a democracia e sua subversão, depois que a democracia é reconhecida como a condição natural da política. É claro que o golpe fracassou pelos motivos apontados por Luttwak: quando o povo se recusa ao papel de mero espectador, os militares descobrem que é muito difícil derrubar uma democracia. O povo salvou o regime. Entretanto, a defesa da democracia pelo povo também criou as condições para um expressivo aumento do poder do Executivo. Em consequência, Erdogan ampliou muito seu poder pessoal. Sempre tomando o cuidado, porém, de apresentar tudo como um modo de proteger a democracia da possibilidade de futuros golpes militares.

Ao mesmo tempo, as iniciativas de Erdogan tornaram-se tema de teorias da conspiração amplamente difundidas, baseadas na premissa de que, em política, a única pergunta que vale a pena fazer é: quem se beneficia? Para muitos observadores, os acontecimentos da noite de 15 de julho foram convenientes demais para terem sido plausíveis. Poderia Gülen, um líder religioso exilado e radicado no interior da Pensilvânia, realmente ter criado um plano de tamanho alcance? Quem se beneficiou foi Erdogan. Por essa lógica, era ele quem devia estar por trás do golpe. Um golpe de Estado fracassado que se transforma numa forma de encobrir a verdadeira subversão da democracia.

A tentativa de golpe de julho de 2016 pode ser apontada, ao mesmo tempo, como indício de duas ameaças diametralmente opostas à democracia. Se aceitarmos que foi autêntico, a ameaça veio dos militares: a democracia turca ainda é frágil o suficiente para ser derrubada pela força. No entanto, se imaginarmos que o golpe foi uma farsa, a ameaça veio do governo democraticamente eleito: a democracia turca se encontra hoje tão segura que o apoio popular funciona como um biombo para ocultar as manobras de um candidato a autocrata. Não há nada — nenhum fato, nenhum argumento, nenhum indício — que possa esclarecer satisfatoriamente qual das duas é a visão correta.

É possível que a sociedade turca não comporte mais a perspectiva realista de um golpe militar. Isso não pode ser provado porque não é possível provar uma condição negativa. Só pode ser desmentida por um golpe bem-sucedido. Estamos num mundo às avessas, no qual nada é necessariamente o que parece. O insucesso de uma quartelada não significa que a ameaça de golpe seja real. Pode significar que a democracia não corre esse tipo de risco, e o real perigo que corre é ser subvertida por dentro.

Não existe livro de receitas que nos ajude a entender o que aconteceu, porque os mesmos ingredientes, preparados da mesma forma, podem produzir dois pratos totalmente diversos.

Os Estados Unidos não são a Turquia, e tampouco são o Egito. Ainda assim, temos aqui lições que servem até para as democracias mais seguras. Vistas através do espelho, ameaças passadas à democracia podem se transformar em baluartes de sua defesa, enquanto suas antigas fundações se transformam na maior das ameaças. Em última instância, escorar a democracia para que se mantenha pode ser uma receita para sua extinção.

As relações entre militares e civis, por exemplo. Numa democracia bem estabelecida, entende-se que os generais devem obedecer às ordens de seus líderes civis. A alternativa são generais que se recusam a cumprir ordens, o que equivale a um golpe. Mas num Estado em que a aceitação rotineira da ordem democrática encobre a concentração cada vez maior de poderes no centro, o contrário pode ser verdade. Um Executivo capaz de garantir a obediência dos militares pode ser um dos fatores que facilita a derrubada gradual da democracia.

O jurista Bruce Ackerman identifica, nos últimos cinquenta anos da política presidencial dos Estados Unidos, uma série de acréscimos de poder por parte do Executivo. O maior deles envolve a "politicização" dos militares, cooptados em número cada vez maior para cargos no governo. Diante de um Legislativo recalcitrante, os presidentes recorrem a militares de carreira em sua busca de resultados. Ackerman enxerga dois perigos. Um é que um alto-comando subserviente pode aumentar muito os poderes de uma presidência extremista, acatando qualquer ordem sua. O outro é que o presidente acabe obedecendo às ordens dos generais, que se tornam indispensáveis à sua administração. O comandante em chefe converte-se então numa simples figura de proa, servindo para encobrir o que seria, essencialmente, um governo militar. São os generais que obedecem aos políticos ou os políticos que obedecem aos generais? Quando essa linha divisória perde a nitidez, é difícil ter certeza.

Ackerman acompanha esse processo ao longo do mandato de vários presidentes. Diz que o transcurso foi sempre movido por emergências regulares, ao lado de uma frustração crescente com a política partidária. Bill Clinton tentou aumentar o poder discricionário da presidência para poder tomar medidas executivas em face de um Congresso controlado pelos republicanos; George W. Bush fez o mesmo, nos meses que se seguiram ao Onze de Setembro, para facilitar a Guerra ao Terror; Obama agiu desse modo para conduzir sua própria guerra contra a Al-Qaeda e o ISIS. Ackerman caracteriza essa tendência como parte do crescente desrespeito à lei na política democrática dos Estados Unidos, levando os presidentes a seguir o caminho de menor resistência. O que não é o mesmo que um golpe. Nenhum desses presidentes pretendia subverter a Constituição. Mas o que acontece quando o presidente não tem grande apego à carta constitucional, e acha que qualquer resistência ao predomínio do Executivo equivale a uma traição à democracia? O que acontece quando esse presidente entrega vários cargos do governo a generais reformados? O que acontece quando o presidente é Trump?

Escrevendo em 2010, Ackerman especula sobre o perigo de algum futuro "Presidente de Direita afirmar que a nação não pode mais tolerar dezenas de milhões de imigrantes em seu território, e que só lhe resta ordenar a detenção e a deportação de todos, com 'a máxima urgência'". Invoca também um possível "Presidente de Esquerda que demonize os bancos, condenando-os por conspiração [...] e exigindo a imediata estatização de todos em nome do povo".[13] Nessas condições, a situação se torna muito mais carregada. Não só os militares, mas também os civis ocupantes de cargos de relevo e outros servidores públicos precisam tomar posição. Num Estado moderno, à diferença da Roma antiga, não é possível olhar para o outro lado e esperar que o tumulto se acalme. Cada um ou cumpre ou não cumpre as ordens que recebe. O problema é que, quando a política democrática é submetida a tal crescimento do Executivo, recusar-se a aceitá-lo é correr o risco de ser tachado de inimigo da democracia.

Existem ainda outras opções. Os ocupantes de cargos públicos podem renunciar a seus postos, embora corram o risco de serem simplesmente substituídos por funcionários mais flexíveis, ou de acabar produzindo cargos vagos. A resposta mais extrema é ficar no cargo, mas se recusar a obedecer. Os generais não podiam se recusar a entregar os códigos nucleares a Trump antes de sua posse sem atentar contra a própria base da democracia. Mas podem, teoricamente, recusar suas ordens de ativá-los. E se Trump tomar uma decisão executiva imprudente quanto ao uso da força nuclear, ameaçando a sobrevivência da República dos EUA, e na verdade do mundo inteiro? Será possível desobedecer em nome da democracia?

A história moderna dos Estados Unidos apresenta pelo menos um precedente. Nos últimos dias da presidência de Nixon, no verão de 1974, o secretário da Defesa, James Schlesinger, ficou tão alarmado com o estado de espírito do presidente — Nixon estava seriamente deprimido e bebia muito — que instruiu os militares a não acatar ordens do presidente, especialmente em relação às armas nucleares, a menos que as ordens fossem confirmadas por ele próprio ou pelo secretário de Estado, Henry Kissinger. Também traçou planos de mobilizar tropas em Washington no caso de não ser possível negociar uma transição presidencial pacífica. Esse tipo de comportamento existe na área de sombra em que um golpe não é propriamente um golpe. Depois da posse de Trump, essa área ficou maior.

E o que a torna ainda mais turva é que Schlesinger só foi revelar sua decisão anos depois do acontecido, quando a situação estava mais que controlada. Na época, precisou fazer tudo em segredo, porque qualquer tentativa de tomar essas medidas em público o exporia a uma acusação de conspirar para um golpe. Se a subversão da democracia estiver ocorrendo sob a aparência de democracia, então a subversão da subversão também precisa ocorrer em segredo. Nada é revelado. Essa é a imagem invertida do mundo do golpe de Estado descrito por Luttwak. Enquanto no passado o sucesso de um golpe demandava que todos soubessem o que estava acontecendo, hoje tanto golpes quanto contragolpes demandam que apenas o mínimo possível de pessoas saiba o que acontece.

Esse submundo de conspirações e subterfúgios pode ser mais fácil de descrever na ficção política que na ciência política. Depende de coisas que só são conhecidas pelos participantes, os quais podem ou não revelar o que de fato aconteceu num momento muito posterior. A maneira mais fácil de representar essa situação é tentar imaginar qual pode ter sido a intenção dos participantes. Às vezes, precisamos inventar.

O jornalista Jonathan Freedland, do *The Guardian*, escrevendo sob o pseudônimo Sam Bourne, descreve uma das maneiras como isso pode se dar em seu romance *Matem o presidente*, de 2017.[14] O livro é totalmente absurdo e horrivelmente irresistível. Em sua trama, um Presidente de Direita, vagamente baseado no presidente Trump, ameaça lançar um ataque nuclear contra a Coreia do Norte num momento de animosidade. O secretário da Defesa e o chefe do Estado-Maior decidem que a única alternativa que lhes resta é matá-lo, porque todas as outras opções — renunciar, se recusar a obedecer ou denunciá-lo ao público — simplesmente tornariam o problema pior, dando ao presidente um pretexto para atacar seus inimigos. Enquanto isso, o principal estrategista do presidente, vagamente baseado em Steve Bannon, fica sabendo da tentativa de assassinato e decide atribuí-la a uma conspiração islâmica, o que provoca um recrudescimento das hostilidades contra qualquer indivíduo visto como não estadunidense. Tudo ocorre por trás de portas fechadas, e só se escuta o alarido ensurdecedor das redes sociais. Enquanto alguns cidadãos vociferam contra a conspiração, enxergando golpes em todos os lados, os verdadeiros atos de subversão acontecem em lugares que as redes sociais não conseguem alcançar. Quando as acusações de conspiração se espalham tanto, aumenta o espaço para esconder um complô real, porque ninguém consegue mais ver a floresta, só as árvores.

Mas não precisa ser um Presidente de Direita, e não precisa acontecer na era do Twitter. No romance *A Very British Coup* [Um golpe muito britânico], de Chris Mullin, escrito em 1982 e com a ação situada em 1989, um Primeiro-Ministro de Esquerda vence uma eleição geral do Reino Unido com um manifesto em que se compromete com a estatização generalizada, o desarmamento nuclear e o abandono da Otan.[15] As forças do establishment conspiram para detê-lo, espalhando calúnias na imprensa popular, desestabilizando a economia e estimulando atos de desobediência disfarçada por parte dos militares. Nada disso é plenamente revelado — os conspiradores têm o cuidado de esconder suas atividades por trás dos conflitos e tumultos da política democrática. O golpe dá certo porque ninguém sabe que ele aconteceu — o primeiro-ministro renuncia alegando problemas de saúde, e é substituído por seu vice, que por acaso está na lista de pagamentos do Serviço Secreto. Claro, o público tem lá suas suspeitas, mas o público sempre desconfia de alguma coisa. O drama da vida democrática absorve as provas sem que ninguém fique sabendo o que ocorreu.

O romance de Freedland é mais próximo do que vem acontecendo agora, depois da eleição recente de um Presidente de Direita. Mullin foi candidato a deputado pela esquerda do Partido Trabalhista na década de 1980, e aliado de Jeremy Corbyn na juventude. É improvável que Mullin tenha imaginado que Corbyn seria o homem que colocaria sua criação ficcional à prova. Os dois foram acólitos de Tony Benn, durante muitos anos a esperança mais concreta da esquerda britânica. Benn nunca chegou perto de se tornar primeiro-ministro. No momento em que escrevo, a possibilidade de Corbyn se tornar primeiro-ministro é bastante real. Alguma coisa desse tipo pode acontecer em algum lugar em algum momento. Bernie Sanders chegou perto nas eleições presidenciais dos Estados Unidos de 2016. Jean-Luc Mélenchon chegou perto na eleição presidencial francesa de 2017. Em algum momento, um Presidente ou Primeiro-Ministro de Esquerda irá vencer uma eleição numa democracia importante, e provocar a pior reação possível do establishment político.

Quando acontecer, o golpe que teremos será muito estadunidense, muito francês ou muito britânico? Seja como for, a resposta é que não haverá consenso quanto ao que de fato terá acontecido. Tivemos um golpe muito grego em 2015? Enquanto os antigos golpes eram — ao menos — esclarecedores, atualmente qualquer discussão em que se fale de golpe é inimiga da clareza. Um dos lados vê um golpe. O outro vê o funcionamento devido da democracia. E não se trata de simples discordância entre direita e esquerda. Trump chegou à presidência prometendo abandonar a Otan se ela não reduzisse os custos dos Estados Unidos. Os militares que ajudam seu governo a funcionar convenceram Trump a mudar de posição. Isso quer dizer que a democracia foi subvertida, já que a vontade do presidente foi barrada por poderes não eleitos? Ou será um sinal de que a democracia está funcionando como deve, já que a vontade do presidente foi temperada pelas forças do comedimento? Não pode haver resposta para essa pergunta que satisfaça todos os lados. Nesse meio-tempo, prossegue o diálogo de surdos.

Democracias fracas são vulneráveis a golpes de Estado porque suas instituições não são capazes de absorver um ataque frontal. As democracias fortes são relativamente imunes a ataque frontais porque suas instituições são resistentes. Em decorrência, os ataques às democracias estáveis costumam vir dos flancos. Parte deles é desviada e se desmancha em tagarelice inconsequente — as constantes acusações de traição, fracasso e crise que constituem o ruído de fundo da política partidária. Outra parte é empurrada para baixo da superfície e para os bastidores, em que só os adultos presentes podem saber ao certo o que aconteceu, e nem mesmo eles estão de pleno acordo quanto aos fatos. Esses fenômenos se alimentam um do outro. A parolagem sobre o fim da democracia é uma excelente cobertura para esconder ataques graduais à democracia. Enquanto isso, os ataques graduais ajudam a alimentar os rumores de falência democrática, sem que ninguém tenha certeza de nada.

As democracias fortes têm, sobre as fracas, todas as vantagens, menos uma: as democracias fracas sabem quando fracassam, e o fracasso tem a aparência da Grécia em 1967. Hoje não é mais assim. Atualmente, quando golpes de Estado ocorrem, chegam sem o golpe de misericórdia. Não existe um antes e um depois. Só o espaço envolto em sombras entre um e outro.

Um golpe de estado bem-sucedido requer um complô bem-sucedido. Ele precisa ser secreto, à prova de vazamentos, e ocorrer de surpresa para o lado atingido. Só quando o golpe já está em andamento é que os conspiradores mostram suas cartas. O fim dos golpes de Estado clássicos assinala o fim desse tipo de complô — numa democracia sólida, sua probabilidade de sucesso é remota demais. Mas o declínio do golpe de Estado clássico acarreta a multiplicação inevitável das teorias da conspiração, invocando complôs cujas cartas ninguém nunca chega a ver.

A existência do que hoje chamamos de teorias da conspiração nada tem de novo. Elas existem desde sempre. A antiga democracia ateniense fervilhava de suspeitas de golpes e de congregações secretas votadas à sua destruição. É parte vital da democracia imaginar conjurações secretas para subvertê-la. E há dois motivos para isso. Primeiro, a democracia dá o direito de expressão às pessoas comuns, e o que muitas vezes passa pela cabeça delas é a sensação de que estão sendo prejudicadas. Quando não fica claro quem é o responsável, a explicação só pode ser que os culpados estão apagando seus rastros. Segundo, os culpados realmente procuram apagar seus rastros. O que alimenta as teorias da conspiração é a revelação intermitente de complôs autênticos. Em 412 a.E.C., quem dissesse que a democracia ateniense estava a ponto de ser tomada por uma facção de oligarcas a serviço dos espartanos não passaria de um boateiro. Um ano mais tarde, estaria dizendo a mais pura verdade.

A democracia moderna não é diferente. Embora o termo "teoria da conspiração" tenha cunhagem relativamente recente — só adquiriu ampla circulação depois da década de 1960, impelida em parte pela onda de desconfiança que se avolumou depois do assassinato de Kennedy —, o fenômeno que ele descreve é muito anterior a seu surgimento. A evolução da política democrática ao longo dos séculos XIX e XX foi acompanhada pela suspeita persistente de que tudo fosse uma farsa: na verdade, as elites continuaram a puxar os cordões em segredo, nos bastidores. Essa suspeita era alimentada pelo fato de que a democracia representativa confere efetivamente grande poder às elites, que conduzem boa parte de seus negócios a portas fechadas. Qualquer sistema político que apregoe o valor da transparência enquanto se aferra a seus segredos irá criar um espaço em que teorias da conspiração podem florescer.

Numa tirania, os produtores das teorias da conspiração costumam estar dentro do próprio regime, enxergando complôs contra ele em toda parte. Para as vítimas dos regimes de opressão, as teorias da conspiração têm pouco valor, pois a verdade não tem onde se esconder — o engano e a violência são as maneiras de operar do Estado. O que se vê é inequívoco, ainda que sejam só mentiras. Nas democracias, a lacuna entre a promessa de um governo popular e a persistência das conexões pessoais nas altas esferas é o que municia os produtores de teorias da conspiração.

Claro, nem todo cidadão de uma democracia produz teorias da conspiração, pelo simples motivo de que a democracia representativa não é pura fachada. As elites podem ser moderadas por instituições destinadas a limitar o seu poder. Os ricos e os bem-nascidos nem sempre conseguem se safar de qualquer coisa. Muitas pessoas sentem os benefícios da democracia, tanto pela dignidade que ela confere quanto pelas vantagens materiais que pode trazer. Os produtores das teorias da conspiração tendem a ser os que julgam que, ainda assim, os benefícios não chegam até eles. Em qualquer democracia, sempre haverá vencedores e perdedores. Nas palavras de dois cientistas políticos estadunidenses, Joe Parent e Joe Uscinski, "as teorias da conspiração são coisa de perdedor".[16]

O que é confirmado pelos dados históricos. O estudo de Parent e Uscinski, sobre a prevalência das teorias da conspiração nos Estados Unidos do século passado, mostra que elas tendem a variar de acordo com o controle do poder.[17] As pessoas que se sentem excluídas do poder tendem mais à noção de que este lhes foi subtraído por forças antidemocráticas operadas por subterfúgios. A proporção geral dos que acreditam que a democracia é controlada por organizações secretas é relativamente estável: em qualquer momento, é provável que entre um quarto e um terço da população estadunidense endosse teorias desse tipo. Mas a identidade de quem endossa muda, dependendo do partido que estiver ocupando a Casa Branca.

Quando o presidente é do Partido Democrata, os eleitores republicanos podem achar que o governo é controlado por agentes estrangeiros, porque o presidente é na verdade um comunista disfarçado, ou um muçulmano disfarçado — de algum modo, não é um verdadeiro estadunidense. Quando o presidente é republicano, os democratas podem crer que a democracia foi capturada por Wall Street, ou que a administração está a soldo da indústria do petróleo. Assim, durante a presidência de George W. Bush, os democratas é que cultivavam as teorias da conspiração; quando ele foi sucedido por Obama, os papéis se inverteram e os republicanos é que passaram a produzi-las. Quando o seu lado vence, a democracia parece fazer muito mais sentido do que quando o seu lado perde. Há muitos maus perdedores, que consideram a derrota uma prova de que o sistema é manipulado contra eles. Só a vitória os faz mudar de ideia.

Os adeptos mais persistentes das teorias da conspiração são as pessoas convencidas de que jamais poderão vencer sob as regras da política democrática. Uma pesquisa recente entre os eleitores do Reino Unido mostrou que as teorias da conspiração prevalecem mais entre quem se sente permanentemente despojado dos seus direitos.[18] Se você apoia um partido que não tem chance de conquistar o poder — especialmente num sistema bipartidário, de voto majoritário uninominal (*first-past-the-post*, em inglês) —, a democracia pode lhe parecer tendenciosa. E será pior ainda se você não apoiar nenhum dos partidos. Um velho slogan anarquista diz que não importa em quem você vote, o governo sempre ganha. E não são só os anarquistas que pensam assim. Qualquer um que tenha perdido a fé na possibilidade de mudança política tende a acreditar que votar nem vale a pena; qualquer um que pare de votar tende a achar que é ignorado pelo sistema porque suas opiniões não contam.

É um círculo vicioso em potencial. Ainda assim, tem seus limites. Enquanto um número suficiente de eleitores se dispuser a ver a vitória de um dos dois lados como uma vitória pessoal, a democracia pode continuar funcionando. O perigo surge quando os perdedores de sempre superam em número os vencedores ocasionais — quando a teoria da conspiração deixa de ser um passatempo da minoria e se converte numa ocupação majoritária. Pode ser que estejamos bem no meio dessa mudança.

Por isso, o século XXI pode começar a parecer a idade de ouro das teorias da conspiração. No momento, elas parecem onipresentes. Parte disso é uma ilusão, gerada pela visibilidade maior que qualquer ideia maluca pode adquirir na era da internet. Antes, alguém que achasse que a família real britânica era composta de lagartos em forma humana teria pouca chance de encontrar outra pessoa com a mesma opinião, mas hoje os adeptos de teorias da conspiração com ideias parecidas estão a apenas um clique de distância uns dos outros. Essa visibilidade não quer dizer que exista uma quantidade maior dessas ideias do que no passado, só que hoje a probabilidade é maior de vê-las adquirir massa crítica. O fenômeno do efeito de rede, em que o valor de alguma coisa cresce quanto mais ela for utilizada, aplica-se tanto às boas quanto às más ideias. Quanto mais gente subscreve uma teoria da conspiração, mais sentido faz se juntar a eles. Nas redes sociais, quanto mais formos, mais seguros estamos.

Mas houve ainda outra mudança. As teorias da conspiração não são mais só uma coisa de perdedores. Os vencedores também passaram a acreditar nelas. Donald Trump embarcou em sua campanha pela presidência a partir do momento em que adotou uma das teorias da conspiração mais persistentes em relação ao presidente Obama, a de que ele não era cidadão estadunidense. O movimento que questionava seu local de nascimento foi uma reação típica de perdedores: os eleitores que acreditavam que Obama não falava em seu nome se aferraram à ideia de que não podia falar por eles porque, na verdade, era estrangeiro. Trump explorou essa ideia quase até chegar à Casa Branca, e só veio a abandoná-la, meio a contragosto, com a aproximação da eleição presidencial. Mas não abandonou a postura mental que ela representa, nem mesmo depois de ter vencido. Já na presidência, Trump continua a usar o Salão Oval como caixa de ressonância para teorias da conspiração. Acusou sua oponente derrotada de ter feito uso de fraude eleitoral generalizada para ganhar indevidamente a eleição pelo voto popular. Acusou os jornalistas que o criticam nos principais órgãos de imprensa de criar propositalmente reportagens falsas — as tão faladas fake news — com a finalidade de desacreditar sua presidência. Acusou seu antecessor de ter grampeado seus telefones. E tinha poucas provas, ou nenhuma, em todos os casos. Vencedor, Trump se comportava como se tivesse perdido. E o fez com a finalidade de consolidar os termos em que venceu e de se manter firmemente alinhado com o núcleo dos seus eleitores.

Depois da vitória de Trump, os democratas derrotados mudaram rapidamente de estratégia, e depois do tempo que passaram negando as teorias da conspiração sobre o antigo presidente, começaram a espalhar teorias sobre o novo. Em pouco tempo, ele se viu afogado em acusações de que era um fantoche dos russos. Trump e seus acólitos retrucaram da única maneira que sabem. Viraram as teorias da conspiração contra os democratas. Eram *eles* que estavam sob o poder dos russos. Eram *eles* que falsificavam notícias. No momento, um dos motivos por que parece haver teorias da conspiração em toda parte é que os vários lados não se revezam mais questionando a veracidade um do outro. Agora, questionam uns aos outros simultaneamente.

Isso é inteiramente característico de um período em que o populismo começou a dominar a política democrática. A ideia básica por trás do populismo, de esquerda ou de direita, é que a democracia foi roubada do povo pelas elites. Para que seja recuperada, as elites precisam ser expulsas das suas tocas, onde escondem suas verdadeiras intenções por trás de um suposto apego à democracia. A teoria da conspiração é a lógica do populismo. O discurso de posse de Trump foi uma expressão concisa dessa linha de pensamento. Sua retórica alinhou Trump a outros líderes populistas do mundo todo, que apresentam a política de maneira semelhante.

Na Turquia, a explicação que Erdogan sempre dá para a oposição política ao seu poder é que seus inimigos conspiram contra o povo turco. Entre os conspiradores não estão apenas Gülen e seus comparsas, mas a União Europeia, o FMI e o "lobby da taxa de juros", uma alusão aos judeus. Na Polônia, o governo do Partido Lei e Justiça (PiS) culpa repetidamente "o sistema" por qualquer problema que enfrente. Esse sistema é formado por autoridades não eleitas e instituições infiltradas por agentes de regimes estrangeiros. Nas palavras de Jarosław Kazcyński, cofundador e líder do PiS: "A questão é saber se a democracia consegue tomar decisões no lugar de um punhado de gente comprada pelos estrangeiros e de forças internas que não servem aos interesses da Polônia".[19] Na Índia, Narendra Modi usa o Twitter com a mesma frequência de Trump para fustigar as pessoas que planejam a sua derrubada, de potências estrangeiras ao "Estado profundo" indiano. Enquanto isso, a oposição a Modi faz circular teorias da conspiração ainda mais extremas a respeito dele: suas vitórias eleitorais só foram obtidas por meio de fraude; ele é agente secreto do Paquistão; ele é judeu. O populismo promove a paranoia por todos os lados.

Uma vez que a produção de teorias da conspiração se converte em filosofia de governo, ela passa a se reforçar por conta própria. Os eleitores não se alternam mais para manifestar suas suspeitas de que o sistema é manipulado. Ganhando ou perdendo, todos os partidos passam a considerar que a democracia encobre conspirações contra eles. Como romper esse ciclo? É muito difícil. Um dos modos pode ser forçar as conspirações reais a aparecerem às claras, provando finalmente que alguém tinha razão. Entretanto, como já vimos, os golpes não são mais como no passado. Outra maneira podia ser expor a falsidade das teorias da conspiração, provando finalmente que alguém estava errado. Mas isso só ocorre muito raramente. O golpe de Estado fracassado na Turquia não mudou nada porque serviu para confirmar as versões nas quais as pessoas de todos os lados queriam acreditar. Tanto foi apontado como prova de que Erdogan era vítima de um complô quanto de que foi o responsável pelo mesmo complô.

Em 2010, Lech Kazcyński, presidente da Polônia e irmão de Jarosław, morreu num acidente de avião a caminho da floresta de Katyn, perto de Smolensk, no oeste da Rússia, onde era esperado para uma cerimônia em memória das mortes de 20 mil oficiais poloneses, assassinados por agentes do regime stalinista em 1940. Jarosław e seus seguidores puseram a culpa do acidente no "sistema", que nesse caso inclui os russos, a União Europeia, o establishment liberal, os comunistas clandestinos e os judeus. Nenhuma investigação sugere que tenha sido causado por nada além de um erro do piloto em péssimas condições climáticas. Mas não faz diferença. E caso uma nova investigação viesse a descobrir agora indícios da cumplicidade russa no acidente, isso tampouco faria diferença. Para qualquer um inclinado a discordar, seria apenas uma prova de que a nova investigação foi parte de uma conspiração organizada pelo governo. Cada vez mais, as pessoas acreditam no que querem acreditar. A política populista se alimenta desse fenômeno. E também, por sua vez, cuida de alimentá-lo.

Se quisermos encontrar paralelos históricos para esses traços da política contemporânea, não será difícil. Mas precisamos procurar no lugar certo. O que implica sairmos do século XX. A década de 1890 pode ser usada como um guia melhor para os nossos problemas atuais que a de 1930. Os anos 1930 foram a grande era das conspirações: uma década que começou com a agonia mortal da República de Weimar e terminou com o pacto nazissoviético teve tramas reais suficientes para satisfazer até o mais desconfiado dos espíritos. Mas a grande era das teorias da conspiração foi a década de 1890.

O próprio populismo nada tem de novo. Surge nas sociedades democráticas em determinadas condições: crise econômica, mudança tecnológica, desigualdade crescente e ausência de guerra. Não é a primeira vez que essas condições se apresentam. Também estavam presentes na última década do século XIX, quando a política democrática viu-se corroída por outra grande onda de fúria populista. Naquela época, como hoje, a raiva era um campo fértil para o surgimento de teorias da conspiração dos dois lados da divisa política.

A década de 1890 é um dos poucos períodos da história moderna dos Estados Unidos em que o volume total de teorias conspiratórias em circulação mostrou um crescimento notável. A outra ocasião, antes do momento atual, ocorreu no final da década de 1940 e no início da seguinte, no alvorecer da Guerra Fria, quando o vírus do macartismo se propagou pela vida pública do país e a infectou com uma paranoia que acabou afetando os dois lados do espectro partidário. O populismo do fim do século XIX é o que melhor se presta a um estudo do que o historiador Richard Hofstadter batizou com o famoso rótulo de "estilo paranoico da política americana".[20] O mesmo estilo paranoico com que nos deparamos hoje.

Os paralelos entre aquele momento e o presente são muitos. A grande investida populista da segunda metade do século XIX foi desencadeada por uma crise econômica prolongada. A economia dos Estados Unidos atravessou muitos anos de estagnação a partir da década de 1870, assistindo a uma redução dos salários paralela à queda dos preços. Os trabalhadores agrícolas arcaram com o maior peso da miséria, e descontavam seu ressentimento nos habitantes dos centros urbanos, que pareciam ter se esquecido de onde vinha a comida que punham em seus pratos. A fúria popular contra as elites urbanas ficou mais acentuada com um crash financeiro em 1893, que se espalhou do setor bancário para a economia como um todo.

Uma revolução tecnológica também estava em andamento. As ferrovias, a navegação a vapor, o telégrafo e a luz elétrica trariam enormes benefícios a longo prazo, mas também provocavam mudanças bruscas e inquietação quanto ao futuro. Antigas formas de trabalho desapareciam na mesma velocidade com que se criavam novos empregos. Os benefícios imediatos eram distribuídos de modo muito desigual. Alguns investidores fizeram imensas fortunas, enquanto a maioria continuava a ver sua renda cair. Muita gente acabou acreditando que os políticos eleitos estavam no bolso dos interesses especiais. Os imigrantes — especialmente os judeus — eram alvo de suspeita generalizada.

Nos Estados Unidos, um populista conseguiu a indicação presidencial de um dos dois grandes partidos. William Jennings Bryan não venceu as eleições gerais para os democratas em 1896, mas sua campanha trazia todas as marcas das futuras tentativas populistas de conquistar a Casa Branca. Seu estilo era intenso, seus métodos não eram nada convencionais e ele tratava como inimigo o establishment político do seu próprio partido. Bryan ignorava a grande imprensa sempre que possível, investindo em encontros cara a cara, em jornais locais e nos panfletos que ele próprio produzia, nos quais os fatos eram muitas vezes tratados às pressas e sem qualquer rigor. Rejeitava a autoridade dos especialistas em economia, a quem acusava de fazer parte da conspiração financeira que havia vitimado o cidadão comum. E culpava os estrangeiros — especialmente os banqueiros da City de Londres, com nomes como Rothschild — pelas provações dos EUA. Caso vencesse, prometia atender antes de mais nada os interesses dos agricultores estadunidenses.

A quebra da confiança nas instituições democráticas não se limitava aos Estados Unidos. Na França, a década de 1890 também foi um momento de teorias da conspiração em escala épica. O Caso Dreyfus, que começou em 1894 com um oficial do Exército francês acusado de traição, espalhou seus tentáculos até o fim da década, envolvendo e depois dividindo todo o Estado francês. Os dois lados — tanto os que apoiavam quanto os que acusavam Dreyfus — viam nos adversários uma vasta e complexa conspiração para destruir a República, envolvendo judeus e católicos, agentes alemães e britânicos, comunistas e banqueiros. Governos se elegeram e foram desfeitos por essas teorias da conspiração. A democracia francesa parecia correr perigo de colapso. A guerra civil era uma possibilidade concreta.

Ainda assim, a grande onda populista do final do século XIX acabou passando. A democracia sobreviveu, tanto na França quanto nos Estados Unidos. Bryan concorreu três vezes à presidência sem jamais conseguir conquistá-la. O próximo democrata que chegou à Casa Branca, em 1913, foi Woodrow Wilson, um importante cientista político, ex-presidente da Universidade Princeton e inequívoco representante da classe dos especialistas. Dreyfus acabou inocentado em 1906, depois de anos de inquéritos controversos e vários momentos de falso amanhecer. A essa altura, ainda não havia consenso sobre onde estavam as verdadeiras conspirações. Mas essa questão se tornou secundária. Todos finalmente concordaram que era hora de parar: a política francesa precisava seguir em frente. Os militares precisavam ser postos de volta em seu lugar. Não haveria golpe de Estado.

Há lições que podem ser extraídas desse período para os dias de hoje, quanto à maneira de quebrar o transe da desconfiança populista das instituições democráticas? A democracia do começo do século XX acabou recebendo uma imensa injeção de energia da crise populista. Os políticos eleitos eram obrigados a enfrentar a fúria do público e encontrar formas de assimilá-la de volta à rotina da história. A era das teorias da conspiração foi sucedida por uma grande era de reformas.[21]

Nos Estados Unidos, Theodore Roosevelt embarcou em suas campanhas antitruste, que mobilizaram o poder do governo federal para desfazer os grandes monopólios do aço, do petróleo e dos bancos. Para ele, a reforma progressista era a única coisa que podia manter a coesão da democracia em face da fúria populista. Na França, os socialistas entraram para o governo pela primeira vez, e os primeiros passos foram dados no sentido da criação de um Estado moderno de bem-estar social. Na Grã-Bretanha, que também tivera suas intimações da ameaça populista, o moderno Partido Trabalhista emergiu como força política. O Partido Liberal deu início a seu próprio programa de reformas, que implicou um confronto decisivo com a Casa dos Lordes. Nos lugares onde a democracia tinha criado raízes, ela emergiu fortalecida pela crise populista.

No entanto, existe uma diferença crucial entre aquela época e os dias de hoje. A democracia do início do século XX era jovem. Criara raízes, mas crescera pouco. Existia apenas em alguns lugares, e, onde existia, ainda era incompleta. Na Grã-Bretanha, na França e nos Estados Unidos, grandes setores da população não tinham o direito a voto, inclusive a quase totalidade das mulheres. Em nenhum desses países o Estado nacional provia sequer os serviços básicos para muitos de seus cidadãos. Os sistemas de saúde e de educação eram todos fornecidos de modo variado por arranjos improvisados de provedores locais, particulares ou filantrópicos. Os impostos eram mínimos se comparados aos padrões de hoje — a faixa máxima de imposto de renda ficava bem abaixo dos 10% em todas as principais democracias do mundo em 1900. Os níveis da dívida pública também eram mantidos no mínimo. Um orçamento equilibrado era artigo de fé. A política desempenhava pouco papel positivo na vida da maioria dos cidadãos. Quando deparavam com o poder do Estado, era quase sempre na forma de algo estranho à sua experiência cotidiana.

Eis o que deu a chance a uma nova geração de políticos democratas. Eles não tinham como provar se as intermináveis acusações de conspiração e contraconspiração eram reais. Ninguém tem como provar. As teorias da conspiração são um pântano em que todo mundo acaba se afogando. Mas os políticos profissionais ainda podiam tentar provar que a democracia era real. Podiam recorrer a seu potencial inexplorado. Não está claro se isso continua possível nos dias de hoje.

Os reformadores democráticos do início do século XX puderam se aproveitar das enormes folgas que havia no sistema. Havia espaço para o crescimento dos direitos, o crescimento da dívida, o crescimento do poder do governo nacional, o crescimento da base fiscal, o crescimento do sistema partidário, o crescimento do movimento trabalhista, o crescimento da sensação de confiança do povo no Estado. Havia espaço para o crescimento da democracia. Nada disso foi fácil, porque a política nunca é fácil. Foram necessários políticos de grande talento e verve, como Roosevelt e Wilson nos Estados Unidos, David Lloyd George na Grã-Bretanha, Jean Jaurès e Georges Clemenceau na França. A fúria populista não desapareceu, e parte dela assumiu a forma de movimentos ainda mais malévolos e dominados pela suspeita de que chegariam perto de destruir a democracia dali a uma geração. O populismo desse período da história tanto podia se transformar em fascismo como numa social-democracia. As teorias da conspiração, nas mãos erradas, poderiam desencadear uma vingança terrível. Mas, nos Estados Unidos, na Grã-Bretanha e mesmo na França, isso não aconteceu.

Hoje, o sistema não tem mais folgas equivalentes. A democracia não é mais jovem. Não há mais a sensação inebriante que predominava um século atrás, de um potencial vasto e ainda por realizar. As batalhas para aumentar os direitos dos cidadãos já foram travadas e em grande parte vencidas. O Estado arca com os custos da vasta gama de serviços públicos que se espera que forneça. Os níveis da dívida, tanto pública quanto privada, estão altos. Os impostos talvez pudessem subir — já foram mais altos em alguns períodos, ao longo dos cem últimos anos —, mas o apetite popular por pagar um valor maior é extremamente limitado. A reação populista que vem acontecendo nas democracias estabelecidas ocorre em lugares que, já faz um bom tempo, fizeram o melhor que podiam com a democracia. As pessoas estão enfurecidas com as instituições que se mostram incapazes de dar respostas melhores, não porque sejam subdesenvolvidas, mas porque estão cansadas.

E esse quadro torna mais difícil romper o ciclo da desconfiança. A democracia não está funcionando bem — se estivesse, não veríamos esse retrocesso populista. Mas as tentativas de fazê-la funcionar melhor se concentram no que julgamos ter perdido, e não no que nunca chegamos a tentar. As discussões políticas giram em torno das ideias de recuperação e resgate — do Estado do bem-estar social, da Constituição, da economia, da nossa segurança, da nossa liberdade. Cada lado aspira a recuperar algo que lhe foi tirado. E isso ajuda a alimentar a disposição conspiratória. A tentação é sempre pôr no outro lado a culpa pelo que se perdeu — foram eles que roubaram! Os democratas deram cabo das liberdades constitucionais! Os republicanos acabaram com os direitos das minorias! A Europa roubou a soberania britânica! Os partidários do Brexit usurparam os direitos dos trabalhadores! Todas essas acusações se apresentam como defesas do resgate da democracia. Tentar algo novo pode ser uma experiência democrática coletiva. Resgatar alguma coisa que se perdeu é sempre parcial — os perdedores procuram mais alguém para culpar.

Claro, ainda há novas iniciativas que poderiam ser experimentadas. Nos próximos capítulos, irei explorar quais podem ser, e como a democracia ainda pode ser transformada em algo que funcione melhor. Por enquanto, porém, aquilo que chamamos de democracia parece estar exaurido nos lugares onde tem raízes mais profundas. Existirá uma cura? A história da democracia dos Estados Unidos mostra que, nos momentos do passado em que ela parecia atolada, a campanha para estender os direitos democráticos básicos ajudou a lhe conferir uma nova vida. Isso aconteceu na década de 1860, com a emancipação dos escravos; no início do século XX, com o reconhecimento dos direitos das mulheres e a proteção legal ao trabalho; nas décadas de 1950 e 1960, com o movimento em defesa dos direitos civis.

Essa luta não acabou. Houve vitórias recentes e há conquistas por alcançar. Os direitos dos gays e a legalização do casamento gay configuram uma dessas vitórias. A luta em andamento pelo reconhecimento das pessoas transgêneros é outra. Ainda assim, é inevitável que, à medida que a democracia amadureça, o espaço para as grandes lutas em torno dos privilégios e direitos democráticos seja reduzido. O campo de batalha se torna fragmentário. Os que continuam sem privilégios permanecem às margens, o que significa que a luta pelos seus direitos pode ser abafada por uma narrativa que diz que a maioria está sendo traída em benefício de uns poucos. Isso vem ocorrendo nos dias de hoje. A política identitária serve de combustível para a fogueira das frustrações populistas. Em 2016, alguns políticos republicanos extraíram o mesmo benefício das histórias sobre banheiros para transgêneros que Trump no caso dos ataques aos laços entre Hillary Clinton e Wall Street. As causas comuns ficaram muito mais difíceis de identificar do que antigamente.

A outra grande diferença entre aquele momento e o atual é o declínio da violência. A virada do século XX foi, a julgar pelos padrões de hoje, um período muito violento. Durante a década de 1890, mais de 2 mil linchamentos ocorreram nos Estados Unidos. As greves eram rotineiramente combatidas à bala por forças federais e estaduais. A greve da Pullman Railroad, em 1894, foi debelada por agentes federais que mataram trinta grevistas no processo. Motins de fundo racial eram comuns. Em 1898, supremacistas brancos assassinaram quase sessenta cidadãos negros de Wilmington, Carolina do Norte, e levaram muitos outros a abandonar a cidade. Foi uma limpeza étnica.

O terrorismo doméstico era difundido. William McKinley, o homem que derrotou Bryan nas campanhas presidenciais de 1896 e 1900, foi assassinado por um anarquista em 1901, e sua morte desencadeou uma enorme caça às bruxas. A última grande revolta populista ocorreu em um cenário de assassinatos políticos semirrotineiros.

A política contemporânea não chega nem perto disso em matéria de violência. Às vezes pode até parecer mais violenta, mas simplesmente em função da maneira como hoje a informação se espalha e é compartilhada. Atos de violência, e acima de tudo atos de terrorismo, adquirem visibilidade instantânea na era das redes sociais: podemos vê-los ocorrendo em tempo real. Com frequência nos deparamos com a violência sofrida por outras pessoas muito mais diretamente do que no passado. Por isso, a experiência secundária da violência é hoje amplamente compartilhada. Mas a experiência primária, de vítima da violência, é muito mais rara atualmente do que jamais foi. A possibilidade de ser alvo direto de alguma violência é mais baixa, hoje, do que em qualquer outro momento dos últimos cem anos. Para alguns grupos nos Estados Unidos, especialmente para os jovens afro-americanos, a ameaça de ser vítima da violência permanece real, inclusive pelas mãos do Estado. No entanto, não são suas experiências que dão impulso ao populismo de hoje. A alusão de Donald Trump, em seu discurso de posse, à "carnificina" da vida no país devia-se a estes dois fatores: seus eleitores veem uma quantidade maior de violência, mas sofrem uma quantidade muito menor. É o que ajuda a avivar a paranoia. As coisas que só experimentamos em segunda mão são as que mais tendemos a temer.

O que este início de século XXI ainda tem de comum com o início do século XX é a quarta das condições que enumerei como precondições para o surgimento do populismo: a ausência da guerra. A violência política numa era de populismo, por maior ou menor que seja, é sempre localizada, fragmentada, esporádica e ocasional. Não é uma experiência nacional coletiva. O populismo se alimenta da ausência de uma guerra porque questiona a ideia de que a democracia ainda é uma experiência genuinamente coletiva. E isso fica muito mais difícil de afirmar quando a nação está em guerra. Aí a realidade da situação fica difícil de evitar: para o bem ou para o mal, ela afeta ao mesmo tempo tanto o povo quanto as elites.

Certos tipos de guerra só produzem um simulacro de experiência nacional coletiva. No final da década de 1890, os Estados Unidos embarcaram numa guerra contra a Espanha em várias de suas colônias, inclusive Cuba e Filipinas. O sentimento nacional foi espicaçado pelas patriotadas da imprensa. Mas não sobreviveu por muito tempo ao final do conflito, já que a unidade criada foi superficial, alimentada pela produção de notícias falsas e pelo sensacionalismo da imprensa marrom. A Guerra dos Bôeres, travada pelo Império Britânico no alvorecer do século XX, produziu curtos rasgos de fervor nacional coletivo, mas no final contribuiu mais para dividir que para unificar a nação. O mesmo se aplica à Guerra do Iraque de 2003, e à guerra em curso no Afeganistão. As aventuras imperialistas não unificam as nações por muito tempo. Dão lugar a novas teorias da conspiração ao alimentar a ideia de que as pessoas estão sendo enganadas.

Guerras de sobrevivência nacional são outra coisa. No fim das contas, a história de como a democracia dominou o populismo nas primeiras décadas do século XX tem duas partes, ambas necessárias, embora nenhuma tenha sido suficiente. Uma é a reforma democrática. A outra é a guerra mundial. Nesse ponto, os paralelos entre cem anos atrás e os dias de hoje se tornam muito menos tranquilizadores.

Por maiores que tenham sido as realizações de políticos como Wilson, Clemenceau e Lloyd George antes de 1914 — e, em todos esses casos, elas foram substanciais —, não se comparam ao que puderam fazer na era da guerra total. Travar guerras que demandavam o comprometimento total de toda a população exigia um compromisso mais pleno com a democracia para justificar tanto esforço. Foi a Primeira Guerra Mundial que finalmente desencadeou a conquista de direitos políticos em massa, tanto pelas mulheres quanto pelos homens, na Grã-Bretanha e nos Estados Unidos. A Segunda Guerra Mundial proporcionou conquistas semelhantes na França e em outras democracias recentes em todo o mundo, entre elas a Índia. O moderno Estado de bem-estar social da Grã-Bretanha foi um produto da experiência da guerra. A saúde dos cidadãos e o pleno emprego foram necessários para a participação em conflitos que dependiam da mobilização da força de trabalho de todo o país.

Nos Estados Unidos, a Grande Depressão deu início a uma experiência nacional de reformas políticas e econômicas nos termos do New Deal; mas foi a guerra contra o fascismo que selou o "novo acordo", consolidando o poder do governo federal de responder pelo bem-estar de toda a nação. A distribuição de benefícios na área da educação foi muito ampliada através da GI Bill (nome pelo qual ficou conhecida nos Estados Unidos a Lei de Readaptação dos Combatentes, de 1944), que oferecia aos soldados que voltavam da guerra recursos para custear seus estudos universitários. Da mesma forma, os grandes projetos de cunho social-democrata desenvolvidos na Europa após a Segunda Guerra Mundial só foram possíveis devido à destruição e ao desespero provocados pela guerra. Uma conhecida frase feita da ciência política diz que os Estados fazem a guerra, e a guerra faz os Estados. A democracia não é exceção: as democracias fazem guerras, e as guerras fazem democracias. O que às vezes é obscurecido por outra frase feita da ciência política: as democracias nunca vão à guerra entre si.

Mesmo que isso fosse verdade, nunca deixou de existir quantidade suficiente de não democracias em exercício para atender à demanda.

Os conflitos militares entre Estados democráticos e não democráticos são um traço característico da política contemporânea. Mas a perspectiva de uma guerra total no século XXI se tornou mais ou menos impensável, já que a capacidade destrutiva dos Estados mais importantes é grande demais para permitir isso. Uma guerra total seria um desastre completo. Na falta de guerras de sobrevivência nacional, ficamos com os simulacros, que tendem a aumentar, e não a atenuar, a desconfiança do público em relação à democracia. A guerra se tornou um dos programas da "democracia dos espectadores": faz parte do espetáculo. E também se transformou numa zona produtora de teorias da conspiração.

No século XXI, o custo dessas guerras não é mais compartilhado pela maioria dos cidadãos. Elas são disputadas à distância, por meio de drones e forças especiais, e são sustentadas de forma indireta pela dívida pública e pela tributação geral. Não são uma experiência coletiva, salvo de forma muito intermitente, quando esta ou outra notícia chama a nossa atenção. O conflito militar não une a nação, e sim a divide entre as áreas onde o serviço militar é a norma e outras nas quais quase nem se ouve falar dele. E essas áreas cultivam uma desconfiança mútua. A experiência desigual da guerra se transformou numa das falhas geológicas da vida democrática.

Não estou dizendo que precisamos de guerras totais para reanimar a democracia. Isso seria uma loucura. Nem estou dizendo que o problema da paz é produzir teorias da conspiração. O que seria ridículo. Conviver com teorias da conspiração é um preço justo pela paz. De toda maneira, as teorias da conspiração não são a verdadeira ameaça — são apenas o sintoma do que anda errado com a democracia. A verdadeira dificuldade é saber como enfrentar as causas do populismo na ausência de embates coletivos com a violência.

A terceira das condições que enumerei como impulsionadora do populismo foi o aumento da desigualdade. E este tem sido um problema persistente das sociedades democráticas modernas. Certamente é um problema na atualidade: as democracias ocidentais estão chegando a níveis de desigualdade, tanto de renda quanto de riqueza, nunca vistos desde a chamada *"gilded age"* ("era folheada a ouro"), período de prosperidade mas extrema desigualdade nos Estados Unidos, em meados do século XIX. O livro *O capital no século XXI*, de Thomas Piketty, lançado em 2014, descreve a tendência inexorável de a desigualdade crescer através da longa história do capitalismo, que se sobrepõe à história da democracia.[22] Essa tendência foi revertida durante o século XX, mas mesmo assim só por conta da experiência coletiva da guerra. A violência e a destruição do período entre 1914 e 1945 foram devastadoras. Mas criaram as condições que permitiram manter a desigualdade crescente sob controle.

É verdade, como assinala Piketty, que as reformas democráticas que antecederam a Primeira Guerra Mundial já promoveram alguma contenção do avanço da desigualdade. Ainda assim, não sabemos até que ponto esse processo chegaria, ou se teria ido muito longe, porque a guerra ocorreu antes que a experiência pudesse chegar ao fim. De forma similar, não temos como saber se o New Deal teria bastado para resgatar a democracia dos Estados Unidos sem a guerra, porque a guerra veio e tornou o assunto redundante. Não temos uma resposta histórica para a questão do enfrentamento da desigualdade que não envolva a violência em grande escala. Não existem indícios de que a democracia, por si só, seja capaz de fazê-lo.

O especialista em história antiga Walter Scheidel vai mais longe. Em seu livro de 2017, *The Great Leveler* [O grande nivelador], afirma que, na história humana, nenhuma sociedade conseguiu corrigir a desigualdade crescente sem a intervenção da violência em grande escala.[23] Ela não precisa assumir a forma de uma guerra. Uma revolução violenta, uma calamidade natural, uma epidemia ou uma peste podem bastar. Não precisam dar origem às formas de solidariedade social, que surgem no caso das guerras de sobrevivência das nações. Basta que a experiência coletiva da violência seja suficientemente difundida para garantir que todos sofram em relativa igualdade de condições. Uma calamidade que aniquile as propriedades e as vidas dos ricos no mesmo grau que afeta as dos pobres pode contribuir para o advento de uma sociedade mais igualitária. E também instalar um verdadeiro inferno na terra.

O que isso significa para as perspectivas futuras da democracia? As democracias mais bem-sucedidas são as que conseguiram limitar a violência, tomar medidas preventivas contra as calamidades e proteger a vida pacífica de seus cidadãos. Em consequência, a desigualdade desprendeu-se dos controles democráticos que antes a continham. Quando a ordem política criada no final da Segunda Guerra Mundial desmoronou, no fim da década de 1970, a desigualdade começou a aumentar de novo. O período que se iniciou viu então um declínio contínuo da violência e um aumento constante da desigualdade, que andam lado a lado. Os dois processos se aceleraram depois do fim da Guerra Fria. Mais tarde, depois da crise financeira de 2008, as condições para um retrocesso populista em reação à desigualdade estavam dadas. Tornou-se possível ver o quanto nossas sociedades se tornaram desiguais, sobretudo quando ficou claro que os ricos não seriam punidos pela crise. Mas essas condições não se comparam às necessárias para a eliminação da desigualdade, que exigem mais que a simples revolta populista. Houve algumas reformas isoladas, comparáveis às de 1914. O governo Obama conseguiu pequenas vitórias contra o aumento da desigualdade. Não sabemos até que ponto esse processo poderia ter ido porque a eleição de Trump ocorreu.

Temos hoje, na democracia, um sistema político capaz de suprimir as causas da violência, mas incapaz de cuidar dos problemas que irrupções de violência serviram para resolver no passado. Pequenos avanços são possíveis. Mas um grande progresso é mais difícil, e sempre pode ser descarrilado pelas reações aos pequenos avanços. É possível que estejamos vivendo um impasse.

Esse problema da violência e da desigualdade é uma versão em grande escala do problema da democracia e dos golpes. A derrubada violenta de uma democracia cria as condições nas quais a democracia pode ser defendida: torna a situação clara. Sem essa perspectiva, a democracia simplesmente persiste e as frustrações que as pessoas sentem em relação a ela crescem e são canalizadas para formas de desconfiança mútua. As nossas democracias não são as primeiras da história a se verem presas num atoleiro de teorias da conspiração e notícias falsas. Mas nosso caso é o primeiro sem uma saída óbvia. A reforma é possível, mas pode não ser suficiente. A violência é impossível, mas pode ser a única coisa que funcione. As democracias se mostraram muito eficientes para resolver um problema — a violência — que no passado era a precondição para resolver o outro — a desigualdade. Não sabemos o que virá em seguida. Uma possibilidade é que as coisas continuem como estão. A democracia não desmorona e recai em violência. Simplesmente continua a trilhar, por inércia, seu caminho rumo à tortuosa obsolescência.

Muitas democracias do mundo de hoje ainda têm espaço para crescer e amadurecer. A democracia da Índia é relativamente jovem, e é possível imaginar o alcance de reformas que a tornariam real para centenas de milhões de cidadãos que ainda não sentem plenamente os seus benefícios. Em algumas partes do mundo, como a África, a democracia mal deu os primeiros passos. Lá, a reforma política ainda pode recorrer a um imenso potencial irrealizado. O século XXI ainda pode ver uma série de experiências bem-sucedidas, testando até onde a democracia pode avançar no combate à desconfiança endêmica e à divisão, sem recair na violência.

Entretanto, o preço desse potencial de crescimento é o risco de sucumbir a golpes, sublevações armadas e colapso. A possibilidade concreta do fracasso da democracia é uma das precondições para o seu sucesso. Isso se manteve verdadeiro para a democracia ocidental ao longo do século XX. Mas já não se aplica a muitas democracias estabelecidas no momento atual. Por isso, o século XXI também pode ver uma série de experiências no que se refere ao tempo que a democracia pode perdurar na falta de um acordo que ateste ou não seu funcionamento. Essas experiências não terminam em algum ponto óbvio. Mas não têm como continuar para sempre.

Uma catástrofe real poria fim à experimentação. Mas também tornaria as experiências sem sentido. No século XXI, o tipo de prova empírica que poderia responder, de maneira satisfatória para todos, se a democracia ainda está funcionando pode ser uma espécie de teste a que nenhuma democracia sobreviveria. Esperar pela catástrofe que dê uma resposta final a essa pergunta pode significar esperar pelo fim do mundo. Que é o tema do próximo capítulo.

2.
Catástrofe!

Por toda parte, a sombra da morte. Os agricultores falavam das muitas doenças em suas famílias. Na cidade, os médicos estavam cada vez mais intrigados com novos tipos de doença que assolavam seus pacientes. Muitas mortes súbitas e inexplicadas ocorriam, não só entre adultos mas também entre as crianças, que caíam enquanto brincavam e morriam em poucas horas. E ainda reinava um estranho silêncio. As aves, por exemplo — onde tinham ido parar? [...]. As estradas estavam ladeadas por uma vegetação castanha e esturricada, e dominadas pelo silêncio, abandonadas por qualquer criatura viva. Mesmo nos cursos d'água a vida estava ausente. Nenhum pescador em suas margens, pois todos os peixes tinham morrido. Nas sarjetas e debaixo dos beirais, e nas frestas dos telhados, podiam-se ver manchas de um pó granulado branco; poucas semanas antes, esse pó tinha caído, como neve, nos telhados e nos gramados, nos campos e nos rios. Não tinha sido um feitiço, nem uma ação inimiga, que extinguira a vida naquele mundo agonizante. Era obra das próprias pessoas.[1]

Essas são as linhas iniciais de "Silent Spring" [Primavera silenciosa], conto de Rachel Carson publicado na revista *New Yorker* em junho de 1962. Ela descreve uma comunidade fictícia assolada por uma série de acontecimentos reais. Cada um dos desastres que enumera tinha acontecido em algum lugar, só que não todos no mesmo local e ao mesmo tempo. Aparentemente, o texto de Carson sobre uma sociedade que se mata aos poucos tem muito pouco a ver com o destino da democracia. Fala de uma calamidade ambiental, e não política. No entanto, também é uma visão de como a democracia pode acabar. A comunidade que ela imagina fica nos Estados Unidos, uma sociedade democrática. Se a vida acabar, a democracia acaba. E, como diz Carson, o desastre não acometia a comunidade de fora para dentro. "Era obra das próprias pessoas."

"Primavera silenciosa" foi o segundo de três longos artigos publicados na *New Yorker* nas décadas que se seguiram à Segunda Guerra Mundial e que exerceram uma profunda influência sobre a maneira como imaginamos o apocalipse. O primeiro foi "Hiroshima", de John Hersey, publicado em agosto de 1946. Descrevia a experiência da guerra nuclear na perspectiva das vítimas.

Do alto da pilha, o sr. Tanimoto viu um panorama espantoso. Não só um trecho de Koi, como ele esperava, mas toda a área de Hiroshima que ele avistava emitia um miasma espesso e pavoroso. Grumos de fumaça, mais próximos ou mais distantes, começavam a brotar da poeira que cobria tudo. Ele se perguntou como estragos tão extensos podiam ter sido produzidos a partir de um céu silencioso [...]. Casas próximas queimavam, e quando imensas gotas d'água, do tamanho de bolas de gude, começaram a cair, ele teve a impressão de que deviam estar vindo das mangueiras dos bombeiros que combatiam os incêndios. (Na verdade, eram gotas de umidade condensada, caindo do torvelinho vertical de poeira, calor e fragmentos de fissão que subira milhares de metros pelo ar nos céus acima de Hiroshima.)[2]

O relato de Hersey, baseado no depoimento de testemunhas oculares, ajudou a convencer seus leitores de que as armas nucleares não eram simplesmente um modo de forçar o inimigo à submissão. Eram um portão para o inferno.

O terceiro artigo sobre o fim dos tempos foi "Eichmann em Jerusalém", de Hannah Arendt, que a *New Yorker* publicou em quatro partes, em semanas consecutivas, a partir de meados de fevereiro de 1963.[3] A intenção de Arendt era ajudar seus leitores a entender como um homem de gestos contidos, usando óculos de armação tartaruga, podia ser responsável pela destruição de todo um povo. Ela própria se esforçava para entender. E cunhou uma frase que se transformou na senha da sua tese: "a banalidade do mal". Adolf Eichmann não era um monstro estranho a nós. Era um homem sem imaginação, incapaz de um pensamento independente. O que o tornou capaz de uma crueldade monstruosa quando surgiu a ocasião. Arendt não afirmava que existe um Eichmann em cada um de nós — não somos todos nazistas em estado latente. Mas existem Eichmanns em todas as sociedades, inclusive a nossa. Em tempos normais, podem ocupar postos administrativos desimportantes, adequados à sua falta de imaginação. O que os torna tão perigosos é sua incapacidade de resistir a uma ideia realmente terrível. Os agentes da destruição não se destacam em meio ao resto da população. Já estão no meio de nós.

Essas são as maneiras pelas quais a civilização moderna pode acabar destruída. Pode ser devastada por armas de destruição em massa. Pode se suicidar pelo envenenamento fatal de seu ambiente. Ou pode se deixar contagiar pelo mal, que suas instâncias administrativas desprovidas de mente própria se encarregam de espalhar pelo sistema com a ajuda de burocratas sem rosto.

Em nenhum desses casos a democracia é a principal culpada. Hersey não achava que o povo americano decidira desencadear os horrores de Hiroshima. Ninguém lhe deu essa escolha. Truman, que tinha herdado a presidência com a morte de Roosevelt em 1945, quando ainda estava no cargo, tomou em segredo a decisão de usar a arma, criada num programa secreto. Só mais tarde falaria dela para o público. Hersey queria que o povo dos Estados Unidos se desse conta do que fora feito em seu nome. A questão não era a aprovação do apocalipse nuclear por uma sociedade democrática: ninguém em seu juízo perfeito jamais votaria a favor dele. A questão era saber se a sociedade democrática ainda detinha o poder de barrá-lo.

Carson não acreditava que ninguém tivesse votado a favor da destruição do meio ambiente. O uso excessivo de pesticidas nunca foi objeto de eleição ou referendo. Ele só ocorria graças à desatenção generalizada. As pessoas não se davam conta do que vinha acontecendo à sua volta. Arendt não disse que o Holocausto foi uma escolha ativa dos cidadãos alemães. Os alemães viviam sob uma ditadura totalitária que se empenhou em alterar sua percepção das coisas. Mas o exemplo terrível de Eichmann mostrava como essa distorção obedecia à lógica da burocracia moderna. As democracias também têm burocracias.

Hersey, Carson e Arendt, cada um a seu modo, usaram calamidades como um meio de despertar a consciência dos leitores. Descreveram fatos e desdobramentos realmente estarrecedores para levar seus leitores a pensar sobre o pior que poderia acontecer. Ninguém quer realmente que o mundo acabe. A questão é saber se iremos perceber como contribuímos para o seu fim antes que seja tarde demais. Em meados do século XX, esperava-se que a ideia de uma calamidade pudesse ter um efeito mobilizador sobre a política democrática. Podia despertar as pessoas para os perigos que corriam. E o destino da democracia pode depender do quanto isso ainda é verdade.

Desenlaces catastróficos desse tipo são muito diferentes de golpes de Estado. Quando um golpe acontece, é uma calamidade para a democracia, mas a vida continua. A sociedade sobrevive. O que Eichmann ajudou a infligir ao mundo foi outra coisa. Foi uma calamidade para a existência de todos. E chegou perto de destruir tudo que tinha algum valor. Para Arendt, a pergunta crucial proposta pela política moderna — de que Eichmann ainda era um representante assustador — era o que seria necessário para "este planeta continuar a ser um lugar adequado à ocupação humana".[4] O que vai bem mais longe que assegurar a sobrevida de um determinado tipo de regime político. Trata-se de preservar a finalidade da existência dos homens.

O problema é que pensar nesses termos torna difícil manter as coisas em perspectiva. A possibilidade de uma catástrofe poderia facilmente deixar à margem a sorte da democracia. Ela pode se tornar descartável. Afinal, a democracia pode se extinguir sem que tudo o mais pereça ao mesmo tempo. A sociedade grega sobreviveu à morte da democracia grega. Por outro lado, podemos salvar a democracia e destruir o mundo. O dilema existencial a que Trump ainda pode obrigar seus comandantes militares é uma versão desse mesmo problema. Segundo as regras do Estado nuclear do país, a decisão quanto ao uso de força extrema é exclusiva do presidente. Ele pode desencadear um cataclismo global sem que ninguém tenha meios de detê-lo. A existência do arsenal nuclear lhe dá essa capacidade, e a Lei da Energia Atômica (Atomic Energy Act), de 1946 — criada com a intenção de preservar a democracia de generais rápidos no gatilho —, consagra esse mecanismo. A pretexto de salvar sua República, o comandante em chefe tem o poder de destruí-la.

Por outro lado, conjecturar sobre catástrofes não irá funcionar como exercício para despertar a consciência se elas tornarem a democracia irrelevante. As pessoas precisam crer que seus atos ainda fazem diferença. De outro modo, tendem a se sentir impotentes. O desafio para qualquer um que queira assustar as pessoas para incitá-las à ação é não as paralisar de medo, reduzindo-as à inação. Se a democracia for vista como uma questão acessória, os cidadãos das democracias podem se sentir desconsiderados. E podem tornar a perder o interesse.

Arendt dizia que a democracia do século XX continha um certo grau de irracionalidade. A criação da democracia moderna demandou a construção de um grande aparato administrativo que opera de maneira mecânica, obedecendo a regras e regulagens próprias. Nesse sistema, a especialização técnica prepondera sobre os valores humanos. A democracia antiga era diferente. O poder era de fato do povo. O grande perigo da democracia moderna é que ela se desliga da atividade humana significativa que lhe deu origem e adquire uma vida artificial própria. Ainda são os seres humanos que tomam as decisões cruciais, mas sem um discernimento criativo. Limitam-se a executar os movimentos recomendados. Ou respondem só por impulso. O que Arendt descobriu, analisando Eichmann, foi que se limitar a essa repetição mecânica pode abrir a porta para os nossos impulsos mais destrutivos. Paramos de pensar por conta própria.

É a insensatez que liga a catástrofe ambiental à guerra nuclear e à inconsciência genocida. Essa insensatez pode assumir diferentes formas. Pode ser uma espécie de extravio da nossa atenção — enquanto cuidamos de gozar a vida, deixamos de perceber que estamos destruindo o habitat de que depende o nosso futuro. Ou pode ser um tipo de atenção intensificada — a dissuasão nuclear é transformada numa disputa técnica de retaliações e vantagens que perde de vista os riscos para todos se tudo der errado. Ou pode ser apenas a obediência impensada a um curso de ação desastroso, que também seguimos porque é o que todo mundo está fazendo. Em qualquer desses casos, precisamos de alguma coisa que quebre o feitiço.

Será a democracia? Ou será que a democracia virou justamente o feitiço?

A ameaça de uma calamidade ambiental é maior hoje do que em 1962. Ainda assim, estranhamente, perdeu parte do seu poder de mobilização — a sombra da morte tanto se espalhou quanto recuou ao mesmo tempo.

O perigo primário que Carson sublinhava era o uso insensato de pesticidas como o DDT, segundo ela acompanhado de uma compreensão muito imperfeita dos seus riscos, que superavam em muito os benefícios. Em resposta, os fabricantes dessas substâncias transformaram Carson em alvo de zombaria, retratando-a como uma inimiga irrefletida do progresso. Em outubro de 1962, a empresa Monsanto, a gigante industrial hoje mais conhecida pelo desenvolvimento de produtos agrícolas geneticamente modificados, publicou uma paródia de "Primavera silenciosa" intitulada "The Desolate Year" [O ano da desolação]:

> Em silêncio, então, começou o ano da desolação. Poucos pareciam se dar conta do perigo. Afinal, no inverno, mal se via uma mosca. Que mal podiam fazer uns poucos insetos, aqui e ali? Como é que uma vida próspera podia depender de algo aparentemente tão trivial como um inseticida? Onde estavam os insetos, de qualquer maneira?
>
> Estavam em toda parte. Invisíveis. Inaudíveis. Incrivelmente universais. Em cada metro quadrado de terra, ou debaixo dele, em cada hectare, em cada condado, estado e região por toda a extensão dos Estados Unidos. Em cada casa e em cada celeiro, em cada prédio de apartamentos e em cada galinheiro, e ainda nas peças de madeira, nas fundações e nos arremates. Por baixo da terra, debaixo das águas, em torno e por dentro de galhos, ramos e brotos de planta, dentro de árvores, animais e outros insetos — sim, e dentro dos homens.[5]

E uma série de calamidades se desenrola, à medida que as pequenas criaturas devoram toda a comida e devastam a terra. E a Monsanto afirmava que, embora o panorama traçado fosse fictício, todas essas coisas já teriam acontecido em algum ponto dos Estados Unidos — antes da invenção dos pesticidas.

Carson ganhou a discussão. Seus argumentos chamaram a atenção do presidente Kennedy, que entregou seu estudo a uma Comissão Científica de Aconselhamento Presidencial sobre os pesticidas em 1963. O relatório da comissão concluiu que as advertências de Carson tinham amplo fundamento. Os pesticidas constituíam um risco sério para a saúde humana, e vinham provocando danos ambientais de longo alcance. A regulação foi implementada, e as evidências relativas a danos e benefícios se tornaram passíveis de uma apreciação sistemática do governo. Dez anos mais tarde, o uso do DDT foi banido.

Carson também obteve sucesso em seus esforços para despertar as consciências. A publicação de seu livro *Primavera silenciosa* foi um momento-chave para o surgimento do movimento ecológico, que continuou a exercer pressão no sentido de um aumento da ação governamental. O sucesso desse tipo de pressão política depende da liberdade de informação, da liberdade de associação e da confiança no império da lei. É um fenômeno amplamente democrático. Nessas condições, os poluidores podem ser chamados a responder por seus atos.

Ao longo das décadas seguintes, as democracias estabelecidas criaram mecanismos de acompanhamento destinados a enfrentar a contaminação ambiental, de longe mais eficientes que os de qualquer sistema rival de governo. Nos regimes autocráticos, a poluição tende a ser muito pior. O ar corrosivo que pairava sobre boa parte da Europa Oriental durante a época comunista era um indício claro dessa diferença. As democracias têm duas grandes vantagens em seu modo de lidar com o risco ambiental. Um é o poder efetivo dos grupos de pressão, que podem sempre divulgar verdades inconvenientes. O segundo é a economia de mercado, que pode experimentar soluções alternativas. Os pesticidas não foram banidos por completo depois da publicação de *Primavera silenciosa*. Só alguns deles. A maioria se tornou mais eficiente, além de mais segura. Os inovadores e os defensores dos interesses das empresas tendem a se estranhar, como ocorreu com Carson e a Monsanto em 1962. Numa democracia saudável, essa desconfiança é produtiva: cada lado impele o outro à ação.

Hoje, essa vantagem da democracia vem se diluindo. A poluição do ar é um problema gigantesco em muitas cidades da China. Mas é uma ameaça equivalente, se não pior, na Índia democrática. O crescimento industrial muito acelerado, alimentado pela queima de carvão em grande escala, envenena a atmosfera, qualquer que seja o regime dominante. Enquanto isso, o governo federal dos Estados Unidos vem recuando em muitas das medidas de proteção ambiental que Carson deixou como legado, embora alguns governos estaduais ainda façam o possível para resistir. A democracia começa a se mostrar cada vez mais errática quanto à conservação de condições ambientais adequadas para a vida humana.

Carson conseguiu ser ouvida pelo governo dos EUA e pelo público em geral; mas hoje seus avisos já não ressoam mais como antes. E isso ocorre por três motivos. O primeiro é o sucesso: temos menos a temer, depois de já termos lidado com os medos anteriores. Hoje, o maior risco é a complacência. Tendo neutralizado uma ameaça, somos tentados a achar que qualquer novo perigo está sendo exagerado, esquecendo o que nos salvou da primeira vez. Segundo, as medidas de regulação ambiental produzem muito mais controvérsia que meio século atrás. O economista Paul Krugman afirma que a desigualdade crescente é parte da explicação.[6] Uma ação concertada contra as ameaças ambientais requer algum acordo quanto ao valor dos bens públicos. Uma sociedade mais desigual torna esse acordo mais difícil de conseguir, pois a distribuição de custos e benefícios é muito menos equitativa. Em 1970, ainda no primeiro mandato do presidente Nixon, a Lei do Ar Limpo (Clean Air Act) foi aprovada no Senado por 73 votos a zero. A unanimidade em qualquer questão, sobretudo uma questão ambiental, é quase inimaginável no clima político de hoje. O terceiro motivo para a mudança é que o pior que podia nos acontecer, na visão de Carson, foi há muito superado por uma ameaça de outro tipo. O espaço para a preocupação com uma calamidade ambiental foi totalmente ocupado pela ideia da mudança climática. O perigo é maior que o dos pesticidas. Mas não nos ameaça da mesma forma.

Não que faltem escritores tentando nos meter medo e nos impelir à ação. A produção ficcional contemporânea está repleta de visões de um mundo cada vez mais quente, plenamente comparáveis ao horror da distopia de Carson: nelas, o que nos espera são paisagens esturricadas, sobreviventes que vagueiam pelas estradas, instituições sociais destruídas e a explosão da violência. Só que num futuro imaginado. Carson tentou descrever o que já estava acontecendo. A catástrofe da mudança climática vindoura ainda é, para muitos, uma previsão fácil de ignorar. A situação pode estar começando a mudar nas regiões costeiras do sul dos Estados Unidos. E mudanças também vêm sendo sentidas em algumas das partes mais pobres do mundo, onde os efeitos da mudança climática se manifestam de maneira mais imediata. Mas ainda não afetam o mundo inteiro. Parte da genialidade de Carson foi transmitir uma sensação de ameaça universal. A catástrofe podia acontecer em qualquer lugar. Em contraste, a mudança climática mais nos divide que nos une.

O jornalismo contemporâneo tentou emular Carson e catalogar os males que a mudança climática já causou, especialmente no mundo em desenvolvimento, onde os recursos são mais escassos e as pessoas, mais vulneráveis. No entanto, para os habitantes das regiões mais prósperas, faltam a essas descrições o sentido de urgência e a especificidade do relato de Carson. E lhes falta também a novidade. Ficamos relativamente imunes às descrições apocalípticas do nosso futuro porque temos sido expostos a muitas delas. É nítida a presença de uma fadiga apocalíptica.

O resultado é que o medo da mudança climática não teve o mesmo efeito produzido pelo medo dos pesticidas numa geração anterior. A ameaça do aquecimento global é mais onipresente, só que mais vaga e difusa. Não é aguda como a outra. Em vez de quebrar o feitiço da suspeita e da conspiração, só fez reforçá-lo. Muitas das teorias da conspiração mais intragáveis dos dias de hoje têm a ver com a mudança climática, frequentemente descrita como uma falcatrua. O raciocínio é o seguinte: para justificar sua ambição, as elites ocultas que querem instituir um governo mundial precisam de um problema que demande ação coletiva em escala global. A mudança climática é exatamente um problema desse tipo e, portanto, as elites ocultas devem tê-lo inventado e comprado os cientistas. Essa é a resposta que você obtém uma vez que a pergunta primária na política se tornou: "quem se beneficia?".

Se formos perguntar quem se beneficia dessa tentativa de desacreditar o estudo científico da mudança climática, a resposta é clara: a indústria dos combustíveis fósseis. As teorias da conspiração de um lado encontram equivalentes do outro. E ainda existem as conspirações verdadeiras: a ExxonMobil financiou boa parte da pesquisa que deixou o consenso científico em dúvida. Mas suspeita gera mais suspeita, de maneira que os ambientalistas também recorrem a explicações conspiratórias para justificar por que sua causa não avança. E essa quebra da confiança passou a produzir seu próprio reforço, em vez de corrigir seus rumos. Discussões cada vez mais furiosas em torno de quem está enganando quem quanto à mudança climática vêm envenenando a democracia.

E também fomentam a ampliação do poder do Executivo. Foi o caminho adotado por Obama, depois de constatar a impossibilidade de aprovar leis ambientais no Congresso (chama a atenção pensar que Nixon obteve com tanta facilidade o que Obama não conseguiu). Como solução política, recorrer a decretos presidenciais para cuidar dessa questão tem dois grandes defeitos. Primeiro, o que um presidente faz, outro presidente pode desfazer. O legado de Obama em relação ao clima foi muito mais fácil de desmontar que seu legado na saúde pública, porque Trump pôde rescindir os decretos presidenciais do antecessor simplesmente assinando os próprios decretos. Segundo, a tentativa de evitar o partidarismo do legislativo só torna esse partidarismo pior. Se ninguém se empenha em negociar, ninguém tem nada a perder fincando o pé. A política democrática é sempre prejudicada pela tentativa de contornar seu funcionamento.

Não se pode mais argumentar que o que é necessário é mais conscientização. Em matéria de mudança climática, o público não desconhece os riscos. Faz muitos anos que eles nos vêm sendo enfiados goela abaixo. Carson fez um mundo indiferente tomar consciência dos perigos que corria ao ignorar os danos ambientais de longo prazo. Já nós sabemos o que estamos fazendo. Só que muitos preferem não saber.

A maior parte dos chamados à consciência vêm agora do outro lado. Na arena da política do clima, os contendores mais apaixonados são os que negam a mudança climática, preferindo ver a questão como um complô liberal. Muita energia democrática vem sendo investida numa contestação frenética da realidade da mudança climática. A situação é profundamente improdutiva. Como Arendt sugeriu, a política moderna pode nos fazer entrar num estado maníaco e, ao mesmo tempo, num transe. No caso da mudança climática, a democracia lembra cada vez mais o feitiço, e não a cura. A chegada de Trump à Casa Branca e seu desejo declarado de remover os Estados Unidos do Acordo de Paris — deixando o país numa situação de minoria isolada — redirecionaram uma parte da energia política contra quem põe a mudança em dúvida. Mas não fizeram nada para dissipar o miasma da desconfiança.

Se — e quando — as obras de ficção que falam de uma calamidade ambiental se transformarem em realidade, é possível esperar que a política democrática saia do transe. Estes são um dos pontos fortes da democracia: o caos e a violência sempre despertam o que ela tem de melhor. Foi mais fácil lidar com a questão ambiental na década de 1960 porque as principais democracias do mundo ainda conviviam com a memória de uma guerra mundial que quase provocou a destruição de tudo. Hoje, à diferença daquela época, em que envenenávamos os rios e matávamos as aves, o problema é que as provas decisivas dos nossos malfeitos parecem estar chegando tarde demais. Quando finalmente quisermos saber, veremos que o conhecimento sempre esteve lá. A essa altura, porém, vai nos servir de pouco.

E o medo de um apocalipse nuclear? Onde nos encontramos hoje em relação a ele? *Hiroshima* continua a ser muito lido, especialmente por crianças em idade escolar. Sua descrição do que acontece quando uma arma nuclear é detonada sobre uma área urbana nunca foi superada, porque a experiência nunca se repetiu — salvo uma única vez, alguns dias mais tarde, em Nagasaki. Essa história de horror é menos datada que a de Carson, pois não temos nada com que compará-la. Ela se mantém visceralmente imediata. Num outro sentido, porém, é ainda mais remota. Faz mais de setenta anos que o mundo se viu obrigado a contemplar os efeitos concretos de um ataque nuclear sobre a vida humana. Nesse meio-tempo, o perigo de conflito nuclear aumentou muito, pois as armas se tornaram muito mais potentes e mais difundidas. Mas o medo que elas nos inspiram perdeu parte da capacidade de nos incitar à ação. Ainda é apavorante, mas apenas teórico. E só chega a nós através das advertências técnicas de certas elites informadas. Não se funda mais numa experiência concreta.

Durante a Guerra Fria, a ameaça de uma guerra nuclear total permaneceu concreta o suficiente para despertar uma resistência popular generalizada. O lobby antinuclear se compara, na escala e no alcance, ao movimento ecológico. No Reino Unido, a Campanha para o Desarmamento Nuclear (CND, de Campaign for Nuclear Disarmament) chegou a reunir em seu auge mais de 2 milhões de membros, tornando-se uma das maiores organizações civis de toda a Europa. A participação em massa coincidiu com o aumento da tensão nuclear entre as superpotências, e teve seus picos no início da década de 1960, à época da Crise dos Mísseis em Cuba, e no início da década de 1980, quando o governo Reagan tentava ganhar a corrida armamentista. Depois disso, não se repetiu mais.

Hoje, a CND é uma lembrança do que foi, contando apenas com poucos milhares de membros e quase nenhuma visibilidade pública. A ironia é que um dos seus defensores mais entusiásticos, Jeremy Corbyn, foi eleito líder do Partido Trabalhista em 2015, e ainda pode acabar como primeiro-ministro da Grã-Bretanha. O desarmamento nuclear ainda é uma causa que motiva Corbyn, mas quase não encontra ressonância entre seus seguidores da geração mais nova, que têm poucas memórias da Guerra Fria. Corbyn foi obrigado a disputar a eleição geral britânica de 2017 com base num manifesto que comprometia o Reino Unido a manter seu programa de dissuasão nuclear, o Trident. A abolição das armas nucleares na lista de prioridades do Partido Trabalhista vinha muito abaixo do ensino gratuito. Corbyn ainda pode mudar a posição oficial do partido sobre o programa Trident, mas se o fizer será levando em conta seu legado ideológico, e não a pressão da opinião pública. O desarmamento nuclear perdeu sua urgência como causa do povo.

Atualmente, essa causa sobrevive adotada por um grupo de elite de operadores políticos sem mandato, e foi transformada numa questão de governança internacional. A dupla ironia é que, enquanto Corbyn se vê obrigado a conviver com a bomba, Henry Kissinger está empenhado em se livrar dela. A pressão mais forte na direção do desarmamento nuclear, nos últimos anos, vem de um grupo de ex-dirigentes políticos estadunidenses — Kissinger, George Shultz, William Perry e Sam Nunn —, "os quatro cavaleiros do apocalipse nuclear", como foram apelidados pela revista *Time*.[7] Os dois primeiros foram secretários de Estado; Perry foi secretário da Defesa; Nunn, que foi senador, é o único a já ter tido um mandato eletivo. Os quatro figuram entre os expoentes da estratégia da Guerra Fria que consideravam as armas nucleares fiadoras da paz. Com o fim da Guerra Fria, passaram a ver as armas nucleares como a maior das ameaças à segurança internacional, desejando vê-las abolidas. Sua argumentação é convincente. Mas praticamente desprovida de credenciais democráticas. O desarmamento nuclear foi transformado em mais um dos problemas reservados aos adultos presentes na sala.

No auge da Guerra Fria, as armas nucleares atiçavam a paranoia política. A obra-prima de Stanley Kubrick, *Dr. Fantástico ou: Como aprendi a parar de me preocupar e amar a bomba*, de 1964, é a maior representação cinematográfica do estilo paranoico na política dos Estados Unidos. Satiriza o mundo das teorias da conspiração, e ajudou a alimentá-las ainda mais. Os segredos inevitáveis de um Estado nuclear o deixam vulnerável aos tipos mais desvairados de suspeita — no universo de pernas para o ar da doutrina de Destruição Mútua Assegurada (em inglês, MAD, de Mutually Assured Destruction), nada era louco demais para ser crível. Hoje, embora vivamos numa época em que teorias da conspiração se espalham por toda parte, poucas delas envolvem o arsenal nuclear. A paranoia bateu asas e seguiu viagem. Kissinger, que já foi o maior símbolo da sinistra face oculta da democracia estadunidense, hoje é só mais uma figura do passado no circuito internacional de palestras. Quando foi divulgado que Kissinger vinha assessorando Trump nos bastidores, pouca gente se apavorou. Pelo contrário, muitos se sentiram levemente tranquilizados. Eis o quanto as coisas mudaram.

A ameaça de uma calamidade nuclear é uma versão invertida da ameaça representada pela mudança climática. Ambas perderam força como causa política devido à incerteza que as rodeia. No caso da mudança climática, a incerteza tem a ver com o futuro — possíveis catástrofes são sugeridas, mas não sabemos ao certo o que acontecerá, nem quando, o que torna difícil encontrar um ponto focal para a ação política. No caso das armas nucleares, a incerteza diz respeito ao passado — não sabemos exatamente como conseguimos sobreviver até aqui. Foi habilidade política? Foi sorte? Na Guerra Fria, foram muitas as situações em que estivemos à beira de uma calamidade nuclear, o que a maioria do público nem soube à época. Aviões quase caíram; ordens militares foram embaralhadas; comandantes se embebedaram. Será a história de nossa existência pacífica até hoje uma série sem sentido de momentos em que estivemos por um triz, passíveis de ser aniquilados por algum acidente ou decisão terrível? Da próxima vez que uma arma nuclear for detonada com seres humanos na linha de fogo, tudo irá mudar. Até que isso aconteça — ou até que as armas nucleares sejam abolidas — nada muda de verdade. A incerteza persiste.

A ironia é que, hoje, o uso de armas nucleares é mais provável que uma geração atrás. Não vivemos mais num mundo em que a destruição mútua é garantida. Uma guerra nuclear pode ocorrer sem destruir o planeta. Versões rudimentares de armas nucleares podem cair nas mãos de terroristas, caso em que qualquer tabu contra seu uso perderia o sentido. Do mesmo modo, as versões hipersofisticadas hoje à disposição dos militares estadunidenses podem levar um comandante em chefe a vê-las como uma forma estendida de guerra convencional, com sua capacidade de precisão tática e a possibilidade de conter os efeitos dos resíduos radioativos. Ainda assim, as repercussões seriam incalculáveis. O tabu tem sua razão de ser.

A mudança climática não tem apelo político para a imaginação por ser muito gradual. O apocalipse ambiental é uma catástrofe que só acontece aos poucos. Por isso podemos encará-lo como um rumor. Já a catástrofe nuclear não tem apelo porque é um fenômeno do tipo tudo ou nada. Não há nada que possa torná-la real sem ameaçar tornar todo o resto sem sentido. É uma calamidade tamanha que não conseguimos imaginá-la. Por isso, cruzamos os dedos e torcemos para a nossa sorte persistir.

E, finalmente, o que dizer do mal? Temos medo suficiente dessa ameaça? A eleição de Trump para a presidência fez muita gente se preocupar de novo com o nazismo. E voltamos a olhar para a década de 1930 em busca de inspiração. Em 2017, o historiador Timothy Snyder publicou *Sobre a tirania: Vinte lições do século XX para o presente*, em que adverte que não devemos imaginar que o pior não possa se repetir. A lição da Alemanha de Weimar é que a democracia não se salva por conta própria. No fim das contas, foram suas credenciais democráticas que a deixaram indefesa contra uma investida hostil. Na verdade, o necessário para salvar a democracia de si mesma é a presença de cidadãos ativos.

Snyder recorre a Arendt em sua argumentação. Lembra que a filósofa nos adverte contra um mundo corroído pelas teorias da conspiração, no qual "somos seduzidos pela ideia de realidades ocultas e conspirações sinistras que explicam tudo". Isso marca os primórdios do totalitarismo — "A pós-verdade", diz Snyder, "é o pré-fascismo". E enfatiza os perigos que existem em simplesmente nos deixar levar — a insensatez do conformismo. "Houve quem matasse por convicção homicida. Mas muitos dos que mataram só tinham medo de se destacar pela diferença. Havia outras forças em ação, além do conformismo. Sem os conformistas, porém, as grandes atrocidades teriam sido impossíveis."[8]

Invocar a sombra sinistra do Holocausto eleva o alcance e a ousadia do argumento, mas também aumenta as chances de gritar "lobo!" e provocar um alarme infundado. Dizer que as teorias da conspiração prenunciam o totalitarismo deixa de levar em consideração que muitos produtores de teorias da conspiração no século XXI se veem como a última linha de defesa contra o totalitarismo. Uma das regras de resistência recomendadas por Snyder é: "Investigue. Desvende as coisas por conta própria". E é exatamente o que muitos partidários de Trump acreditam que estão fazendo. São *eles* os não conformistas. São *eles* que pensam por conta própria. E se Snyder afirma que são idiotas iludidos — porque se limitam a agir de acordo com notícias falsas que recebem pela internet —, eles responderiam que *ele* é o conformista. É *ele* quem defende o ridículo estereótipo liberal de que Trump é um proto-Hitler.

Essa divergência não terá chegado a um desfecho quando o verdadeiro horror finalmente se revelar. As democracias do século XXI, como os Estados Unidos, podem seguir adiando esse momento. O lobo não irá chegar. Se Trump nunca se transformar em Hitler — e ele não vai —, todo mundo pode alegar que estava certo desde o início.

Numa época marcada pelo populismo, enquanto alguns ansiosos defensores da democracia invocam a banalidade do mal, outros se dedicam a vituperar o mal da banalidade. Para muitos populistas, a burocracia insensata não corre o risco de ser invadida por uma ideia realmente terrível a que não tenha meios de resistir. Para eles, a própria burocracia insensata já *é* a ideia terrível, e a resposta democrática correta é resistir a ela. Nesse ambiente político, os dois lados — tanto os populistas quanto os antipopulistas — acreditam estar travando o bom combate para salvar a democracia de si mesma. A divisão central do nosso tempo não é a que opõe a democracia à teoria da conspiração. É a que opõe a teoria da conspiração à teoria da conspiração em nome da democracia. Não é a repetição da década de 1930. É a década de 1890, sem perspectiva de solução.

Invocar o espectro de Hitler combina duas maneiras diferentes de como a democracia pode chegar ao fim. O nazismo foi a morte da democracia na medida em que extinguiu um regime político democrático — a República de Weimar — e o substituiu por uma ditadura. A sociedade alemã, mal ou bem, sobreviveu. O nazismo também foi uma visão do abismo, do lugar em que tudo se despedaça. Depois da colisão entre o nazismo e o stalinismo, o pior aconteceu. Nas "terras de sangue" da Europa Central e Oriental, descritas com detalhes dilacerantes por Snyder em seu livro de mesmo nome, a vida humana perdeu efetivamente todo o sentido.[9]

Em meados do século XX, a morte da democracia como forma de política era a precursora de uma possível morte da civilização. No século XXI, porém, o que ocorre é o contrário. A democracia sobrevive porque muito poucas coisas poderiam hoje provocar sua morte enquanto forma de política. Pode ser preciso que ocorra antes a morte da civilização. Tanto os conformistas quanto os não conformistas fazem tudo que podem para manter a democracia em funcionamento, desqualificando furiosamente os esforços do outro lado. Enquanto isso, a ameaça da calamidade, intacta, segue pairando sobre nós.

***

Existe algum modo de pensar construtivamente sobre o fim do mundo? Não podemos ignorar as hipóteses apocalípticas dos chamados "cenários do Juízo Final" — o que seria altamente irresponsável. Mas se formos passar tempo demais pensando no pior dos casos, não nos restará tempo para as outras coisas que importam. Como os hipocondríacos, vamos nos preocupar só com a morte, o que pode distorcer seriamente nossa perspectiva de vida.

O problema é que uma catástrofe total não é apenas um pouco pior que uma catástrofe parcial — a diferença entre as duas é extrema. O fim de tudo supera todo o resto. O filósofo Derek Parfit elabora a questão da seguinte maneira. Imaginem três cenários:

1. Todos os humanos morrem.
2. 99% dos humanos morrem.
3. Nenhum ser humano morre.[10]

O primeiro cenário é exponencialmente pior que o segundo, enquanto o segundo só é relativamente pior que o terceiro. Se o que está em jogo é a preservação das coisas de fundamental valor humano, passar de uma taxa de mortalidade de zero a 99% não é tão ruim quanto ir de 99% a 100%. A ideia soa impiedosa, e é difícil de conciliar com a noção de que todo indivíduo humano tem valor — no segundo cenário, afinal, quase todo mundo morre! Mas a diferença é que no primeiro cenário, em que absolutamente todo mundo morre, não há possibilidade de recuperação nem sobra ninguém para avaliar o resultado. Tudo se perde.

Uma resposta a esse problema é conhecida como "o princípio da precaução", e afirma que precisamos de um esforço especial para nos prevenir contra resultados difíceis de avaliar, mas potencialmente catastróficos. O princípio da precaução costuma ser muito aplicado aos riscos ambientais. Por exemplo, não sabemos o quão desastrosos seriam os efeitos em cascata de uma mudança climática — podem representar tanto uma ameaça concreta à existência da civilização humana quanto não ser tão danosos como tememos. Mesmo que as chances de a primeira hipótese ocorrer sejam bem pequenas — especialmente quando não temos uma ideia precisa de como medir essa probabilidade —, vale a pena tomar um cuidado especial. Nossa incapacidade de ter certeza quanto aos riscos que corremos é motivo para tomar uma atitude imediata, e não ficar à espera de ter certeza para então reagir. Se agirmos e nosso esforço se mostrar desperdiçado, será possível viver com os custos. Se não agirmos e o pior acontecer, será impossível. É uma versão da Aposta de Pascal, que afirma que nunca vale a pena correr o risco da danação eterna.

O princípio da precaução tem muitos críticos, que dizem que ele pode distorcer nosso julgamento, nos levando a menosprezar outros tipos de risco. Se algum risco excepcional se destaca dos demais, pode ficar difícil levar a sério os riscos não excepcionais. O que também tem seus custos. Por exemplo, adotar uma ação preventiva para resistir à mudança climática produz por sua vez riscos significativos — pode sufocar o crescimento nos países em desenvolvimento, causando perdas de vida (o crescimento econômico melhora os cuidados de saúde), inquietação social e conflitos políticos. São situações a que as pessoas sobrevivem — se não fossem, a raça humana dificilmente teria chegado até aqui. Mas acreditamos de fato que, mesmo na pior das hipóteses, a mudança climática irá extinguir toda a vida humana? Na medida em que qualquer catástrofe admite sobreviventes, não há motivo para dizer que ela não se compara a outros riscos. Só os casos em que tudo estaria perdido merecem um tratamento especial.

Um termo novo foi cunhado para assinalar essa distinção definitiva. O "risco para a existência" (também chamado de "risco existencial", mais próximo do inglês *existential risk*) designa ocorrências das quais realmente não há volta. Em matéria de risco para a existência, mesmo a morte de todos os humanos não constitui a última das calamidades. Podemos fazer ainda pior: destruir o planeta e extinguir toda a vida na Terra. Podemos ir ainda mais além e destruir o universo inteiro, se alguma experiência física mais ambiciosa der muito errado. E isso não daria cabo apenas da nossa existência, mas de formas de vida que nem sequer conhecemos ainda. A ideia pode soar extremamente exagerada. Mas se houver uma chance, mesmo que mínima, de que cientistas tentando interferir nas leis da física possam encolher todo o universo às dimensões de uma bolinha minúscula, a teoria do risco para a existência diz que devemos nos prevenir para que isso não ocorra.

Em contraste com a extinção do universo, a morte da democracia parece uma preocupação banal. Muitos dos que defendem essa maneira de pensar veem a democracia como uma das coisas que deveríamos fazer o possível para preservar das cinzas. Ela contribui para tornar a vida digna de ser vivida. Mas isso é diferente de supor que a democracia é o que irá nos preservar. Diante de um risco para a existência, a democracia se torna, em última análise, descartável. Precisamos fazer o que for necessário. Se isso é um exercício de tomada de consciência, seus alvos são cientistas, dirigentes políticos, filósofos. No fim das contas, não faz diferença quem decide o que acontecerá na sequência. O que importa é o que será decidido. Ou existe uma sequência, ou não existe.

No século XXI, isso significa que o panorama da catástrofe final coincide com algumas visões do apocalipse originárias do século XX, mas vai bem mais longe. O holocausto nuclear ainda ocupa lugar de destaque — se uma pequena fração dos milhares de armas nucleares armazenadas por todo o planeta fosse detonada ao mesmo tempo, pouco sobraria. A mudança climática surge como uma forma potencialmente catastrófica de aquecimento ou resfriamento global — o efeito estufa e os ciclos de feedback negativo ainda podem fazer o planeta acabar consumido pelo fogo ou pelo gelo. A bioengenharia também é um risco para a existência, especialmente se der origem ao bioterrorismo. Mas os medos mais agudos dos nossos dias têm a ver com o poder descontrolado de novas tecnologias. Essa é a versão mais recente do apocalipse. Em pouco tempo, podemos estar correndo o risco de dar origem a máquinas que não teremos como controlar.

Essas máquinas podem ser minúsculas — uma das ansiedades mais persistentes relacionadas à nanotecnologia está relacionada à possível criação de diminutos robôs autorreplicantes que acabariam envolvendo o planeta numa gosma cinzenta. Ou então podem ser perceptivelmente semelhantes a nós, mas com a supressão de alguma coisa importante. Os rápidos progressos no campo do aprendizado de máquina (em inglês, *machine learning*) possibilitam a criação de aparelhos capazes de imitar a inteligência humana, sem o senso de perspectiva que nos torna humanos. Dependendo da ordem que lhes for dada, essas máquinas podem destruir tudo em seu esforço para cumpri-la — se lhes disserem que precisam maximizar a produção de clipes de papel, por exemplo, elas podem afogar o mundo num mar de clipes. Sempre podemos desligá-las. Mas e se não tiverem um interruptor para desligar? E se o interruptor for controlado por outras máquinas? E se as máquinas concluírem que, para nos impedir de desligá-las, precisam nos desligar?

Parece complacência discutir quem votou em favor do que quando robôs assassinos estão chegando. Na atmosfera rarefeita do risco para a existência, falar sobre política mal tem cabimento. Em vez disso, as soluções putativas têm seu foco em possíveis soluções técnicas — como a construção de interruptores que não possam ser alterados. As escolhas significativas para os seres humanos acabam reduzidas a decisões das poucas pessoas que entendem como funciona a tecnologia — é a elas que cabe fazer a coisa certa. Só quem tem a capacidade de construir máquinas assim tem a capacidade de fazê-las parar. Todos os outros não passam de espectadores.

A ideia de que o risco para a existência cobra um preço alto à democracia não é inteiramente nova. Certos pensadores políticos acreditam que a democracia acabou quando a bomba atômica passou a existir. Os eleitores são volúveis demais; as armas são terríveis demais. Medidas especiais sempre serão necessárias para manter as armas fora do alcance deles. Por esse motivo, a democracia não tem como coexistir com o poder de destruição desencadeado em Hiroshima. Teórica social de Harvard, Elaine Scarry define a natureza dessa escolha no seu recente livro *Thermonuclear Monarchy: Choosing between Democracy and Doom* [Monarquia termonuclear: A escolha entre a democracia e o fim do mundo]. "As armas nucleares acabam com os governos e qualquer coisa que se possa chamar de democracia", ela diz. "Tínhamos uma escolha: abrir mão das armas nucleares ou abrir mão do Congresso e dos cidadãos. Abrimos mão do Congresso e dos cidadãos."[11]

Scarry quer trazer a democracia de volta à vida abolindo o Estado nuclear. Mas isso não vai acontecer. Há dois motivos para isso. Primeiro, se é fato que a democracia foi destruída pelas armas nucleares, a democracia não está mais em posição de se livrar delas. As pessoas só podem acompanhar seu próprio resgate na condição de espectadoras. Segundo, mesmo que nos livremos das armas nucleares, há muitos outros riscos para a existência que podem, cada um deles, barrar a democracia. À medida que os humanos acumulam mais capacidade de dar cabo do seu *habitat*, a guerra nuclear perde sua posição singular como totem do nosso poder destrutivo. Se não somos qualificados para lidar com a bomba, tampouco seremos para lidar com a inteligência artificial (IA); ou com a bioengenharia; ou com o Grande Colisor de Hádrons. As armas nucleares deram início à era dos riscos para a nossa existência, mas não são mais o que a define. Podíamos devolver um dos gênios à garrafa. Não conseguiremos devolver todos.

A democracia não tem como controlar os riscos para a existência. O máximo que pode desejar é ser poupada de seus efeitos. E é assim que a democracia acaba sendo tratada pela indústria da gestão desses riscos: com luvas de pelica, como alguma relíquia de valor histórico que ainda pode vir a ter alguma utilidade incidental. Ninguém quer descartar sumariamente a democracia. Seria terrível vê-la desaparecer, assim como seria terrível imaginar o Louvre explodindo numa nuvem de fumaça. Desse modo, continuamos a trazê-la conosco na viagem da nossa existência.

Nick Bostrom, filósofo baseado no Instituto do Futuro da Humanidade, em Oxford, é um dos maiores expoentes da ideia de que a gestão normal de risco é ineficaz para lidar com as tecnologias que representam uma ameaça para a vida no século XXI. Ele está especialmente preocupado com o possível impacto das máquinas "superinteligentes", dotadas de IA, que operem sem qualquer controle humano. Preocupa-se também com a guerra nuclear e com uma catástrofe ambiental. Bostrom reconhece o valor da democracia. Só não a considera prioritária. É possível que a difusão da democracia ajude a preservar a espécie humana, por tornar a paz mais provável que a guerra. Mas dedicar muito tempo aos cuidados com a democracia também pode ser um risco quando existem outras coisas, mais práticas, que precisam ser feitas. "Com recursos limitados", escreve Bostrom, "é crucial adotar o critério certo para estabelecer nossas prioridades. Um milhão de dólares podem, hoje, fazer uma grande diferença para a quantidade de pesquisa sobre os riscos para a nossa existência; gastar o mesmo montante com o incremento da paz mundial seria uma gota d'água no oceano."[12]

Ao mesmo tempo, Bostrom teme que a democracia possa atrapalhar nosso resgate. Em sociedades democráticas, é difícil convencer as pessoas a concentrar seu foco no risco de coisas que ainda não aconteceram e provavelmente jamais virão a acontecer. A tendência dos eleitores é dar prioridade ao que já conhecem. É possível que a sobrevivência de todos dependa de ações preventivas contra perigos que ainda irão se manifestar. "As democracias acharão difícil adotar medidas decisivas antes da manifestação visível do risco que correm. E a escolha não pode ser ficar à espera desse sinal, porque ele já pode ser o fim."[13]

Bostrom é uma pessoa incomum, e desperta um fascínio profundo na indústria da tecnologia. Um perfil dele publicado na revista *New Yorker* em 2016 o retrata como um homem que vê mais longe que as outras pessoas, e por isso nem sempre percebe o que está bem à sua frente. Dado o ritmo da mudança tecnológica, imaginar como a vida será daqui a vinte anos é incrivelmente difícil para a maioria de nós. Bostrom acredita que tem a obrigação de pensar na vida como ela deverá ser dentro de 1 milhão de anos. E também cogita evitar a morte. Como um dos seus amigos declarou: "O interesse dele pela ciência é basicamente derivado do seu desejo compreensível de viver para sempre".[14]

O título do artigo da *New Yorker* é "The Doomsday Invention" [A invenção do dia do Juízo Final], um eco dos exercícios de conscientização do apocalipse que a revista empreendeu em meados do século XX. Mas o tom é completamente diferente. O perfil de Bostrom é elegante, irônico, e seu autor demonstra ter se divertido até certo ponto com a ambição intelectual de um homem "convencido de que sua obra pode tornar ínfima a importância moral de todo o resto". Há algo de estranho no desembaraço com que Bostrom discute cenários aparentemente absurdos. Os defensores de Bostrom comparam suas previsões quanto ao potencial catastrófico da IA à *Primavera silenciosa* de Carson. Mas não é a impressão que ele dá, muito longe disso. Em "The Doomsday Invention", a política nem é mencionada.

Voltemos então às armas nucleares. Aqui, permanece um enigma. Se esse risco para a existência significa o fim da democracia, o que aconteceu depois de Hiroshima?

Durante as quatro décadas de duração da Guerra Fria, quando o mundo precisava conviver com a ameaça diária de destruição, a democracia parecia florescer. Foi o período do grande progresso democrático: a democracia se difundiu, se estabilizou e prosperou. Uma era que culminou com a afirmação de Fukuyama de que tínhamos chegado ao fim da história com o predomínio da democracia liberal. Mesmo que não acreditemos mais nisso, é claro que a democracia moderna teve seus melhores anos na mesma época em que o Estado nuclear se encontrava em ascensão. Se as armas nucleares são fatais para a democracia, como a democracia conseguiu conviver tão bem com elas?

Parte da resposta é: a forma de pensar que confunde o que desejamos com a realidade, o *wishful thinking*. O tipo de democracia que floresceu ao longo da Guerra Fria não operava no nível das escolhas decisivas para a nossa existência. Limitava-se a questões mais comezinhas: assistência social, empregos, educação. O Estado nuclear, arcando com o peso do destino final do mundo, dava ao Estado democrático espaço para respirar. Ainda assim, essa separação não era total. A bomba ainda se infiltrava nas discussões democráticas. Os vibrantes movimentos antinucleares do início das décadas de 1960 e 1980 deram mostras do seu poder de mobilizar inúmeros cidadãos conscientes. O desarmamento chegou a ser uma das questões das disputas eleitorais, tanto quanto a ameaça comunista. Os eleitores não eram totalmente indiferentes aos riscos que corriam.

A democracia prosperou nessas condições porque as questões ligadas à nossa existência puderam ser reduzidas ao nível da política mais imediata. No momento das eleições, a questão em jogo não era o destino do mundo. E nunca é. O que conta é o que as pessoas acham dos políticos que tomam decisões em seu nome, tanto as maiores quanto as menores. É sempre esta a questão básica da democracia representativa: o que pensamos sobre *essas* pessoas que decidem por nós? O que está em jogo nem sempre importa muito. Pode ser tanto o apocalipse nuclear quanto o preço do pão.

Em outubro de 1962, entre a publicação de "Primavera silenciosa" e "Eichmann em Jerusalém", o mundo chegou o mais perto que jamais esteve de uma calamidade nuclear. Durante os treze dias da Crise dos Mísseis em Cuba, as duas superpotências nucleares pareciam dispostas a desencadear o inimaginável. À medida que se aproximavam de um clímax, e navios de combate russos e estadunidenses avançavam numa aparente rota de colisão, o destino da civilização humana estava em jogo. No último instante, Kennedy e Khruschóv encontraram um meio de recuar da beira do abismo, por uma combinação de habilidade e sorte. Dez dias mais tarde, os eleitores dos Estados Unidos tiveram a oportunidade de dar um veredito sobre sua incrível boa sorte nas eleições de meio de mandato para o Congresso. E como recompensaram o presidente? Os democratas de Kennedy perderam cadeiras tanto na Câmara quanto no Senado. A questão que mais incomodava os eleitores nos distritos onde o presidente foi castigado pelas urnas: o preço dos cereais.

Quando as pessoas se frustram com um grupo ou outro de políticos, recorrem às ferramentas que têm à mão. A política nuclear, assim como a política ecológica, pode ser um veículo para lembrar os políticos de que temos uma opinião própria, o que não significa que a democracia seja capaz de dar conta das ameaças à nossa existência. Significa apenas que essas ameaças são às vezes uma boa maneira de atingir os políticos num ponto sensível. Hoje, quando boa parte do establishment político se empenha em levar a sério a ameaça da mudança climática, rejeitá-la é um modo que as pessoas fartas de tudo têm de se fazer ouvir. É sempre um erro imaginar que, numa disputa democrática, um dos lados se importa com o destino do planeta e o outro lado nem liga. Os dois lados se importam, e nenhum dos dois liga. Os dois se importam porque ninguém deseja o fim do mundo. Nenhum dos dois liga porque a democracia é assim mesmo: o que realmente importa para as pessoas é quem irá lhes dizer o que devem fazer.

Tampouco os especialistas gostam muito que lhes digam o que fazer. Sabendo que a política democrática corria o risco de infectar a estratégia nuclear de irracionalidade, tentou-se, durante a Guerra Fria, abrir um espaço à parte para a tomada de decisões que pudessem pôr em risco a nossa existência. A especialidade da economia conhecida como "teoria da escolha racional" foi aplicada às questões ligadas à dissuasão nuclear. A finalidade era garantir a adoção da melhor estratégia em todas as ocasiões. Algo tão sério quanto um conflito nuclear deveria ser imune à volubilidade das decisões humanas em relação a quem decide o quê. A melhor maneira de chegar a esse ponto seria tratar a dissuasão nuclear como uma espécie de jogo regido por regras à parte. É essa a abordagem satirizada pelo filme *Dr. Fantástico*: a pretexto de salvar o mundo, devemos estar preparados para destruí-lo várias vezes, se isso for ditado pelas regras da estratégia nuclear. É a Destruição Mútua Assegurada: MAD. Mas faz sentido, em seus próprios termos.

Ainda assim, a teoria dos jogos e a democracia não têm como se manter totalmente separadas. Elas se interpenetram. Em parte porque a democracia se revelou útil no caso de certos jogos. Uma das maneiras de encarar a dissuasão nuclear é pensar em uma daquelas disputas em que dois motoristas aceleram na direção um do outro para ver qual dos dois desvia primeiro. Nesse caso, a melhor estratégia é aparentar irracionalidade, para que o adversário seja o primeiro a desviar. Se dois carros correm diretamente um para o outro, é provável que o motorista do carro que desvia acredite que o outro é louco a ponto de não desviar nunca. Se os presidentes dos Estados Unidos não tinham liberdade total de entregar a estratégia nuclear aos especialistas, por respeito à volúvel opinião pública democrática, isso podia ser uma vantagem estratégica. Faria os russos pensar duas vezes. Do ponto de vista da teoria dos jogos, a tomada de decisões numa democracia é muitas vezes idiota. Mas pode ser uma idiotice útil.

Ao mesmo tempo, os estudiosos da teoria dos jogos tinham ambições políticas próprias. Depois de transformar a guerra nuclear num nicho à parte para os jogos dos especialistas técnicos, por que parar por aí? Se a democracia se comporta como um idiota, deveríamos impor regras mais estritas a outras áreas da vida política. O Estado de bem-estar social, o sistema educacional e o próprio sistema democrático pareciam prontos para a injeção de um pensamento novo, frio, analítico e desprovido de sentimentalismo. Se cada pessoa fosse tratada como um agente racional em busca das maiores vantagens possíveis para si própria, boa parte da vida poderia ser poupada da confusão da democracia.

Em consequência, o pensamento que tinha encontrado uma posição segura no Estado nuclear começou a se espalhar. A partir do final da década de 1970, a política democrática se viu infestada de modelos advindos da teoria dos jogos dizendo como a economia deveria funcionar. A desordem reinante na vida política foi suplantada pela aparente limpeza de uma concorrência perfeita e de mercados eficientes, que se mostravam notavelmente eficazes enquanto a desordem da democracia pudesse ser mantida sob controle. Sua ascendência coincidiu com o período em que muitos concluíram não só que a história tinha chegado ao fim como a alternância de crises e surtos de prosperidade também se convertera em coisa do passado.

Modelos de como o mundo deveria funcionar na teoria passaram a ganhar preferência em relação a modelos de como ele funciona na prática. Depois de algum tempo, a história atualizou esses modelos. Após o crash financeiro de 2008, a desordem da democracia voltou, ainda mais acentuada. E ainda produz seus efeitos nos dias de hoje.

Se o problema da democracia é que ela pode transformar um impasse nuclear na política mais comezinha, o problema da teoria dos jogos é que ela pode transformar a política mais comezinha num impasse nuclear. Para ela, as opções enfrentadas pelos indivíduos podem ser modeladas em termos definitivos para a existência: eu ganho, você perde e o contexto é irrelevante. A simplicidade é absurda. Mas a democracia não é simples. Tratá-la como se fosse não serve para domesticá-la. Só serve para aumentar a incerteza.

A lição da Guerra Fria e de suas consequências é que a democracia pode coexistir com o risco para a nossa existência, mas não em termos que façam sentido para qualquer um dos lados. Imaginar o fim do mundo vai além da capacidade da democracia, mas não basta para acabar com ela. A democracia persiste, na companhia infeliz de um parceiro que, na verdade, ela não pode tolerar.

Não estamos mais no mundo do dr. Strangelove. Fiquei algum tempo na companhia de pessoas que passam seus dias preocupadas com os riscos para a nossa existência. Os pesquisadores que estudam esse futuro dos robôs inteligentes, dos supervírus e da destruição planetária são pessoas de modos gentis e ótimas intenções. Não são hostis à democracia e, quando a ocasião pede, são capazes de pagar o devido tributo às suas virtudes. Mas a verdade é que não se interessam pela política, que lhes parece uma forma de desviar nossa atenção da questão fundamental do século XXI: saber se a raça humana conseguirá sobreviver.

O que tira o sono de muitas dessas pessoas é o pesadelo das máquinas inteligentes fora de controle. É a versão extrema da banalidade do mal: robôs indiferentes destruindo tudo com que se deparam. Mas não era essa a banalidade do mal de que falava Arendt. Esta não tem dimensão política. Não há modo de despertar essas máquinas, fazê-las sair do seu transe. Não passam de máquinas. O problema é técnico, não político. Basta encontrar o interruptor e desligá-las.

Tentar impedir que a política atrapalhe o projeto de salvar o mundo é um impulso nobre. Mas é um erro. A democracia não pode ser confinada a um canto bem cuidado do jardim. Enquanto ela sobreviver, não há como evitar que se espalhe para além desses limites. As democracias não reagem bem ao confinamento. Isso causa nas pessoas a sensação de que estão sendo desconsideradas. Não se conformam com especialistas bem-intencionados tomando decisões importantes em seu nome. O que achamos da entrega do comando a essas pessoas? Em pouco tempo, estaremos entregues ao ressentimento que tivermos à mão.

Ao longo do século XX, muitas das piores coisas que poderiam acontecer com a democracia obtiveram dela a melhor resposta possível — guerras, crises financeiras e outros desastres fizeram as pessoas tomar consciência dos riscos que corriam. Por outro lado, à medida que os riscos para a nossa existência começaram a sobrepujar os outros tipos de ameaça, a democracia se enfraqueceu. O risco para a nossa existência suscita o que a democracia tem de pior. O poder popular e a especialização técnica tendem a se afastar, sem chegar a romper de todo. Nenhum dos dois lados desiste de trazer o outro de volta aos trilhos. Coexistem numa relação desconfortável de semisseparação. Enquanto o pior não acontece, esse casamento gélido pode perdurar por muitos anos.

Existe outro medo que assombra a imaginação política do século XXI. É o medo da interconexão. Temos a incômoda sensação de que nosso mundo se tornou vulnerável ao colapso porque tudo está ligado a todo o resto. Se uma única coisa falhar, tudo pode vir abaixo. Os sistemas globais de finanças, energia, comunicações, saúde e transporte estão ligados de maneiras que ninguém controla e ninguém entende por completo. Nessa escala, a complexidade é frágil, porque os choques podem se transmitir pelo sistema antes que alguém tenha tempo de reagir. Uma pandemia pode se espalhar por todo o planeta em poucas horas graças ao imenso volume de viagens aéreas. Uma crise localizada, num dos cantos do sistema financeiro internacional, pode desencadear efeitos desastrosos em toda parte. Uma falha no suprimento de energia elétrica pode resultar num apagão generalizado.

O que torna as redes assustadoras é a ideia de que podem entrar em colapso sem aviso prévio. E nem precisa haver intervenção humana intencional. As redes podem simplesmente sair do ar. Como não existe um ponto de controle único — um interruptor para desligar tudo —, qualquer parte de uma rede pode se revelar seu elo mais fraco. A força das redes é o que as torna perigosas: não há nada nem ninguém encarregado do próximo acontecimento.

A ficção contemporânea é o espaço em que esse medo adquire vida. Em *A estrada*, de 2006, de Cormac McCarthy, o apocalipse é provocado por um acontecimento que não é explicado, e ocorre em algum ponto do horizonte distante. Tudo o que ficamos sabendo é que houve "um longo rasgo de luz, e depois uma série de pancadas surdas".[15] É tudo que precisamos saber. Alguma coisa acontece, e as reverberações não deixam nada intacto. E essa coisa pode ser qualquer uma. Em *The Bone Clocks* [Os relógios de osso], de David Mitchell, lançado em 2014, a mudança climática precipitou a queda de todos os aviões. As comunidades ficaram desligadas umas das outras, porque a rede de comunicações também entra em colapso.

Não nos dizem como nem por quê. Não faz diferença. Reconhecemos que uma civilização como a nossa pode vir abaixo sem que ninguém entenda plenamente qual foi a causa. Somos vulneráveis a forças que ultrapassam nosso poder de controle. Tudo depende do sistema — da rede — da máquina. Ele precisa continuar funcionando. Até o dia em que para.[16]

Esse medo da interconexão já existe há um bom tempo. Em seu conto "A máquina para", escrito mais de cem anos atrás, E. M. Forster imagina uma distopia que poderia caber no século XXI.[17] Descreve a existência estéril de indivíduos isolados num mundo em rede do futuro, que chega ao fim quando o mecanismo de que todos dependem deixa de funcionar. Essas pessoas só podem se comunicar umas com as outras através de uma forma de mensagem de texto. Têm pouco a compartilhar além das suas fantasias. Seus prazeres respondem ao aperto de um botão. Não têm experiências próprias de verdade. O colapso da máquina que rege suas vidas é uma morte e uma libertação.

Forster acreditava que os seres humanos deviam "apenas se conectar" e não se interconectar. O perigo terrível de tudo estar ligado a todo o resto é a perda de qualquer senso de perspectiva. Não temos meios de decidir o que realmente importa, porque nada é irrelevante e nada tem importância concreta. A história só pode acabar de um modo: com o colapso de todo o sistema. Estamos à mercê de coisas que nos ligam uns aos outros porque não temos meios de lidar com o mundo sem a mediação delas. Libertar-se é quebrar a corrente. A partir daí, tudo se desfaz.

A versão atual desse pesadelo não envolve apenas as redes de informação. Somos ligados por um ecossistema compartilhado, redes complexas de fornecimento de energia, mercados financeiros interligados que operam mais depressa do que o pensamento, sistemas de transporte que funcionam o tempo todo no limite de sua capacidade. Sabemos que um contratempo bastaria para produzir um congestionamento e um colapso. Todos já tivemos uma experiência assim em algum momento da vida: ficar à espera num aeroporto onde nada funciona; ou num hospital lotado além de sua capacidade; ou diante da tela apagada de um computador que parou de funcionar. Não sabemos o que um congestionamento ou um colapso total representaria se afetasse tudo de uma vez. Mas podemos imaginar.

Nessas histórias de terror, há pouco ou nenhum espaço para a política. O que motiva os nossos medos é a sensação de impotência perante a complexidade. É por isso que tantos autores de distopias contemporâneas nem perdem tempo em explicar como, daqui, chegamos àquele ponto. Simplesmente aconteceu. As questões básicas que animam a democracia — o que queremos fazer? quem queremos que faça? aonde queremos ir depois daqui? — tornam-se irrelevantes quando nos vemos à espera do dia em que a máquina vai parar.

As representações dos seres humanos entregues a forças que eles não têm mais o poder de controlar muitas vezes os mostram numa espécie de transe. Uma existência mecânica, hiperconectada, é estéril. E também pode ter um efeito sedativo. Parecemos estar em plena ação, mas não temos muita ideia do que estamos fazendo. Só nos movemos a esmo.

A ideia de que podemos estar caminhando como sonâmbulos rumo ao desastre é uma lição que historiadores extraem dos horrores do século XX. O livro *Os sonâmbulos: Como eclodiu a Primeira Guerra Mundial*, publicado em 2013 por Christopher Clark, é o relato contemporâneo definitivo da grande calamidade involuntária da era moderna: a irrupção da Primeira Guerra Mundial.[18] Era uma guerra que ninguém queria. Ninguém sabia como acabar com ela. Nada foi predeterminado. Escolhas fortuitas, motivadas por circunstâncias particulares, levaram alguns indivíduos a cometer o que, em retrospecto, só pode ser visto como uma série de erros catastróficos. Esses políticos não estavam simplesmente em algum tipo de transe hipnótico, cumprindo o que o sistema esperava deles. Deslocavam-se decididos em seu sono, aos trancos incontroláveis, cheios de vida e energia, e sem qualquer consciência do quadro geral. Caminhavam como sonâmbulos rumo ao desastre, à semelhança dos viciados em jogo, cegos para sua incapacidade de controlar seu destino.

Ecos dessa história de horror podem ser ouvidos na política contemporânea. Não há como fugir à sua sombra. Se os Estados Unidos e a Coreia do Norte entrarem em guerra, será porque seus atores foram incapazes de despertar para os riscos que corriam. A possibilidade de algum erro catastrófico que só fique claro a posteriori está sempre presente.

Ainda assim, o medo da interconexão também pode produzir o efeito contrário. Longe de adormecidos, muitos políticos da atualidade vivem em alerta permanente contra o perigo de cometer um erro sem volta. Na verdade, mostram-se hiperatentos aos riscos que correm. Conscientes de que o maior perigo seria perturbar o bom funcionamento da máquina, operam com o máximo de cuidado, avançando pé ante pé com extrema cautela. Não são sonâmbulos, mas funâmbulos: equilibristas da corda bamba.

Se estivéssemos simplesmente adormecidos, a solução para os nossos problemas seria óbvia. Dizem que nunca se deve acordar um sonâmbulo, mas isso não se aplica quando ele se aproxima de uma calamidade. Claro que precisa ser acordado! O risco das consequências de dar um susto num sonâmbulo não se compara ao que pode ocorrer se ele continuar não sabendo onde pisa. Um susto forte pode ser exatamente o necessário. Mas um susto forte quase nunca é uma boa ideia para alguém numa corda bamba. O necessário, no caso, é calma: nada de movimentos bruscos ou passos em falso. Quem caminha na corda bamba dá um passo de cada vez.

Tanto caminhar como um sonâmbulo quanto andar na corda bamba são comportamentos comuns na democracia contemporânea. E é isso que dá à nossa política sua peculiar qualidade ambígua de atenção e descuido.

No período que antecedeu ao crash financeiro de 2008, políticos eleitos e dirigentes dos bancos centrais pareciam dormir ao volante. Os riscos puderam se acumular no sistema porque ninguém pensava no quadro mais amplo com a devida intensidade. Muitos dos principais envolvidos atuavam como jogadores de olhos vidrados, incapazes de enxergar além da aposta seguinte. Mas isso acabou. Depois do crash, o comportamento dos encarregados de comandar o sistema passou a lembrar mais um equilibrista na corda bamba. O programa em que embarcaram, de flexibilização quantitativa (*quantitative easing*, em inglês) e suprimento de dinheiro barato, é muito arriscado — ninguém sabe quais podem ser suas consequências a longo prazo. Não tem precedente histórico. Mas nem os banqueiros nem os políticos ignoram esses riscos. Sabem que é uma política perigosa. E é por isso que se mostram tão sensíveis aos perigos de um passo em falso. Avançam com cuidado, os olhos fixos em frente, evitando olhar para baixo.

A solução que Varoufakis tentou encontrar para a crise grega submergiu na tensão entre esses dois estados de espírito. Sua ideia foi despertar a Europa para a ameaça iminente. Mas as forças que enfrentava — a UE, o BCE, o governo alemão — não estavam adormecidas ao volante. Plenamente despertas, entenderam a política ruidosa e potencialmente destrutiva que ele propunha como um perigo para o delicado equilíbrio do sistema, que tentavam preservar.

Cada lado dessa disputa é visto pelo antagonista como alguém em transe. Para Varoufakis, a troika era um trio de sonâmbulos, incapazes de enxergar além da esquina seguinte, onde espreitava o desastre. Para a troika, Varoufakis era o jogador obcecado, incapaz de perceber a verdadeira natureza das apostas. Como a situação era política, os dois lados eram impelidos por contingências que se esforçavam por controlar. Ainda assim, qualquer político que se comporte como num transe alimenta teorias da conspiração. A criatura está dormindo, mas se move com certa intenção. Só pode haver alguém controlando os cordões.

São esses os perigos da democracia de espectadores. Nela, o público precisa combater seus próprios impulsos conflitantes: agir além da conta ou menos do que devia. Quando os políticos parecem adormecidos, é tentador gritar para lhes dar um susto e ver o que acontece. Mas se os políticos estão despertos e com medo de olhar para baixo, ouvir o público fazer barulho não terá o efeito desejado. Um funâmbulo não depende do som da plateia. Ao contrário, é treinado para seguir no arame e ignorar o barulho. Seu estado, semelhante a um transe, só faz se aprofundar enquanto os espectadores se impacientam. Podem parecer paralisados, receosos tanto de avançar quanto de recuar. O que acontece então? Os espectadores podem gritar mais alto. Ou podem desistir e ir embora.

Andar no arame pode ser um ato de criação. O documentário *O equilibrista*, de 2008, reconstitui a caminhada de Philippe Petit por um cabo esticado entre as duas torres do World Trade Center no verão de 1974. Petit batizou seu número de *"le Coup"* ("o golpe") — foi organizado em segredo e executado com um pequeno grupo de colaboradores que o ajudaram a invadir os edifícios no meio da noite e montar o equipamento de que precisava. Petit caminhou de torre a torre a mais de quatrocentos metros de altura, cobrindo oito vezes a distância entre elas. Uma plateia embasbacada se reuniu abaixo dele, e Petit contaria mais tarde que escutava cada um de seus murmúrios e aplausos. Hoje, é possível admirar como a façanha de Petit é assombrosa. Parte desse impacto se deve à destruição das torres gêmeas. No entanto, também vem da espontaneidade do ato em si. O *coup* de Petit não foi cauteloso nem descuidado. Foi uma autêntica manifestação expressiva.

A democracia contemporânea é assombrada pela sensação do que perdeu. Parte dessa perda é a da capacidade de se expressar de maneira autêntica. Não andamos no arame. São outros que andam por nós, servidores públicos motivados pela aspiração ansiosa de não cair. O barulho dos espectadores não é parte integral do espetáculo. É mais um risco a ser enfrentado na tentativa de se manter equilibrado e caminhando em frente. Ninguém chega ao outro lado e então se vira para voltar só porque quer. A finalidade do número é simplesmente se manter no ar.

A política democrática ainda tem seu lado destemido. Elegemos políticos que prometem mudar tudo porque o espetáculo passou a significar pouco para nós: reduziu-se a um desempenho estéril e artificial. Trump não é um alegre artista do arame. É um jogador sonâmbulo, e não se incomoda de assistir à queda dos outros. Esperar que ele ande no arame é acreditar numa de duas coisas: ou estenderam uma rede de segurança, ou o número todo é de mentira.

Ao mesmo tempo, continuamos a consumir distopias, que também têm seu poder sedativo. É impossível ler *A estrada* e não ser profundamente tocado. A história da luta de um pai e um filho sem nome por uma sobrevivência mínima numa sociedade devastada fala da fragilidade da vida, da força do espírito humano e dos horrores que o futuro ainda pode nos reservar. Muitos leitores contam ter sido motivados a reagir diante desse livro impressionante. Pais se levantaram no meio da noite para acordar seus filhos e lhes dizer o quanto os amavam. Depois disso, dormiam melhor. Imaginar o pior tem um estranho poder alentador. Mas não tem força política. *A estrada* não nos mobiliza para a ação política. É uma parábola estranhamente reconfortante para uma sociedade de sonâmbulos e funâmbulos.

3.
Revolução tecnológica!

Todo mundo ri quando Al Gore afirma ter inventado a internet. Com justiça. Não foi Gore. Foi Mahatma Gandhi.

O conto "A máquina para", de E. M. Forster, foi publicado na *Oxford and Cambridge Review* em novembro de 1909. Gandhi, na época um jovem advogado e ativista em defesa dos direitos civis instalado na África do Sul, parece ter lido o texto em sua viagem de volta para casa desde Londres naquele mesmo mês (a *Review* devia figurar na biblioteca do navio, e todos a bordo deviam ter tempo de sobra, inclusive Gandhi). E ele ficou claramente afetado pelo texto. Gandhi passou a maior parte da viagem escrevendo *Hind Swaraj*, seu manifesto em favor da independência indiana. A estranha visão de Forster sobre nosso futuro interconectado ajudou a informar a ideia de Gandhi sobre qual seria o futuro da civilização ocidental e sobre os motivos pelos quais a Índia devia se libertar dele.

Em *Hind Swaraj*, Gandhi traça um retrato incrivelmente profético da era vindoura, dominada pela Amazon, pelo Uber e pelo HelloFresh. Inspirado por Forster, lamenta o ponto a que a tecnologia estava nos levando:

> Os homens não precisarão mais usar suas mãos e seus pés. Apertarão um botão e suas roupas lhes serão entregues. Apertarão um outro e receberão seu jornal. Um terceiro, e um automóvel estará à sua espera. Terão uma variedade de pratos à sua escolha. Tudo será feito por máquinas.[1]

Gandhi via a dependência crescente desses prazeres e confortos artificiais como uma das marcas da falência da nossa civilização. Ainda assim, escreve ele em *Hind Swaraj*, "isso é considerado o suprassumo da vida civilizada".

Gandhi atribui boa parte da culpa do que deu errado à moderna democracia representativa. Um sistema político que depende de governantes eleitos para tomar decisões em nosso nome jamais conseguiria nos resgatar dessa existência artificial. Como poderia? A democracia representativa era totalmente artificial. Tornara-se escrava das máquinas. Operava através da máquina partidária, da máquina burocrática, da máquina do dinheiro. Os cidadãos se converteram em consumidores passivos do seu próprio destino político. Apertamos um botão e esperamos que o governo responda. Não admira que fiquemos decepcionados. Em vez de uma resposta, só recebemos promessas baratas e mentiras deslavadas.

Para Gandhi, o ideal era o retorno a algo mais parecido com a política cara a cara do mundo antigo, quando a interação humana independia da mediação de máquinas. Para ele, isso poderia acontecer numa Índia independente, se a sua democracia se organizasse em torno das comunidades dos vilarejos e dos tradicionais valores indianos de "autogoverno" (*"Swaraj"*). A Índia conquistou a independência em 1947, mas essa versão da democracia segundo Gandhi nunca chegaria a existir. Hoje, embora ninguém questione a condição icônica de Gandhi como pai da nação, a democracia indiana é tão artificial quanto em toda parte. A máquina partidária, a máquina burocrática e a máquina do dinheiro continuam a imperar. A visão que Gandhi teve um século atrás, de uma sociedade governada por pessoas que apertam botões em nome de pessoas que apertam botões, acabou por se tornar real no lugar onde, esperava ele, seríamos resgatados dela. A vitória foi da máquina.

A maneira de fazer política preferida por Gandhi é exigente demais para a maioria dos cidadãos do século XXI. Ele queria acabar com nossa dependência da medicina moderna, dos advogados, dos meios mecânicos de transporte e das comunicações artificiais. Achava que os indivíduos deviam viajar só até onde suas pernas pudessem levá-los e se comunicar apenas até onde a voz alcançasse. Não temos como viver assim. Entretanto, reconhecemos instintivamente que Gandhi tinha razão quanto à situação a que a política chegou em nosso tempo. A democracia moderna é extremamente mecânica e profundamente artificial. Não proporciona uma alternativa aos sistemas complexos que supostamente se encarrega de regular. Ela copia seu comportamento, tornando-se ela própria cada vez mais complexa e artificial.

Existe sempre uma contrapartida ao medo do que pode acontecer caso a máquina pare. E Gandhi formula essa questão. O que acontece se a máquina não parar? Nesse caso, onde iremos parar? Gandhi foi um profeta improvável do futuro da tecnologia digital. Mesmo assim, mostrou-se mais competente na matéria do que muitos especialistas em tecnologia.

O que o historiador David Edgerton descreve como "o choque do antigo" se aplica tanto à tecnologia digital quanto a qualquer outro tipo de tecnologia — a mudança raramente ocorre tão rapidamente quanto achamos.[2] Ela ocorre num panorama no qual a maioria dos objetos ainda são os mesmos que conhecemos. O mundo prestes a anunciar o advento de automóveis que se dirigem sozinhos é o mesmo que também contém mais bicicletas do que nunca. Tendemos a exagerar a velocidade com que a transformação tecnológica se tornará evidente. E isso se aplica especialmente às pessoas com algum interesse próprio em promover essa mudança. Querem que ela ocorra logo.

Ainda nos encontramos a alguma distância da prometida alvorada das máquinas com inteligência própria. Muitos pesquisadores de IA imaginam que a possibilidade de máquinas realmente inteligentes ainda se encontra uns vinte anos no futuro. E vêm dizendo a mesma coisa há pelo menos cinquenta anos. O advento da IA está sempre vinte anos no futuro. Assim como a democracia está destinada a chegar ao fim em algum momento, as máquinas inteligentes também acabarão surgindo, talvez até repentinamente. Mas ainda não chegamos lá. Estamos avançando depressa, mas não chegamos muito mais perto dos nossos sonhos mais fantásticos para o futuro. Os computadores são capazes de fazer coisas que eram inimagináveis vinte anos atrás, muito além do alcance da mente humana. Mas não são capazes de pensar como nós.

A espera de uma revolução de IA que nunca chega pode ser uma gigantesca atividade deslocada. Enquanto nos preocupamos com o advento de máquinas inteligentes, máquinas desprovidas de inteligência já respondem pela maior parte do trabalho. Os computadores podem não ter aprendido ainda a pensar por conta própria. Mas aprendemos a fazê-los pensar por nós. A máquina não precisa ser inteligente para dar conta de tarefas que recaíam tradicionalmente no âmbito da inteligência humana. Basta que seres humanos transfiram esse trabalho para a máquina, depois de lhes ensinar o que fazer.

Máquinas desprovidas de inteligência própria, mas supereficientes, já fazem boa parte do trabalho nas democracias contemporâneas. Os partidos políticos contam com imensos bancos de dados automatizados para ajudar em suas campanhas. Cada vez mais, os governos utilizam imensos sistemas informatizados para administrar e franquear ao público cuidados de saúde e outros serviços. Essas máquinas não procuram nos subjugar. Não almejam nada para si mesmas — são incapazes desse nível de volição. Não são apenas nossas servidoras, mas nossas escravas. Nós nos servimos delas. Ainda assim, como os autores de obras sobre política vêm nos advertindo há mais de 2 mil anos, a escravidão também é ruim para os senhores de escravos, escravizados pela facilidade com que seus desejos são atendidos, o que os deixa à mercê dos seus caprichos.

O perigo das máquinas desprovidas de inteligência é que, à medida que se tornam mais úteis e potentes, convencem os inteligentes seres humanos a lhes confiar tarefas em excesso. A capacidade de aprendizado da máquina (*machine learning*) hoje faculta aos computadores minerar quantidades descomunais de dados à procura de conclusões a que nenhum humano teria como chegar. E captando as regras do jogo à medida que avançam. Não é um discernimento inteligente — falta às máquinas profundidade, percepção das nuances e ressonância emocional. Ainda assim, é a *machine learning* que permite a carros autodirigidos percorrer as ruas com mais segurança e firmeza que qualquer automóvel conduzido por um ser humano. É a *machine learning* que revela ao Google o que você quer encontrar antes que você mesmo saiba. Mesmo sem consciência do que estão fazendo, as máquinas conseguem navegar melhor do que nós mesmos pelo mundo que construímos.

Não é difícil imaginar uma versão distópica desse futuro. Ser capaz de empregar cavalos mecânicos que, embora incapazes de pensar, são muito potentes e sofisticados, é uma das coisas que nos torna gordos e preguiçosos, mental e quando não fisicamente. O carro nos guia; o Fitbit nos monitora; os *polibots*, robôs virtuais que espalham mensagens políticas nas redes, respondem por parte das nossas escolhas. Por que não confiar todas as decisões difíceis a máquinas que sejam capazes de processar por nós quantidades imensas de dados? Podemos agir assim por decisão consciente, desejando uma vida mais fácil; ou podemos fazê-lo inconscientemente, porque nossa dependência cada vez maior das máquinas nos tornou incapazes de saber quando parar. Todos conhecemos os sinais. Passamos horas enviando e respondendo e-mails insignificantes não em obediência aos nossos computadores, mas simplesmente porque nos falta a capacidade de quebrar o encanto. A única coisa que nos liberta é o surgimento de uma tecnologia ainda mais acessível e imediata. Aí nos viciamos nela. A conveniência sem custo é sua própria maldição.

Na versão política do pesadelo, nossa dependência dessa tecnologia nos deixa prontos para sermos explorados. Quem vai nos escravizar não serão os robôs assassinos. Bastam indivíduos inescrupulosos capazes de usar as máquinas em seu benefício. Em terra de dependentes da tecnologia, quem navega com esperteza é rei. E essa é a história de terror que hoje assombra a democracia ocidental, e voltarei a ela mais adiante, ainda neste capítulo. Seus sinais visíveis são as fake news e o microdirecionamento de mensagens aos eleitores, com conteúdo gerado por máquinas e construído de modo a apelar aos preconceitos de cada um. Se cair nas mãos erradas, o poder dos computadores de apertar nossos botões pode assinalar o fim da democracia.

Mas essa história não precisa ser distópica, e este capítulo não se limita ao pior que pode acontecer. As máquinas ainda são apenas máquinas. Existe gente má que pode fazer mau uso delas, mas as pessoas, em sua maioria, são indivíduos decentes. Mesmo que a vasta maioria dos cidadãos modernos não possa viver o ideal de vida ascética de Gandhi, isso não significa que eles tenham fracassado como seres humanos. Para essas pessoas — para nós —, a tecnologia pode contribuir para melhorar nossa experiência de estar no mundo. A conveniência e o conforto não são desprezíveis. Nem tentam tornar mais eficiente o funcionamento da democracia.

Na verdade, as máquinas muito potentes mas sem pensamento próprio não são realmente nossas escravas, porque não sofrem nas mãos dos seus senhores — nós. E não somos corrompidos por usá-las, como ocorre aos humanos quando usam seus semelhantes como meros objetos. Essas máquinas são de fato meros objetos. Podemos usá-las como quisermos.

Por que então não usá-las para aperfeiçoar nossa democracia em vez de destruí-la? Nossas instituições políticas atravessam dificuldades por não conseguirem achar soluções viáveis para problemas aparentemente inabordáveis. Tudo indica que a capacidade de aprendizado da máquina poderia ser usada em nosso benefício, em vez de nos prejudicar. Máquinas que não perdem o foco devido a reações emocionais podem ser exatamente do que precisamos. Nas democracias, o foco se perde com extrema facilidade. As pessoas *sentem* que as coisas devem ser dessa ou daquela maneira, independentemente do que lhes dizem. As máquinas, não. Seguem os fatos até onde eles as levarem.

As capacidades da nova tecnologia já contribuíram para melhorar o exercício de outras profissões. Certos computadores já são capazes de diagnosticar a doença de um paciente melhor que qualquer médico humano — porque a máquina tem acesso a um corpo muito maior de informações relevantes, o que não precisa desalojar médicas ou médicos de seus empregos. Pode tornar cada um melhor no exercício da medicina. A máquina soluciona o problema técnico; a médica ou médico humaniza a solução, usando sua inteligência e sua empatia para explicar ao paciente o que ele tem, frente a frente. Ainda falta muito para termos computadores capazes de empatia (embora alguns especialistas em IA possam dizer que isso está a apenas vinte anos no futuro). O mesmo poderia se aplicar à política. A máquina soluciona o problema; o representante político nos ajuda a entender o que a solução significa. Quem sabe assim a democracia funcione melhor.

Porém, para que isso possa ocorrer, outras coisas precisam acontecer primeiro. A política precisa recobrar certa medida de controle sobre essas máquinas, e sobre as pessoas que as controlam no momento. De outro modo, corremos o perigo de, em vez de usar máquinas para resolver nossos problemas, nos limitarmos ao tipo de problema que máquinas podem resolver. A tecnologia, por si só, não determina o nosso futuro. Mas pode determinar, se deixarmos.

Uma distopia é só um pesadelo, assim como uma utopia é um sonho bom — ambos são lugares que na verdade não existem. Um mundo povoado por máquinas imensamente poderosas e sem pensamento próprio não é um sonho. Já vivemos nele. Vivemos nele há um bom tempo. É o mundo moderno. A questão de como viver com essas máquinas sempre esteve no cerne da política moderna.

E Gandhi estava longe de ser o único a considerar a democracia ocidental dominada pela máquina política. Max Weber, o grande sociólogo alemão contemporâneo de Gandhi, pensava o mesmo. A diferença é que Weber reconhecia não haver muito que se pudesse fazer. Aceitava esse caráter da democracia moderna, que tendia a ser totalmente mecânica. Os partidos políticos eram "máquinas" — estruturas sem alma planejadas para resistir ao atrito diário do processo de conquista e manutenção do poder. A burocracia era uma "jaula de ferro". À diferença de Gandhi, Weber não conseguia imaginar o funcionamento das nossas sociedades sem a presença dessas estruturas vastas e sem alma. A política democrática era uma atividade especialmente alienante. O que nos conferia uma voz era o mesmo que nos reduzia a engrenagens na máquina. Esta, para Weber, era a condição moderna.

Jeremy Bentham, filósofo e reformador da democracia, ativo um século antes de Weber e Gandhi, foi alvo da zombaria de seus críticos, que o viam como uma "máquina de calcular". Bentham dava a impressão de ter reduzido a política à busca do algoritmo da felicidade humana. Queria saber quais alavancas acionar. Mas estava longe de ser insensível. Desejava ardorosamente que a política de seu tempo funcionasse melhor: fosse menos cruel, menos arbitrária e tratasse a diferença entre as pessoas com mais tolerância. O que significava torná-la mais democrática. Mas também significava torná-la dependente de fórmulas que a liberassem das ideias feitas. Bentham aceitava que, para humanizar a política, precisávamos nos dispor a desumanizá-la num primeiro momento.

Recuando ainda mais no tempo, a imagem definitiva da política moderna seria a representação de um robô, datada de meados do século XVII:

No *Leviatã* de Thomas Hobbes, de 1651, o Estado é descrito como um "autômato", criado graças ao princípio do movimento artificial.[3] Esse Estado robótico não pensa por conta própria. Não tem qualquer pensamento além dos que lhe são trazidos pelas partes humanas que o compõem. Entretanto, se a estrutura estiver certa, o Estado moderno pode transformar essas contribuições humanas em resultados racionais, despindo-as de seu potencial de gerar uma intensa desconfiança. O robô de Hobbes precisa meter medo: medo suficiente para fazer qualquer indivíduo pensar duas vezes antes de enfrentá-lo. Mas também tem um efeito tranquilizador. O mundo moderno está repleto de máquinas de todo tipo. Essa máquina foi criada para dominá-las em nosso benefício.

Hobbes entendeu que o Estado precisava ser construído à imagem das coisas que pretendia controlar. Precisava de uma aparência humana, pois seria inútil se não conseguisse controlar os seres humanos. Mas também precisava funcionar como uma máquina: um robô com rosto humano. Esse robô era necessário para nos salvar dos nossos instintos naturais. Deixados por sua própria conta, os seres humanos tenderiam a destruir qualquer comunidade política. Para Hobbes, esta era uma das lições do mundo antigo: quando a política se baseia apenas na interação humana, sem qualquer mediação, redunda num violento vale-tudo. Todos os Estados antigos acabaram caindo. Nada tão puramente humano tem como durar. Mas uma máquina moderna pode resistir ao tempo.

Entretanto, havia dois grandes riscos em transformar o Estado num autômato gigante. O primeiro: ele não ser suficientemente poderoso. Outras criaturas artificiais que fossem mais implacáveis, mais eficientes, mais robóticas — e, por implicação, menos humanas — poderiam resultar mais fortes. O segundo: que ele acabasse parecido demais com as coisas que fora criado para regular. Num mundo de máquinas, o Estado poderia adotar o caráter dominante e se tornar totalmente artificial. Este é o medo original da era moderna: não o que acontece quando as máquinas ficam parecidas demais conosco, mas quando ficamos parecidos demais com as máquinas.

As máquinas que mais medo metiam em Hobbes eram as corporações. Estamos tão acostumados a conviver com as empresas que deixamos de reparar como elas têm uma natureza estranha e maquinal. Para Hobbes, eram mais uma espécie de robô. Existem para a nossa conveniência, mas podem adquirir vida própria. Uma corporação é uma reunião não natural de pessoas a que se confere uma vida artificial para que possa cumprir sua missão. O perigo era que os seres humanos acabassem cumprindo missões determinadas pelas corporações.

Muitas entre as coisas que nos inquietam quando imaginamos um mundo futuro de inteligências artificiais são as mesmas preocupações que as corporações vêm despertando há vários séculos. São monstros criados pelos homens. Não têm consciência porque não têm alma. Podem viver mais que as pessoas. Algumas parecem quase imortais. As corporações, como os robôs, podem emergir intactas de debacles catastróficas da atividade humana. Durante a primeira metade do século XX, a sociedade alemã passou por uma quase morte. A escala da destruição humana foi vertiginosa. Ainda assim, houve empresas alemãs que resistiram a todas as provações como se nem tivessem acontecido. Algumas das maiores empresa alemãs criadas no século XIX ainda estão entre as maiores da atualidade — a Allianz, a Daimler, o Deutsche Bank, a Siemens. É como se fossem inatingíveis pela loucura dos seres humanos.

Ao mesmo tempo, as corporações são dispensáveis. Algumas podem viver para sempre, mas a maioria tem uma vida útil muito curta. Os seres humanos as criam e as abandonam num piscar de olhos. Como não têm alma nem sentimentos, isso não importa. Certas empresas só têm uma existência de fachada. E nós as multiplicamos sem pensar. E elas também se multiplicam por conta própria. Empresas geram novas empresas — fachadas dentro de fachadas — simplesmente para dificultar o entendimento de como operam às pessoas comuns. Um dos cenários de pesadelo do nosso futuro robótico é o que aconteceria se os robôs pudessem se autorreplicar. Mas já temos uma ideia de como isso funciona — é o mundo corporativo.

Hobbes acreditava que a única forma de controlar as corporações era conferir poder ao Estado artificial. E tinha razão. Antes do século XVIII, Estados e corporações competiam por território e influência. E não havia garantia de que o Estado sairia vencedor. A Companhia Inglesa das Índias Orientais superou o desempenho e a importância do Estado britânico em muitas partes do mundo. Travou suas próprias guerras. Arrecadava impostos. Com base nessas atividades, acumulou um poder imenso, além de uma enorme riqueza. Mas o Estado moderno, à medida que foi adquirindo mais poder e autoridade, e especialmente conforme se tornou mais democrático nos últimos duzentos anos, acabou afirmando sua primazia. A Companhia das Índias Orientais foi estatizada pela Grã-Bretanha em 1858. A luta contra os trustes conduzida por Roosevelt no início do século XX, quebrando o poder monopolista das maiores empresas dos Estados Unidos, foi mais uma prova da confiança recém-adquirida pelo Estado democrático. No entanto, nem tudo foi obra pessoal de Roosevelt. Roosevelt era a face humana da vasta máquina política dos EUA. O Leviatã em ação.

Weber tinha razão: a democracia moderna não tem como escapar à máquina. O que Gandhi pretendia era utópico. Mas a máquina democrática pode ajudar a humanizar a artificialidade do mundo moderno, o que é uma das promessas mais antigas da política democrática. Até hoje, essa promessa vem sendo amplamente cumprida.

Uma queixa comum contra a democracia do século XXI é que ela perdeu o controle sobre o poder corporativo. As grandes empresas açambarcam riqueza e influência. Fomentam a desigualdade. Espoliam o planeta. Não pagam seus impostos. Para muitas empresas, esse tipo de queixa é inevitável — bancos e companhias petrolíferas convivem com elas há muito tempo. Mas os bancos e as companhias petrolíferas deixaram de ser as empresas mais poderosas do mundo. A faixa foi transmitida para as gigantes da tecnologia: Facebook, Google, Amazon e Apple. São empresas jovens e têm uma cara nova. Acreditam que o que fazem é bom. Não estão acostumadas a ser objeto de ódio. O Estado não sabe bem como lidar como monstros desse tipo.

Ainda assim, são apenas empresas. Se a democracia dos Estados Unidos encontrou forças para peitar titãs corporativos como a Standard Oil no início do século XX, por que não poderia enfrentar o Google e o Facebook nos dias de hoje? Mark Zuckerberg acumulou uma riqueza pessoal vertiginosa. Mas John D. Rockefeller foi, por alguns critérios, o homem mais rico de todos os tempos. Nem assim conseguiu salvar a empresa que criou. Todas as empresas têm um interruptor que as desliga. O Estado sabe onde fica. Ou pelo menos costumava saber.

Nenhuma empresa, por mais rica ou poderosa que seja, pode existir sem o apoio do Estado. As empresas são criadas de acordo com a lei, e operam em meio a um emaranhado de normas e regulações que o Estado cria para nortear sua atividade. A complexidade crescente das regras torna cada vez mais intimidador enfrentar qualquer grande empresa, e muitas empresas se especializaram em procurar a jurisdição mais adequada ao seu funcionamento. A existência de conjuntos diversos de regras criados por Estados rivais — ou por organizações não estatais, como a UE — torna ainda mais difícil esse esforço de regulação e controle. Ainda assim, ele não é impossível. Demanda vontade política. A máquina complexa do Estado moderno muitas vezes torna invisível a presença da vontade política. Nem sempre conseguimos encontrar o fantasma na máquina quando precisamos. Ainda assim, ele está presente em algum lugar.

No passado, as democracias encontraram determinação para enfrentar o poder corporativo. Terão como fazê-lo de novo? Pode ser. Entretanto, na era digital, essas analogias históricas podem representar um falso consolo. Os gigantes corporativos de hoje existem numa cultura política que se tornou muito tolerante com o seu poderio. Nos EUA, isso foi consolidado por uma decisão tomada em 2010 pela Suprema Corte, no caso da Citizens United, uma organização sem fins lucrativos, contra a Comissão Federal Eleitoral, estendendo às pessoas jurídicas o mesmo direito à liberdade de expressão dos cidadãos individuais. Na prática, isso significa que as empresas passaram a ter um direito ilimitado à compra de influência política. Se quisermos que a nossa criatura supere a criatura deles, precisamos impedir que seu destino caia nas mãos deles.

O Google e o Facebook são animais muito diferentes da Standard Oil. Ambos têm um alcance muito maior. Não se limitam ao monopólio de um tipo de bem. Monopolizam muitas coisas ao mesmo tempo. Fornecem uma coisa de que nos tornamos dependentes em nossas vidas cotidianas — contamos com suas plataformas e produtos para a nossa comunicação. Ao mesmo tempo, influenciam o que dizemos uns aos outros, pela maneira como dão forma ao que vemos e ouvimos. Zuckerberg é um industrial e, ao mesmo tempo, um magnata da mídia: Rockefeller e William Hearst numa só pessoa. Esse Cidadão Kane não é só proprietário das rotativas digitais. Também é dono dos poços de petróleo digitais.

Não há garantia de que esse poder vá perdurar — empresas nascem e morrem. Quando a revista *The Economist* quis criar uma ilustração de capa para representar essa escala de poder corporativo, recuou muito mais no tempo. Zuckerberg aparecia como um imperador romano que decidia a nossa sorte erguendo ou baixando o polegar. Já foi comparado também a um faraó egípcio, dotado de poderes aparentemente divinos. Se fosse realmente o caso, não teríamos tanto motivo de preocupação. A autoridade divina de antigos soberanos acabou se revelando uma ilusão. Um faraó não é páreo para a eficácia da máquina do Estado moderno. Todos os imperadores comparados aos deuses têm pés de barro, mesmo os do século XXI. A verdadeira ameaça surge quando o Facebook consegue copiar o comportamento do Leviatã.

Voltemos para a representação do Estado por Hobbes. Devidamente atualizada, podia ser uma imagem do Facebook. Basta pôr a cabeça de Zuckerberg no topo da máquina. Zuckerberg não é um imperador. É o soberano de uma imensa máquina corporativa cujas partes componentes consistem nas contribuições de imensas quantidades de indivíduos. São essas pessoas que dotam o Facebook de poder, mas compartilham elas próprias muito pouco desse poder. O que recebem em retribuição é a liberdade de se expressar como quiserem. Que também era a promessa do Estado de Hobbes. Hobbes não prometia aos cidadãos o controle sobre o monstro que tinham criado. O que lhes oferecia era o controle sobre a própria vida, em troca da vida que davam a uma criatura artificial capaz de sustentar sua existência coletiva. Propunha a troca do controle político pela liberdade individual.

Com o tempo, essa troca se revelou insuficiente. A maioria das pessoas queria um grau maior de controle. Especificamente, o que queriam era mais democracia: mais controle sobre seus senhores políticos, ou pelo menos a possibilidade de substituí-los por outros que preferissem, dada a oportunidade. O Estado moderno evoluiu e incluiu cada vez mais cidadãos em sua tomada de decisões, em vez de simplesmente admiti-los em seus domínios. O mesmo pode acontecer com o Facebook. Ele pode se democratizar com o tempo. No devido momento, usar seus serviços pode conferir a seus membros o direito de opinar sobre suas diretrizes, como ocorre nos Estados democráticos. A história nos ensina que o Leviatã pode ser domado.

No entanto, a história nunca se limita a uma única lição. O Leviatã de Hobbes precisou de cerca de trezentos anos para se transformar numa forma plenamente desenvolvida de democracia moderna. Na vida de uma empresa como o Facebook, trezentos anos são uma eternidade — trinta anos já podem ser um tempo de espera longo demais. Para que o Facebook seja domado num futuro próximo, isso precisará ser feito pelo poder de posse dos Estados, as máquinas que inventamos com essa finalidade. Não pode ser um simples embate entre o povo e o Facebook. O confronto terá de ocorrer entre Leviatã e Leviatã.

Qual dos gigantes vencerá? As condições da disputa não são iguais para os dois lados. O Leviatã de Hobbes é quem tem a espada. O Facebook não tem. Não pode obrigar ninguém à obediência pelo uso da força, ou ameaçando o uso da força. O que a criatura de Zuckerberg tem nas mãos é o smartphone, que tem um poder conectivo, não coercitivo. Precisa nos governar através do hábito, da persuasão e da distração. Os cidadãos modernos não podem decidir sair do Estado — faz parte do acordo hobbesiano não haver saída. Já um consumidor pode decidir deixar o Facebook a qualquer momento. O poder do Facebook depende de esvaziar cada vez mais essa escolha. Para Zuckerberg, é necessário que as pessoas sintam que não têm outro lugar para ir.

O poder da rede, a base do extraordinário poderio de Zuckerberg, opera pela atração. O Facebook continua a arregimentar novos membros porque seus membros já são muitos: o valor da adesão aumenta a cada nova pessoa que adere. Quanto mais o Facebook consegue se interpor nas relações que os indivíduos já mantêm, mais os outros indivíduos precisarão dele se quiserem preservar suas relações existentes. Não é o poder da força bruta. É simplesmente o peso dos números. Quando uma nova rede surge e tenta subtrair seus usuários, o Facebook a compra (como já fez com o Instagram, o WhatsApp e outros aplicativos). Quanto maior o Facebook, maior ele fica porque seu imenso poder de compra cria imensas barreiras ao surgimento de qualquer outra rede como ele.

É assim que o Facebook obtém uma compensação para a espada que lhe falta. Na imagem clássica do Leviatã (p. 137), ele não é só o gigante que sobressai acima da paisagem. Também começou a se transformar na cidade que vemos em primeiro plano. Está a ponto de se converter no lugar onde as pessoas vivem.

Se o embate se desse apenas entre um gigante e outro, o Estado venceria. O Estado não tem apenas um Exército, uma força policial e um sistema judiciário. Também tem o controle da moeda, a outra grande arma do arsenal. Para Hobbes, a capacidade de determinar o que vale como dinheiro é um dos poderes primários que um Estado pode possuir. Abandoná-lo equivaleria a abdicar do controle político, o que permanece verdadeiro. Os Estados delegam alegremente a autoridade monetária aos bancos centrais para manter o valor de sua moeda a salvo de interferências externas. Mas não a entregam a seus rivais corporativos.

Até que o Google e o Facebook criem moedas próprias, os dois têm bons motivos para temer o Federal Reserve, o banco central dos EUA. Dependem do Estado para lhes proporcionar uma reserva de valor. Sem ela, seu próprio valor é incerto. E é nisso que reside a atratividade de moedas digitais como o bitcoin para muita gente no ramo da tecnologia — elas abrem a possibilidade de libertá-los de sua dependência do Estado. Um dia, o Google e o Facebook podem muito bem vir a criar moedas próprias, ou pelo menos um equivalente próprio ao dinheiro que possa servir de reserva de valor, unidade contábil e meio de troca — o que é uma probabilidade tão mais realista do que algum dos dois criar um exército próprio. Mas isso ainda deve estar a uns vinte anos no futuro.

O poder sobre a espada e o poder sobre o dinheiro permitiram ao Estado derrotar corporações poderosíssimas no passado. Mas se esse novo confronto é de rede contra rede, as grandes empresas de tecnologia têm outras vantagens. O Facebook afirma ter quase 2 bilhões de membros, mais que qualquer Estado ou qualquer império. Pode se infiltrar na vida das pessoas com recursos que os Estados não têm. Como fornece o espaço em que elas compartilham suas experiências, tem a capacidade de dar forma à maneira como vivem. Os Estados obtêm esse efeito criando regras que podem reafirmar com o uso da força, em caso de necessidade. Já as redes sociais fazem o mesmo exercendo influência sobre o que as pessoas veem e escutam.

Ainda é possível imaginar o governo dos Estados Unidos decidindo encerrar o Facebook, se realmente desejasse e fosse capaz de reunir a devida vontade política. Ele tem poder para isso. O Facebook é uma empresa, e toda empresa tem um interruptor que permite desligá-la. Mas o Facebook também é uma vastíssima rede social. Você pode desligar a máquina. Mas não terá a mesma facilidade para tirar da tomada o lugar onde as pessoas vivem.

Ainda assim, o "choque do antigo" também se aplica à política. Ao mesmo tempo que o mundo vem sendo transformado por essas formas novas de poder corporativo, persistem padrões bem conhecidos do comportamento humano. Quando Trump conquistou a presidência dos EUA, convocou os dirigentes das principais empresas do Vale do Silício para um encontro na Trump Tower. A maioria atendeu ao convite. Zuckerberg não pôde comparecer, mas Sheryl Sandberg, diretora de operações do Facebook, esteve presente. Assim como os presidentes do Google, da Apple e da Amazon. Certas empresas foram deliberadamente ignoradas. Jack Dorsey, presidente do Twitter, não foi convidado. O Twitter pode ser o megafone de Trump, mas nem por isso ele se considera preso a qualquer obrigação moral.

Trump queria reafirmar a hierarquia tradicional. O Vale do Silício pode dar a impressão de ter um tipo de poder e alcance com que Washington só pode sonhar, mas nenhum mero executivo pode ditar nada ao presidente. Reunidos em volta da mesa de Trump, com o presidente no centro, todos tiveram de ouvi-lo. Ficou claro quem tinha a primazia.

Em seguida, os titãs da tecnologia se dispersaram. As consequências desse encontro foram quase nulas. Como boa parte da presidência de Trump, valeu apenas como espetáculo. Ele demonstrou o que queria — ele convoca, os outros comparecem. Mas isso, por si só, não quer dizer praticamente nada.

Trump pensa em termos hierárquicos — e faz questão que as pessoas saibam disso. Mas essa é só uma parte da política, e é por isso que Trump nos parece tão unidimensional. Relações verticais precisam ser suplementadas por relações horizontais, em que as pessoas trabalham juntas em busca de resultados. A incapacidade demonstrada por Trump para suplementar suas relações verticais é um dos principais motivos das grande dificuldades que encontra para conseguir que alguma coisa seja feita.

Os políticos mais bem-sucedidos na democracia atuam muito melhor: atraem as pessoas. A hierarquia é suplementada por uma rede. O Leviatã tem armas temíveis à disposição. Mas a verdadeira força do Estado democrático deriva da combinação de uma autoridade de cima para baixo com uma ampla inclusividade. A espada só funciona quando as pessoas sobre quem paira acreditam que o governo tem direito de usá-la em nome delas.

Como um Estado moderno, o Facebook é tanto uma hierarquia quanto uma rede. Na verdade, é bem mais marcado pela hierarquia que qualquer Estado democrático: Zuckerberg e seu círculo imediato exercem um nível extraordinário de controle pessoal. A situação lembra mais uma corte medieval que qualquer entidade política moderna. O poder flui de cima para baixo. Ao mesmo tempo, sua rede é mais ampla e inclusiva do que qualquer Estado poderia construir. O Facebook tem muito mais membros registrados que qualquer democracia. E seus usuários fazem mais coisas com o Facebook, e através dele, do que com qualquer instrumento político, ou através dele. O Estado nos provê serviços. O Facebook ajuda cada um a se tornar o curador da sua vida. O Estado pode nos dar a sensação de segurança. O Facebook pode dar a cada um a sensação de ser amado.

A principal fraqueza política do Facebook está na extrema desconexão entre sua hierarquia e sua rede. A estrutura organizacional da empresa, de cima para baixo, não coaduna com a gigantesca e maciça dispersão de sua rede social. Zuckerberg é um príncipe. Seus auxiliares bem podiam ser seus servos. Ele gosta de falar em "comunidade", numa tentativa de promover a coesão da empresa. "Hoje, o progresso requer que a humanidade se organize não só em cidades ou nações, mas também numa comunidade global", disse ele na declaração de missão pessoal que divulgou em fevereiro de 2017.[4] Pode soar como um empresário do século XXI, mas também soa como um papa, de tão pouco que seus pronunciamentos se mostram atentos à necessidade de prestar contas por suas opiniões.

Mas Zuckerberg pode ditar ordens ao presidente dos Estados Unidos? Não. Os 2 bilhões de usuários do Facebook podem suplantar, numa eleição, os 200 milhões de integrantes do eleitorado estadunidense? Não. Mas o Facebook pode solapar o funcionamento da democracia dos Estados Unidos? Sim. O desafio que representa não é direto, mas de segunda mão. A espada ainda vence o smartphone. O Facebook não derrotaria o Leviatã num combate mortal. Mas pode debilitar as forças que mantêm intacta a democracia moderna. Mesmo que não consiga harmonizar sua hierarquia interna com a sua rede, ainda teria meios de desconjuntar a hierarquia e a rede do Estado democrático.

Em 2013, Dave Eggers publicou o romance *O Círculo*, em que descreve a operação de uma gigantesca empresa de tecnologia num futuro próximo.[5] Essa empresa fictícia se chama "O Círculo". Podia ser o Google ou o Facebook — parece ao leitor um amálgama dos dois. A empresa tem uma extraordinária difusão global, e sua finalidade é conectar os seres humanos em todas as suas atividades. Seu modo de operação é estimular os usuários a avaliar tudo o que fazem em suas plataformas, transformando-se assim na medida primária do valor de tudo que vivem. Ao mesmo tempo, as operações internas da organização são cercadas de segredos e mistérios. Ela é dirigida por seus fundadores, os "Três Sábios", que se apresentam como gurus e exercem um poder imenso e arbitrário. O mundo inteiro se avalia em sua rede. E os Sábios decidem que usos dar a ela.

O Círculo é geralmente descrito como uma distopia, mas na verdade é uma sátira. Lança luz sobre a absurda incompatibilidade entre a comunidade universal supostamente criada por empresas como o Facebook e seu caráter excludente, à moda de um culto. Essas empresas empregam relativamente poucas pessoas. Trabalhar nelas é pertencer a uma superelite que quase não se integra à vida das comunidades cuja construção é o seu negócio. O Google transporta seus empregados para o trabalho em ônibus customizados que ligam as partes de San Francisco onde só eles têm recursos para morar com as partes do Vale do Silício onde só eles têm qualificação para trabalhar.

No verão de 2017, com a ideia de corrigir a percepção de que paira a uma certa distância do mundo cotidiano, Zuckerberg embarcou numa turnê pelos Estados Unidos destinada, segundo ele, a ouvir os outros. Sua meta era saber mais sobre a maneira como vivem as pessoas comuns: "Meu trabalho é conectar o mundo e dar voz a todos", ele escreveu no Facebook em janeiro. "Quero ouvir pessoalmente mais dessas vozes no ano que se inicia."[6] Sua chegada a várias cidades pequenas de localidades distantes dos Estados Unidos precisava ser preparada por uma guarda pretoriana de assessores de imprensa e segurança, que isolavam restaurantes, examinavam famílias inteiras para aprovar o contato e procuravam descobrir as melhores locações. Isso permitiu a Zuckerberg dissertar copiosamente sobre Dakota do Norte — nas palavras de um jornalista, "como se fosse o próprio Cristóvão Colombo tivesse acabado de descobrir a existência do estado".[7] Essa turnê, alardeada como uma grande ocasião, alimentou especulações de que ele tenha a ambição de se candidatar algum dia à presidência.

A missão declarada do Facebook é: "Dar às pessoas o poder de construir comunidades e tornar o mundo mais próximo". No romance de Eggers, o mantra do Leviatã digital que o autor imagina é: "Fechando o Círculo". A meta é a interconectividade total. Se cada um realmente se conectar a todas as outras pessoas, ninguém pode se sentir excluído. Um dos fundadores do Círculo aplica esse princípio à democracia. "Como sabemos bem, aqui no Círculo", diz ele numa reunião da empresa, "com a plena participação vem o conhecimento pleno. Sabemos o que querem os participantes do Círculo porque estamos sempre perguntando [...]. Queremos ficar mais próximos, acredito, de uma participação de 100%. Cem por cento de democracia."[8] A maneira de consegui-lo é assegurar que todo mundo tenha uma conta no Círculo com a qual possa contar para as transações do dia a dia, e depois fechar as contas de qualquer um que não participe da tomada de decisão democrática. Ou você declara o que deseja, ou não deixamos que deseje em absoluto. Em consequência, a participação se torna universal. E a democracia se converte em tirania corporativa.

Uma empresa como o Facebook não tem como praticar a democracia melhor que um Estado nacional. O espaço que separa sua retórica inclusiva de suas práticas excludentes é um verdadeiro abismo. O que Eggers revela é não um risco direto, mas o perigo de danos colaterais. A ideia de fechar o círculo é ridícula. Mas um momento de frustração crescente com a democracia representativa também tem sua carga de sedução.

A democracia moderna é cheia de falhas. Muitas pessoas se sentem ignoradas. Suas opiniões parecem contar pouco, e é raro seus representantes darem a impressão de algum interesse em ouvi-las. O populismo contemporâneo se alimenta dessa sensação de desligamento. Mesmo que as redes sociais não possam funcionar como substituto da democracia moderna, podem proporcionar maneiras tentadoras de tapar alguns buracos.

Uma das maiores causas de irritação profunda com a democracia representativa é o quanto ela pode se mostrar lenta e inoperante, especialmente se comparada às satisfações imediatas disponíveis na vida virtual. O Estado moderno continua a ser uma máquina imensa e canhestra. As comunidades online se movem muito mais depressa. A democracia, com seu sistema de freios e contrapesos, sua burocracia e suas regras, muitas vezes parece fraca demais para o século XXI.

Em *O Círculo*, Eggers imagina como essas frustrações podem se traduzir no campo da ação policial. Criminosos de alta periculosidade às vezes desaparecem, e o Estado burocrático é lento demais para alcançá-los. Por que não divulgar suas características na internet e ver se uma rede social de cidadãos conscientes não consegue localizá-los mais depressa? Na versão de Eggers, a assassina de uma criança é encontrada e linchada no espaço de vinte minutos, com a participação de 20 milhões de pessoas que assistem a tudo em tempo real pela internet. Um rosto anônimo é mostrado na tela; em pouco tempo, a multidão descobre sua verdadeira identidade e onde está escondida. Cidadãos munidos de câmeras se dirigem ao seu local de trabalho, a fim de confrontá-la com sua fúria punitiva. Para os executivos do Círculo, este é só mais um exemplo de democracia pura em ação.

A democracia pura é uma coisa apavorante. É muito fácil a multidão se voltar contra um indivíduo que a desagrada. Na Atenas antiga, as figuras públicas que caíam em desgraça podiam ser condenadas ao ostracismo ou assassinadas pelo *demos*.

Alexis de Tocqueville, ao escrever sobre a democracia dos Estados Unidos em 1835, atribui o gosto de sua população pelo linchamento às origens democráticas do país. Tocqueville dava a isso o nome de "tirania da maioria": se tiver uma oportunidade, a maioria se sente autorizada a descontar sua raiva e frustração em minorias vulneráveis. A longa história da democracia representativa moderna tem sido uma tentativa quase sempre bem-sucedida de controlar esses impulsos mais selvagens. Linchamentos não ocorrem mais. Não cobrimos mais ninguém com piche e penas. Não condenamos mais ao ostracismo. Exceto no Twitter.

A caça às bruxas nas redes sociais não é igual à da realidade. O linchamento é virtual. Mas a violência é real: ser alvo de um bando de linchadores virtuais é sofrer uma agressão da qual pode ser muito difícil se recobrar. As vítimas desses ataques sofrem danos físicos. Depressão e adoecimento são reações comuns. O suicídio pode vir em seguida. O Twitter é às vezes descrito como o Velho Oeste. Mas na verdade é o que temos de mais parecido com a democracia do mundo antigo: volúvel, violenta, empoderadora. As pessoas descobriram o efeito liberador de poder se mancomunar a um bando para atacar indivíduos que as desagradem. É revigorante. E pode ser mortífero.

Longe de independer da mediação das máquinas, a violência coletiva virtual se manifesta inteiramente através da máquina. Tem uma qualidade desumana. Na democracia antiga, pelo menos, ela se dava cara a cara: a massa era obrigada a olhar no olho da vítima. Quando não era assim — quando era convocada a julgar generais acantonados no estrangeiro —, achava muito mais fácil condenar. A versão da democracia direta no Twitter é mais perigosa, porque não se submete às limitações do espaço físico e do conhecimento pessoal.

Num dos exemplos mais notórios de caça às bruxas virtual, Justine Sacco, executiva de relações públicas de uma empresa, perdeu o emprego, os amigos e sua posição social depois de ter publicado no Twitter uma piada envolvendo questões raciais e aids antes de pegar um voo para a África do Sul. ("Indo para a África. Espero não pegar aids. Brincadeira. Eu sou branca!" foi o texto que ela postou.)[9] O mundo se ofendeu instantaneamente. Assim que pousou no seu destino, ela se descobriu alvo de uma torrente incontrolável de insultos e ameaças de morte. Seu trajeto foi o mesmo de Gandhi um século antes: entre Londres e a Cidade do Cabo. Estar livre de obrigações por algumas semanas no mar deu a Gandhi o tempo de organizar seus pensamentos. Pode ser que Sacco contasse fazer o mesmo durante seu curto voo. É o que muitos de nós fazemos. No fim das contas, essas dez horas de isolamento foram suficientes para destruir sua vida.

Chamar isso de democracia em ação pode parecer absurdo. Mas é precisamente a ameaça que representa: transformar a democracia numa paródia de si mesma. O Twitter não é um meio viável para a prática política. Na melhor das hipóteses, proporciona aos usuários uma pálida imitação de democracia, em que as pessoas têm a oportunidade de dar vazão às suas frustrações sem precisar responder pelas consequências. É o que faz o presidente dos Estados Unidos toda vez que lhe dá na veneta. Esse demagogismo grosseiro tem traços em comum com a democracia direta do passado, mas não as qualidades que a redimiam. A multidão perde o medo quando se exalta, e não poupa seus alvos. Suas vítimas podem ser cidadãos comuns. Assim como políticos de destaque. A noção de que uma afirmação inoportuna ou um gesto descuidado pode dar cabo do trabalho de toda uma vida tem um efeito inibidor para qualquer um. Exceto, talvez, para o presidente dos Estados Unidos.

Como os políticos devem reagir? Eggers sugere um modo, que é o da conciliação. A tecnologia digital possibilita prevenir as frustrações da multidão garantindo que nada lhe é escondido. Em *O Círculo*, um político especialmente pusilânime se oferece para usar uma câmera digital presa ao pescoço o tempo todo, ligada a uma conta de internet, para que todos possam acompanhar cada um dos seus encontros. Outros políticos, com razão, acham que isso é maluquice. Se nada for ocultado, nada de substancial pode ser discutido, porque tudo pode se tornar comprometedor. O efeito inibidor será total. Mas quando os políticos razoáveis tentam explicar essa questão ao público, a massa se volta contra eles. Por que não querem revelar o que fazem? O que tentam esconder? Em terra de transparência total, quem mantém privacidade parcial é bandido. Em poucas semanas, todos os políticos se veem obrigados a carregar uma câmera da honestidade, ligada o tempo todo.

A democracia representativa anseia pelo que não pode ter. Somos permanentemente tentados pela possibilidade de tapar os buracos que existem na vida política: torná-la mais honesta, mais responsável, mais completa. A tecnologia digital multiplica essa tentação. Por que não obrigar os políticos a prestar contas mais diretas de tudo o que fazem? Por que permitir que escondam a verdade das pessoas cujos interesses deveriam representar? Por que não desmascará-los?

Todos queremos políticos de confiança. Saber o que cada político faz o tempo todo pode parecer um modo de confiar plenamente em sua atuação. Mas não é uma forma de confiança e sim de fiscalização, o oposto da confiança. Se sabemos de tudo o que acontece, a confiança perde o sentido. Não temos necessidade de confiar em pessoas que jamais teriam como nos trair: na verdade, é como se elas fossem máquinas. A precondição para confiar em alguém é a possibilidade de acabar decepcionado. Eliminar essa hipótese é abrir mão de confiar em quem quer que seja. Vai contra a intenção original.

E também é uma ideia ilusória. Nunca poderemos saber de tudo. Os políticos sempre hão de achar algum lugar para se esconder. Quanto mais transparência pedirmos, mais eles precisarão se apegar aos seus segredos para manter certas coisas fora das nossas vistas. A insistência numa transparência absoluta só faz aumentar o valor de estratagemas e esconderijos seguros. Quando descobrirmos quais são, nossa fúria será assustadora.

A democracia representativa não tem como fechar o círculo. Ela depende do espaço que se mantém entre o povo e os políticos; entre a tomada de uma decisão e sua avaliação pelo público; entre o ato da vontade e o ato de julgar. Depende de um tempo suficiente para a reflexão sobre o que fazemos. Pressupõe a decepção. É profundamente frustrante. Mas é essa frustração — a fricção que a proximidade cria sem nunca chegar a nos unir — que garante a persistência da relação entre a rede e a hierarquia. Já o Facebook não admite a frustração.

Tudo que a democracia representativa pode fazer é tentar resolver o problema da quadratura do círculo. O que é impossível. Eis a questão.

Outra das frustrações persistentes com relação à democracia contemporânea, além de sua incapacidade de resposta imediata, é sua artificialidade inerente. Nada nos parece mais artificial que os partidos políticos. Como Gandhi assinalou, os partidos políticos existem para não deixar que as pessoas pensem por conta própria. O partido tenta dizer ao político que linha ele deve seguir. O partido tenta dizer ao eleitor em qual político ele deve votar. Os partidos impedem um encontro direto entre o povo e seus representantes, são ferramentas para a conquista do poder. São burocráticos e cheios de segredos. Sua tarefa é tornar a política o mais mecânica que puderem.

Ainda assim, quando trabalham bem, escondem essa artificialidade por trás de um rosto humano. Os líderes políticos carismáticos conseguem convencer os eleitores de que o partido é mais que uma simples máquina de arrecadar votos. Ele representa algo: a justiça, a segurança, a liberdade. Enquanto isso, os filiados a um partido político podem imbuir o mecanismo de alguma vida própria. Os partidos políticos de maior sucesso nos tempos modernos são os que conseguiram transmitir a seus membros uma autêntica sensação de pertencimento.

Mas esses dias parecem ter ficado para trás. Muitos partidos políticos de massa estão em declínio acentuado. Ao Partido Conservador Britânico, que chegou a mais de 3 milhões de filiados na década de 1950, mal restou 100 mil membros. E a idade deles é, em média, superior a 65 anos. Muitos de seus ex-membros tinham pouco interesse pela política. Viam o partido como um clube social, um lugar em que podiam ir dançar, fazer fofoca e, com alguma sorte, conhecer a futura esposa ou o futuro marido. Hoje, pertencer a um partido é sinal de um interesse muito peculiar pela política, dado o pequeno número de pessoas que o compartilha. Só os mais excêntricos usariam um partido político como um local para conhecer um par romântico. O que só faz aumentar seu ar de artificialidade. Sem seus membros, os partidos políticos parecem cada vez mais meras conchas vazias em relação ao que foram no passado.

Enquanto isso, a política dos partidos se torna cada vez mais partidária. Coalizões plurais do passado se transformaram em porta-vozes estridentes e intolerantes de determinados pontos de vista. Isso é mais fácil de perceber nos Estados Unidos, onde o sistema bipartidário sempre teve a tradição de comportar mais diferenças: tanto o Partido Republicano quanto o Democrata eram no passado vastas igrejas com alas tanto liberais quanto conservadoras, e havia significativas áreas de pontos de vista coincidentes. Hoje, os partidos dividem os eleitores em campos claramente demarcados. Um núcleo de membros de maior engajamento político puxa cada partido para longe do outro; ao mesmo tempo, os eleitores comuns tendem a um contato cada vez menor com gente do outro lado. Não existem mais republicanos e democratas morando nos mesmos distritos — pelo menos não nos distritos eleitorais cuidadosamente traçados sob medida pelos políticos dos partidos. Republicanos e democratas não têm mais vida social comum, nem assistem aos mesmos telejornais. Em 1980, só 5% dos republicanos diziam não desejar que suas filhas e seus filhos se casassem com um ou uma democrata. Em 2010, essa proporção tinha subido para 49%.[10]

O carisma também parece cada vez mais rarefeito nas esferas mais altas dos principais partidos políticos. Weber achava que parte da finalidade dos partidos políticos era distinguir os verdadeiros políticos de simples servidores públicos. Um autêntico líder político se elevava acima do rame-rame diário da política para transmitir uma visão do futuro. Todos os demais se apagavam ao fundo. Hoje, é cada vez mais difícil distinguir os líderes dos funcionários. A maioria dos políticos profissionais nunca teve qualquer outra profissão. Sobem por dentro da máquina, não se elevam acima dela.

Estamos falando de um declínio a longo prazo. No entanto, como em tantas outras situações, o declínio foi acelerado pela revolução das redes sociais. As comunidades da internet proporcionam várias maneiras de descobrir uma sensação de pertencimento. Não precisamos que a política se converta num clube social quando há tantos outros tipos em oferta. O rame-rame da política partidária convencional — participar de longas reuniões em cadeiras desconfortáveis e salas mal aquecidas, bater perna pelas ruas, organizar campanhas — pode parecer uma pálida imitação da gratificação disponível nas redes sociais. Claro, hoje também é possível usar a internet para algumas dessas atividades: as reuniões podem ser virtuais; bater de porta em porta pode ser feito através de um smartphone. Mas isso só acentua quantas outras coisas estão ao nosso alcance ao mero clique de um botão.

À medida que declina o apelo da política partidária à moda antiga, as pessoas que ainda preferem participar dela parecem destoar cada vez mais de todo o resto. A política se transformou numa atividade de grupelhos. Uma boa proporção dos insultos virtuais contra os políticos dos partidos se deve à sensação de que compõem um pequeno clube à parte. Por que outro motivo persistiriam na política, não fosse pelos encontros uns com os outros e com os doadores que bancam suas campanhas? Queremos políticos que não se comportem como políticos. Queremos que sejam pessoas de verdade, mas muitos deles parecem autômatos. Na era da máquina digital, a qualidade mecânica da política partidária se transformou em sua maldição.

Como resultado, muitos partidos políticos estabelecidos sofreram derrotas inéditas em eleições recentes. Nas eleições presidenciais francesas de 2017, nenhum dos dois principais partidos que dominaram a política francesa por mais de cinquenta anos, tanto de esquerda quanto de direita, chegou ao segundo turno. Os eleitores trataram esses partidos como relíquias do passado. Os socialistas foram quase aniquilados. Seu candidato, Benoît Hamon, mal obteve 6% dos votos. Nas eleições legislativas que se seguiram, o partido perdeu quase nove décimos de suas cadeiras no parlamento. Partidos tradicionais foram quase eliminados na Holanda, na Grécia e na Itália. Os partidos convencionais de esquerda e de direita parecem sujeitos a um destino similar em quase todos os países do mundo democrático.

Em contraste, os partidos políticos que mais fizeram sucesso nos anos recentes são os que se transformaram em movimentos sociais. Macron conquistou a presidência da França em 2017 à frente do En Marche, um movimento criado apenas um ano antes. Fazia questão de reafirmar que não se tratava de um partido político convencional. Seu projeto era ser espontâneo, autêntico e composto de pessoas de verdade, e de não políticos. Na Grã-Bretanha, o Partido Trabalhista evitou a tendência de declínio de outros partidos social-democratas ao se reinventar como um movimento social. Oferecendo a seus membros uma voz que podia ser usada contra os representantes do partido no parlamento, reanimou a filiação em massa de eleitores. Seu líder atual, Jeremy Corbyn, repete sempre que os membros não estão no partido para serem usados por seus deputados, mas justamente o contrário.

Nos Estados Unidos, Trump conquistou a presidência conduzindo um movimento político próprio contra a elite do Partido Republicano. Sanders, por sua vez, quase conseguiu o mesmo, em oposição ao establishment do Partido Democrata. Na Índia, Modi lidera tanto um movimento pessoal quanto um partido político. Assim como Erdogan na Turquia. Populistas estão na linha de frente da política dos movimentos. Mas essa tendência vai além do populismo. Macron, o suposto salvador da Europa do flagelo populista, usou sua política de movimento para derrotar Marine Le Pen, candidata da Frente Nacional, de extrema direita. Le Pen se viu derrotada em seu próprio jogo. Com o tempo, seu movimento se transformou em algo que mais parece um partido político.

O sucesso desses movimentos se beneficia da força dos efeitos de rede. Mais pessoas aderem porque outras pessoas aderem: querem estar na cena da ação. Os movimentos políticos usam as redes sociais e a comunicação digital para atrair eleitores. Crescem depressa, e proporcionam um envolvimento político mais imediato e direto que o disponível nos partidos políticos convencionais. Por enquanto, parecem ser a única forma de democracia representativa capaz de dar conta das exigências da era digital.

No entanto, dar conta de uma coisa não é a mesma coisa que geri-la. Os movimentos sociais correm o risco de se converter nas coisas que vêm tentando explorar. O En Marche não se limitou a usar o Facebook. Acabou parecido com ele. Sua rede é vasta, mas a hierarquia é altamente vertical. O homem que está no topo está sozinho. Macron foi ridicularizado quando se comparou ao deus romano Júpiter. No começo do seu mandato, reuniu os deputados do parlamento em Versalhes, e discursou para eles como se fosse um cruzamento entre De Gaulle e Luís XIV. Ainda assim, quem ele realmente lembra é Mark Zuckerberg. Usa a linguagem da comunidade enquanto acumula autoridade pessoal. Na falta de uma estrutura partidária convencional, Macron se esforça para encontrar meios de unir as duas coisas.

Sob o comando de Corbyn, o Partido Trabalhista Britânico demonstra uma destreza equivalente na propagação de sua mensagem através do Facebook e de outras redes sociais. Boa parte dessa atividade prescinde do envolvimento direto do partido: as páginas virtuais que divulgam as notícias do partido fazem muito esforço para borrar os limites entre o jornalismo, a caça aos cliques e a defesa de algumas causas. Ao mesmo tempo, o partido se tornou uma mescla desconfortável de democracia direta e culto à personalidade. Supostamente, são seus membros que comandam as ações. Mas o líder nunca erra. E ai de quem se interpuser entre ele e os outros.

A culpa pela intolerância de muitos dos movimentos políticos contemporâneos — seu desdém malévolo pela divergência — é muitas vezes atribuída ao pensamento de grupo que prolifera na internet. Mas tem uma relação equivalente com o problema estrutural básico que qualquer movimento precisa enfrentar na era digital. Tendo suplantado o partido político como instrumento de organização da política moderna, não lhe resta nada para fazer oposição à voz das suas próprias câmaras de eco. Esse era o papel do partido.

O cientista político e historiador Mark Lilla descreveu recentemente os partidos políticos como "máquinas de alcançar o consenso através de concessões".[11] Como muitos outros, Lilla culpa a política identitária pela confusão em que os partidos políticos se encontram hoje. Cada vez mais a pureza da experiência política é considerada mais importante que o resultado do processo político. Mas também é verdade que estamos cada vez mais cansados da inautenticidade da máquina política, quando experiências coletivas aparentemente mais genuínas estão disponíveis no mundo virtual. Queremos uma política real, esquecendo que todas as versões hoje disponíveis são mediadas por máquinas.

À diferença dos movimentos políticos, os partidos políticos nunca pretenderam *ser* a democracia. Eram a cola que unia a democracia representativa. Não está claro se a democracia pode funcionar sem eles. Só nos restam as peças: as redes, os líderes, as multidões, as eleições, as identidades, as massas. Tente construir algo com isso.

As redes sociais conferiram uma aparência de falsidade à democracia representativa. As versões falsas que existem na internet nos parecem mais reais. Por enquanto, destruímos uma coisa sem saber como substituí-la. O único substituto que temos é uma versão esvaziada do mesmo que tínhamos antes. A máquina perdeu. A máquina venceu.

O que aconteceu com a promessa democrática de uma revolução na internet? Houve um momento em que a tecnologia digital deu a impressão de que poderia mudar as regras do jogo. Mesmo que não pudesse fechar o círculo da democracia, podia pelo menos nos proporcionar novas maneiras de cobrar responsabilidade dos políticos. O Estado moderno sempre monitorou seus cidadãos. Agora, finalmente, surgia uma tecnologia que parecia permitir aos cidadãos uma forma de, por sua vez, monitorar o Estado. E nem precisava instituir uma transparência total. Podia funcionar apenas como um modo de inverter os papéis. A beneficiária deveria ter sido a democracia.

Parte da inspiração de Hobbes para a ideia do Leviatã veio da criatura da mitologia grega conhecida como Argos Panoptes — o monstro com muitos olhos que nunca dorme. Hobbes queria que o seu Estado tivesse olhos atrás da cabeça. Só assim poderia existir uma verdadeira segurança, pois as crises políticas podem surgir nos lugares mais inesperados. Bentham criou uma versão diferente da mesma ideia. Imaginou uma prisão que batizou de Panóptico. Obedecia a um modelo circular que permitiria ao diretor a vigilância permanente de todos os presos.

O apelido que Edward Snowden deu à Agência Nacional de Segurança dos Estados Unidos (NSA, de National Security Agency), cujas operações secretas de vigilância em massa ele revelou ao mundo, foi "o Panóptico". O objetivo original de Bentham, ao imaginar sua prisão, era assegurar que os criminosos condenados não pudessem usá-la como uma oportunidade para conspirações. Como o diretor não podia escutar tudo, Bentham quis garantir que enxergasse sempre quem estava de conluio com quem. A NSA defendeu seu programa de vigilância, que segundo ela só tem acesso aos metadados das comunicações interpessoais. Não ouve as conversas particulares. Limita-se a registrar quem mantém contato com quem. O apelido de Snowden é perfeitamente adequado.

A democracia representativa sempre envolveu um jogo de vigilância mútua. Nós vigiamos os políticos para garantir que não tirem vantagens indevidas do poder que lhes demos. E eles nos vigiam para garantir que não vamos tirar vantagem da liberdade que nos deram. Por boa parte da história da democracia moderna, a primazia nessa relação sempre esteve com os políticos. Dispunham da sofisticada máquina do Estado para cuidar da vigilância por eles. A nós restavam outros poucos recursos. Eles podiam lançar mão de novas tecnologias para se manter sempre um passo à frente. Nós tínhamos telefones; eles podiam grampeá-los. Tínhamos a televisão; eles, imagens de circuito fechado. Estávamos do lado de fora, olhando para dentro; eles, do lado de dentro, olhando para fora. E então aconteceu a revolução digital.

Com o início da era da internet, a vantagem decisiva parecia na iminência de se transferir para os cidadãos. Com a tecnologia em rede, a informação não estava ao alcance do controle de quem quer que fosse. Tornou-se gratuita, era ilimitada. O Leviatã estava exposto. Podíamos examiná-lo em detalhes, descobrir seus segredos. Enquanto isso, cada cidadão podia ocultar seus próprios segredos nas vastidões do ciberespaço.

Ao final do século XX, no primeiro arroubo de euforia que acompanha qualquer revolução, a internet parecia anunciar o próximo passo do triunfo da democracia. As autocracias iriam cair. Todas as trapaças políticas seriam expostas. A informação poderia fluir dos pontos em que era armazenada para os pontos nos quais era necessária. As pessoas descobririam toda a verdade sobre os seus políticos. Eles guardavam mais segredos do que nós, por isso tinham mais a perder.

Finalmente ficaríamos em vantagem no jogo da vigilância.

Estávamos enganados. Nosso erro foi esquecer que a motivação deles para guardar os seus segredos é muito maior que a nossa. Não adianta ter mais informações novas ao nosso alcance se nos falta o desejo de buscá-las. Temos uma razão para descobrir mais: conhecimento é poder. Mas nos falta motivação, porque adquirir conhecimento continua a dar muito trabalho. E evitar trabalhar muito é parte da razão de ser da democracia representativa.

O outro recurso precioso que nos falta é o tempo. O cientista político Herbert Simon assinalou, mais de uma geração atrás, que, quando a informação é abundante, a atenção é que se converte no recurso escasso. Por isso, o Leviatã ainda tem a vantagem. Ele é programado para não perder o foco. Nós perdemos.

A internet proporciona a todos oportunidades renovadas de colher fartos conhecimentos que, no passado, teriam permanecido ocultos. O Estado continua muito mais bem equipado que qualquer cidadão particular para se aproveitar disso. Pode empregar servidores para fazer esse trabalho em tempo integral. Só indivíduos muito incomuns irão usar toda a sua energia pessoal para acompanhar cada ato do Estado. Tendemos a considerar essas pessoas muito estranhas. Às vezes os rotulamos de adeptos das teorias da conspiração. No entanto, os mais persistentes desses adeptos são os que trabalham no governo e nos espionam.

Estados democráticos como os Estados Unidos e a Grã-Bretanha se revelaram grandes compiladores e armazenadores de metadados. O processo democrático desses países fez o possível para submeter essas atividades à supervisão judicial, mas isso não soluciona a questão da disparidade de resultados. Só faz replicar o problema. Não vigiamos o Estado enquanto ele nos vigia. Só podemos esperar que nossos servidores públicos sem mandato o vigiem em nosso nome, embora eles muitas vezes nem pareçam muito qualificados para a tarefa. Quem vigia os vigilantes é a pergunta para a qual a democracia representativa não tem uma boa resposta, uma vez que a atividade passa a requerer um imenso volume de trabalho árduo.

A questão da vigilância online ainda não adquiriu muito peso como questão eleitoral. Rand Paul, o aspirante a candidato republicano que fez o possível para tratar do tema em 2016, foi atropelado por Donald Trump com a facilidade de quem dá um tapa numa mosca. "Essas pessoas planejam nos matar", declarou Trump em resposta a Paul ante uma plateia estridente, num dos primeiros debates pela candidatura à presidência, "e você se opõe ao fato de querermos ouvir as conversas deles? Essa não! Essa não!"[12]

Enquanto o jogo da vigilância puder ser reduzido à procura de terroristas, é difícil se opor. O senso comum diz que quem não tem o que esconder não tem o que recear. A lógica da política mudou pouco desde a invenção do Leviatã. Ao contrário do esperado, a internet só fez reforçar essa lógica, em vez de enfraquecê-la.

A tecnologia digital também reforçou, em vez de enfraquecer, o domínio do poder em muitos regimes não democráticos. Governantes autoritários a empregam com grande eficácia. Longe de se converter numa arma decisiva para as forças resistentes, transformou-se numa ferramenta essencial para mantê-las sob vigilância. Muitos grupos de oposição, em países como a Etiópia e a Venezuela, descobriram que era muito mais fácil para os governos autoritários controlar suas atividades do que eles vigiarem os governos autoritários. Novamente, a diferença está nos incentivos, no tempo e nos recursos humanos. Mesmo os Estados corruptos e ineficazes tendem a superar seus adversários em todos esses aspectos, enquanto os oponentes ficam limitados pela necessidade de improvisar. Até aqui, a internet nunca desempenhou o papel de máquina de derrubar autocracias. Transformou-se em mais uma ferramenta útil para o poder.

O que mudou é nossa compreensão básica das ocasiões em que somos vigiados. Começamos a confundir a vigilância deles sobre nós com a nossa vigilância sobre eles. Mas não vivemos no mundo do Grande Irmão, a grande mentira que transforma a televisão de que você não tira os olhos na máquina que não tira os olhos de você. No caso de *1984*, o disfarce é tão descarado que mal pode ser chamado de disfarce. O pesadelo orwelliano é estar submetido ao tipo de escrutínio que torna fútil qualquer tentativa de ocultação, porque não há onde se esconder. Já a vigilância pela internet torna a ocultação supérflua por ser muito difícil de distinguir a busca de um conhecimento genuíno. Revelamos quem somos não por nos mantermos passivos, mas por sermos tão curiosos.

Toda vez que entramos na internet em busca de novas informações para nosso uso, acabamos fornecendo novas informações sobre quem somos a todo tipo de parte interessada. Primariamente, isso nos afeta como consumidores.

O histórico das nossas buscas dá aos fornecedores a informação de que precisam para direcionar seus produtos a nós. Quando procuramos uma passagem de avião mais barata, o que fazemos, na realidade, é possibilitar às empresas de aviação fixar o preço que podemos estar dispostos a pagar, com base em nosso comportamento passado. Pesquisar é ser pesquisado. Procurar vantagem competitiva como consumidor individual é revelar seus segredos.

E existe um equivalente político. O volume de informação disponível online torna muito mais fácil para os eleitores escolher suas fontes de notícias. É fácil imaginar que isso seja a democracia em ação — ficar de olho! No entanto, e se o nosso gosto por certos tipos de notícia revelar aos outros as nossas preferências, e buscar por elas sirva simplesmente para revelar nossas inclinações? Nosso desejo de nos mantermos informados se transforma num meio de acompanharem nossos rastros. E torna possível ajustar as notícias de modo a garantir que jamais descobriremos nada de novo.

O medo da difusão de fake news reflete essa crescente ansiedade — como saber se a nossa busca de informações não irá se converter numa oportunidade para ainda mais manipulação? Uma operação sofisticada de notícias políticas pode transformar as eleições numa versão do que ocorre com os preços das passagens aéreas: só nos é mostrado o que já sabem que estamos dispostos a comprar. Tanto a eleição de Trump quanto o plebiscito sobre o Brexit no Reino Unido foram acompanhados por histórias assustadoras desse tipo. Uma empresa misteriosa chamada Cambridge Analytica, fundada por alguns destacados partidários de Trump, parece ter negociado o fornecimento de informações sobre eleitores com base em suas identidades virtuais. E isso teria determinado o direcionamento de conteúdo ao feed de notícias de cada usuário. É difícil saber se a ação fez alguma diferença. Mas a margem da vitória de Trump foi suficientemente estreita — apenas dezenas de milhares de votos em alguns estados-chave — para sugerir que pode ter feito.

Enquanto isso, o Kremlin redescobriu seu apetite por bombardear os eleitorados ocidentais com desinformações, com base numa extensa coleta de dados. No Twitter, programas-robô (*bots*) que simulam participar do debate sobre a democracia estão sendo programados para tornar esse debate impossível, transformando qualquer discussão política numa gritaria sem fim. Esses programas, que imitam muito mal a inteligência humana, podem ainda assim simular muito bem o comportamento de eleitores enfurecidos. Só precisam fazer muito barulho.

Sem dúvida, são muitos os riscos para a democracia nesse caso. Mas por enquanto podem estar sendo exagerados. A micromanipulação do eleitorado é certamente mais difícil do que parece — e muito do que a Cambridge Analytica vende não passa de conversa fiada. Temos uma tendência a superestimar a facilidade com que gente mal-intencionada consegue resultados monstruosamente complexos. Manipular os resultados de uma eleição sempre deu muito trabalho. Pessoas obcecadas por computadores tendem a se preocupar com o domínio do mundo por vilões de James Bond. Mas muito poucos vilões de Bond são eles próprios obcecados por computadores.

Muitos exemplos de fake news têm pouco a ver com alguma conspiração contra a democracia. Não passam de oportunismo, traço exuberante na internet. Várias das notícias falsas mais compartilhadas no Facebook durante a eleição presidencial de 2016 foram produzidas por um grupo de hackers adolescentes sediados na Macedônia ("O papa apoia Trump!" foi uma das mais populares). Eles não eram pagos pelo Kremlin. Simplesmente descobriram um meio de ganhar dinheiro rápido, criando notícias falsas de grande apelo para atrair a atenção do tráfego virtual.

A oportunidade de ganhar dinheiro com notícias falsas se deve ao modelo de negócio da internet, que é a publicidade. O jogo da vigilância se transformou numa concorrência pela atenção do usuário. Não importa de que maneira nosso interesse seja atraído, contanto que nos faça parar num ponto em que os anunciantes possam nos atingir. Notícias forjadas têm esse efeito. Assim como as notícias de verdade, se forem interessantes. Donald Trump foi muito útil tanto para o *New York Times* e para a CNN quanto para os *hackers* macedônios, porque todos queriam ler e ver notícias a seu respeito. Se tudo não passasse de manipulação, seria mais fácil de detectar. Mas como é uma disputa pela atenção dos usuários, a diferença entre o empenho ativo em buscar mais informações e uma atitude de simples recepção passiva fica difícil de distinguir.

Pútin até pode ser um gênio do mal, mas parece mais provável que seja apenas mais um oportunista. Assim como Trump. O Facebook — a começar por Zuckerberg — manifestou uma surpresa genuína ao descobrir de que maneira sua tecnologia pode ser usada para a difusão de notícias falsas. Os próprios arquitetos do sistema tropeçam tanto em suas armadilhas quanto o resto de nós. Temos todos os motivos para acreditar em Zuckerberg quando ele diz que deseja pôr fim à manipulação. Não era o que ele pretendia que acontecesse. Este é o problema: não era o intuito de ninguém. Não passa de um efeito colateral da inserção no negócio da publicidade.

A imagem mental de espectadores e atores que domina as concepções modernas de democracia é humanística demais para a era digital. Esses sistemas de coleta de dados não passam de máquinas, e as máquinas não observam o mundo como os seres humanos — limitam-se a acumular informação. Significamos pouco para elas como indivíduos porque elas nem sequer nos veem como indivíduos — somos apenas a entidade por acaso postada diante da tela. Pessoas assistem ao desempenho de outras pessoas. As máquinas as submetem a processamento. A ameaça à democracia não é a manipulação. É a indiferença.

Ainda assim, será que realmente importa à democracia representativa ser reduzida a uma forma de publicidade? Muitos autores suspeitam que na verdade nunca tenha passado disso. Em 1942, o economista Joseph Schumpeter definiu a democracia como uma competição entre equipes de vendedores para fazer o eleitorado comprar seu produto.[13] É como se comprássemos sabão em pó. Quando nos cansarmos da marca basta substituí-la por outra.

Em 1969, Joe McGinnis publicou *The Selling of the President 1968* [A venda do presidente em 1968], em que descreve como Richard Nixon teve sua embalagem recriada pela Madison Avenue, onde se concentram as agências de publicidade nova-iorquinas, para torná-lo mais palatável ao eleitorado dos Estados Unidos.[14] Na época, parte dos leitores se declarou chocada com essa manipulação do processo democrático; poucos se espantariam nos dias de hoje. Na segunda metade do século XX, a ideia da democracia como espetáculo teatral foi suplantada pela ideia da democracia como publicidade. Primeiro o rádio e depois a televisão mudaram os termos da metáfora. Já a ideia subjacente não mudou muito. Eles produzem política; nós consumimos.

As eleições são a prova final de qual produto vende mais, e fortunas foram ganhas e perdidas prestando o serviço de ajudar os políticos a transitar nesse mercado. Empresas como a Cambridge Analytica estão fazendo algo muito diferente disso? Num certo sentido, não: esta é apenas a versão mais recente do concurso permanente para ver quem doura a pílula com mais eficiência. Noutro sentido, porém, a reviravolta foi fundamental. As técnicas de venda política no século XX obedeciam a um ritmo bem claro. A finalidade era sempre fechar o negócio no momento da eleição seguinte. Os vendedores batiam de porta em porta, e às vezes os deixávamos entrar.

O mais comum, porém, era mandá-los embora. Nunca eram convidados a se estabelecer nas nossas casas.

A publicidade do século XXI obedece a outros imperativos. Fechar o negócio é menos importante que manter a porta sempre escancarada. A concorrência pela nossa atenção significa que a finalidade básica é nos prender aos meios de informação. A publicidade na internet é implacável. Ela nos acompanha por toda parte. Tenta nos manter num estado de alerta permanente.

Trump é o político ideal para essa versão da democracia. Embora fale sempre da importância de fechar as vendas, este nunca foi seu modo básico de atuar nos negócios. O que ele procura é atenção. Esperamos que os políticos mudem seu comportamento a partir do momento em que fecham sua venda. Depois da vitória, Trump permaneceu em modo de campanha. Domina a atenção do mundo inteiro, mesmo sem realizar nada. Como disse o neurocientista Robert Burton no *New York Times*, com uma ironia apenas parcial: "Donald Trump representa uma caixa-preta, o primeiro presidente da geração da inteligência artificial, movido apenas pelos dados que ele próprio seleciona e por uma ideia de sucesso que varia sem controle".[15] É o tipo de *bot* que podemos encontrar antes do surgimento de uma inteligência artificial polivalente.

A publicidade do século XXI se alimenta das nossas predisposições cognitivas, adaptando-se a elas para nos manter concentrados no momento presente. O ser humano apresenta uma tendência congênita a preferir uma gratificação imediata a benefícios futuros; a querer se aferrar ao que já possui; a procurar reforço para as suas crenças; a superestimar a atenção alheia; a subestimar o quanto, no futuro, pode se tornar uma pessoa diferente. As redes sociais foram criadas para satisfazer a esses impulsos, assim como as máquinas que usamos para acessá-las. São todas planejadas para estimular nossa adição. Estamos sempre conferindo os celulares para descobrir o que há de novo, desde que essas novidades se harmonizem com a nossa ideia da verdade.

A intenção original da democracia representativa era funcionar contra as nossas predisposições cognitivas, por menos que estas fossem compreendidas na época. Impondo barreiras à gratificação imediata e tornando mais lenta a tomada de decisões. Deixando espaço para o comprador se arrepender. Os fundadores da República dos Estados Unidos fizeram o possível para submeter os impulsos políticos do povo ao filtro de instituições planejadas para corrigir suas propensões originais. Eis o que torna tão frustrante a democracia representativa: ela quase nunca é gratificante. Não é para isso que foi criada.

O arrependimento do comprador é relativamente incomum no mundo do comércio online, porque não tem tempo de ocorrer. O ato da compra é simplesmente seguido de mais uma compra, que nos é direcionada com base no que acabamos de comprar. E continuamos a comprar as mesmas coisas enquanto tentamos corrigir os seus defeitos, pois não temos como escapar às mensagens que rastreiam nossas preferências. Mas a política democrática que funciona segundo esse modelo não consegue se autocorrigir, tornando-se incapaz de cumprir suas promessas. Acaba como um tigre que corre atrás do próprio rabo. Como representação do fracasso da democracia, não tem paralelo histórico. O volume da escolha democrática aumenta. Sua futilidade também.

A democracia direta, do tipo praticado no mundo antigo, também tinha a finalidade de corrigir nossas predisposições. Seria esta uma solução para o problema da nossa desatenção coletiva? Desde Aristóteles, os filósofos afirmam que a melhor maneira de evitar erros individuais de julgamento é cotejar nossas opiniões, de modo que as decisões sejam tomadas pelo peso dos números. A tomada coletiva de decisões funciona melhor que as escolhas de qualquer indivíduo, pois nossas predisposições podem se cancelar mutuamente. Eis a sabedoria das massas.

A era da internet promoveu uma imensa renovação do interesse por essa ideia. Hoje, a tecnologia digital permite o cotejo de opiniões numa escala gigantesca. Coletivamente, podemos dar notas a produtos, prever desdobramentos futuros, resolver quebra-cabeças e até editar uma enciclopédia melhor do que qualquer um de nós poderia fazer por si. A internet também reduziu dramaticamente as barreiras à admissão. Para participar de uma decisão de grupo, não é mais preciso comparecer à praça do mercado. Podemos participar de pequenas decisões conjuntas em praticamente qualquer lugar: basta um clique aqui, uma busca ali. Por que não canalizarmos esses recursos para a política?

A resposta nos leva de volta à antiga Atenas. A democracia direta é uma forma de política muito difícil de administrar. Só dá certo em condições cuidadosamente controladas. Requer vários tipos de dispositivos para conter o comportamento por impulso, entre eles a ameaça de violência em caso de necessidade. E dá muito trabalho.

O mundo em rede que habitamos hoje, modelado pelos interesses de novas corporações gigantescas, alimentado pela nossa adição à vida virtual e rachado por reações impulsivas, não se enquadra nessa descrição. Não redescobrimos nosso apetite pelo trabalho político árduo nem o gosto pela violência política. E por que haveríamos de retomá-los, quando podemos obter outras gratificações muito mais fáceis?

Mas a democracia ainda não está morta. Resta vida ao Leviatã. Continua a ser possível recuperar o controle da máquina.

Como? Alguém precisa se dedicar ao trabalho árduo de recapturar o poder da tecnologia digital para a política democrática. Não vai acontecer por conta própria. Uma das maneiras seria nossos representantes eleitos usarem sua autoridade para dar apoio a experiências de democracia direta. Não temos como recriar a antiga Antenas. Mas podemos tentar tornar a democracia mais receptiva do que é nos dias de hoje.

E isso já começou em alguns lugares. Na Islândia, depois das consequências catastróficas do crash financeiro de 2008, foi dada aos eleitores a possibilidade de participar diretamente da elaboração de uma nova Constituição, e o controle do orçamento da cidade de Reykjavík passou aos cidadãos através de uma eleição via internet. Coisa parecida está em andamento em San Francisco, onde o orçamento participativo foi adotado em vários bairros. Em Estocolmo, eleições online são usadas para ajudar a selecionar os temas sobre os quais os políticos deverão deliberar. Na Espanha, na Austrália e na Argentina, criaram-se "partidos da rede", cujos membros usam ferramentas digitais para decidir sobre as diretrizes partidárias. Na Itália, o movimento Cinco Estrelas, de Beppe Grillo, recorre à militância para a discussão de muitas de suas diretrizes, com resultados melhores ou piores. Assim como outros partidos "piratas" pelo mundo inteiro.

Ao mesmo tempo, a tecnologia digital pode trabalhar em prol da democracia encontrando as melhores soluções para questões tecnicamente complexas, sem necessariamente envolver a consulta direta aos eleitores. Em vez disso, os políticos podem usar o aprendizado de máquina para tornar mais fácil seu próprio trabalho, fazendo uso dele para testar previamente suas escolhas. Hoje, a maioria das soluções propostas para a política consiste apenas numa lista de coisas que os detentores de mandatos acham que podem funcionar. A questão é saber se os eleitores irão defendê-las. A nova tecnologia tem o potencial de testá-las antes que os eleitores precisem se pronunciar, tornando mais provável que aprovem o que lhes for oferecido no final.

Não há nada nem de longe espontâneo nessas maneiras de fazer política. Mesmo reforçada pela tecnologia digital, qualquer forma de democracia sempre dá muito trabalho.

A internet, por si só, não será capaz de reanimar a política democrática. Precisa ser aprovada através do sistema político já existente. Só a política pode resgatar a política.

Infelizmente, o sistema político existente tanto pode bloquear quanto estimular essas iniciativas. Nossa política se mantém tribal. Para cada solução potencial, haverá sempre um grupo de pessoas prontas a reclamar, e um grupo de políticos prontos a apoiá-las. E a tecnologia digital corre o risco de reforçar esse tribalismo no mesmo momento em que tenta nos livrar dele.

Basta ver os lugares onde ocorrem experiências de democracia direta: San Francisco, Reykjavík, Estocolmo. Faz sentido, afinal. A "e-democracia" tem tudo a ver com meios urbanos que tendem a congregar cidadãos fluentes na tecnologia digital. Se a ideia deu certo em San Francisco, por que não espalhá-la para o resto dos Estados Unidos? Justamente porque, se deu certo em San Francisco, boa parte do restante do país nem vai querer saber do que se trata. Uma das coisas que define a política atual do Texas é um forte desejo de não virar uma Califórnia. E a definição californiana do que dá certo irá provocar a rejeição de muitos texanos.

Uma das maiores divisões da democracia ocidental do século XX é produzida pela educação. Se alguém tiver cursado ou não uma faculdade, isso será mais determinante para o seu voto do que a idade, a classe ou o gênero. Foi assim na eleição de Trump, no plebiscito sobre o Brexit e na eleição de Macron. As pessoas instruídas formam uma tribo. Tendem a se manter unidas. Podem achar que isso se deve ao fato de ter uma compreensão melhor de como o mundo funciona. Mas é por isso que provocam tanta rejeição do outro lado: parecem confundir seu tribalismo com uma maior sabedoria.

E esse é o problema fundamental em ver a tecnologia digital como um avanço para a democracia representativa. Os políticos não são como os médicos ou outros profissionais liberais.

Esperamos deles mais que orientação e ajuda. Esperamos também que reflitam quem nós somos. E as formas superiores de conhecimento prejudicam essa identificação.

Numa visita aos Estados Unidos na primeira década do século passado, o alemão Max Weber perguntou a um grupo de trabalhadores por que votavam sempre em políticos aparentemente despreparados para a tarefa, que sempre acabavam por deixá-los na mão. E a resposta foi: "Cuspimos nesses 'profissionais', nessas autoridades. É uma gente que desprezamos. Mas se os cargos forem preenchidos por uma classe bem treinada e qualificada, como acontece no seu país, as autoridades é que cuspiriam em nós".[16] Esse sentimento ainda se encontra presente na democracia representativa de hoje.

A revolução digital prometia muito para a política democrática, e até agora trouxe muito pouco. Ainda assim, seu potencial de transformação permanece praticamente ilimitado. E então precisamos enfrentar a pergunta mais difícil de todas. E se o que estiver entravando o progresso da política for a própria democracia? O que fazer?

4.
Alguma coisa melhor?

A democracia representativa contemporânea está cansada. Tornou-se vingativa, paranoica, iludida, desajeitada e muitas vezes ineficaz. Em boa parte do tempo, vive das glórias do passado. Esse triste cenário reflete aquilo em que nos transformamos. Mas a democracia de hoje não é o que nós somos. É só um sistema de governo, que construímos e podemos substituir. Por que então não a trocamos por coisa melhor?

Claro que há motivos para ainda não termos jogado a toalha. A democracia nos prestou bons serviços no passado, e hoje estaríamos bem pior se a tivéssemos abandonado cedo demais. Mas ficar aferrados a ela por tempo demais pode nos causar tantos males como desistir dela antes da hora. E pode ser ainda pior.

Na verdade, a descrição que acabo de fazer é só a versão mais educada dos fatos. Avaliações bem mais brutais circulam por aí. O filósofo britânico Nick Land, por exemplo, acredita que a democracia, em pouco tempo, há de provocar a morte da civilização que conhecemos. E escreve, com um desprezo contundente: "Na democracia, o político e o eleitorado estão hoje unidos por um circuito de estímulo mútuo em que cada lado leva o outro a extremos cada vez mais desavergonhados de canibalismo ululante e belicoso, até que a única alternativa à gritaria seja se deixar devorar".[1] Como a democracia desistiu de tentar fazer frente às nossas predisposições cognitivas, tornou-se totalmente incapaz de controlar a loucura consumista que, no fim das contas, há de consumir a todos nós. É uma verdadeira democracia zumbi:

> A democracia, que tanto na teoria como na evidente realidade histórica acentua o valor corrente de tudo a ponto de promover um convulsivo frenesi alimentar, está assim tão próxima quanto possível de uma negação precisa da civilização, exceto por um colapso social instantâneo no barbarismo homicida ou no apocalipse zumbi (ao qual acaba conduzindo). À medida que o vírus democrático se espalha a fogo pela sociedade, hábitos e atitudes custosamente acumulados de antevisão, prudência, investimento humano e industrial são substituídos por um consumismo estéril e orgiástico, pela incontinência financeira e por um circo político do tipo dos "reality shows". Amanhã outro time pode assumir o controle, de maneira que é melhor comer logo tudo agora.[2]

E nem é o caso de perguntar o que poderia ser melhor. Difícil imaginar qualquer coisa pior que isso.

E o que escritores como Land sugerem como alternativa? Aí é que começam os problemas. Land gostaria de transformar o Estado democrático numa vasta empresa (*"gov-corp"*), comandada por um CEO sem mandato eletivo. Os cidadãos se transformariam em nada mais que clientes.

> Não é mais necessário que os residentes (clientes) se interessem de todo pela política. Na verdade, se interessar por ela seria um indício de propensões semicriminosas. Se a *gov-corp* não proporcionar serviços correspondentes ao valor das taxas que cobra (*sovereign rent*), os clientes podem se queixar ao seu serviço de assistência ao consumidor e, se preferir, buscar outra empresa. A *gov-corp* se concentraria

na administração de um país eficaz, atraente, vital, limpo e seguro, de um tipo capaz de atrair novos clientes. Sem voz, com livre direito de saída.

Land acredita que isso constituiria a única alternativa ao primado do que define como "A Catedral", a organização praticamente invisível que viria empurrando os Estados-nação rumo a um governo mundial. "A Catedral" tem, como credo, ideias que emanam dos "departamentos de Estudos de Queixas e Conflitos — *grievance studies* — das universidades da Nova Inglaterra".

Land colhe boa parte da sua filosofia — inclusive sua ideia de uma "Catedral" — da obra do cientista da computação Curtis Yarvin, que escreve sob o pseudônimo de Mencius Moldbug. Land e Yarvin são às vezes definidos como "neorreacionários", mas Yarvin afirma que prefere ser chamado de "restauracionista" ou "jacobita".[3] Literalmente. Propõe a restauração de alguma forma de monarquia absoluta, visto que a política moderna tomou o rumo errado depois de 1688.* Na verdade, Yarvin rejeita o rótulo de "monarca absoluto", que considera uma expressão do desprezo liberal. Prefere dizer simplesmente "monarca", qualquer membro da família real capaz de concentrar o poder de Estado num único indivíduo biológico. O filósofo preferido de Moldbug é Hobbes, mas só enquanto a democracia não se apoderou do seu Leviatã.

Como podemos encarar essas ideias como alternativas sérias? Os críticos mais radicais da democracia contemporânea apresentam soluções que soam mais como sintomas

---

* Alude aqui à Revolução Gloriosa de 1688, que apeou do trono o rei Jaime II (por isso o nome "jacobita"), último soberano católico da Grã-Bretanha, da dinastia Stuart, a qual retornou ao trono — através do irmão de Jaime, Carlos II — na Restauração de 1660, após a abdicação de Cromwell no ano anterior (donde o nome de "restauracionista"). [N. T.]

do que deu errado que como uma possível cura. Tanto Land quanto Yarvin são teóricos da conspiração numa escala pantagruélica. Seu desprezo por tudo de que não gostam ultrapassa com folga sua capacidade de descrever qualquer forma plausível de superar esse estado de coisas. O mundo político que imaginam é impossível de acreditar — uma caricatura, povoada por heróis e vilões inverossímeis. E isso se aplica a muitos outros que desistiram da democracia. A aversão a ela os torna incapazes de formular qualquer meio de transformá-la em outra coisa. Só querem chegar ao próximo estágio o mais depressa possível.

Alessio Piergiacomi, programador na Amazon, escreveu o seguinte sobre a obsolescência iminente da democracia: "Ano após ano, o indivíduo médio se torna mais estúpido e os políticos, mais enganosos [...]. Por outro lado, os computadores ficam mais inteligentes a cada ano [...]. Dentro de algum tempo, será mais sensato deixar que eles tomem as decisões e nos governem".[4] Em resposta, outro programador escreveu: "Já temos uma quantidade de gente muito mais preparada que os políticos para administrar um país. As pessoas que administram os países só chegam ao governo por se destacarem no jogo sujo da política. Se criarmos um robô capaz de participar do jogo da política, e portanto de ser eleito, teremos um robô que não será melhor para governar um país que os políticos de hoje".[5] É difícil competir com tamanho cinismo. Ou imaginar o que virá em seguida.

A falta de alternativas plausíveis é, há muito tempo, uma das forças que mantém a democracia em operação. A repulsa contemporânea tão falada ante a política democrática não é acompanhada por qualquer consenso quanto ao que poderia ser melhor. A maior parte das alternativas soa bem pior. E o populismo se alimenta desse desequilíbrio: o desgosto da democracia, sem nada para ser posto em seu lugar, serve de combustível para muitas teorias da conspiração. Torna muito mais fácil convencer as pessoas de que estão sendo enganadas.

A festejada observação de Churchill sobre a democracia reflete sua condição há muito consagrada de um mal menor da política:

> Muitas formas de governo foram experimentadas e ainda serão experimentadas neste mundo cheio de pecado e sofrimentos. Ninguém quer dizer que a democracia seja perfeita ou sempre sensata. Na verdade, já se disse que a democracia é a pior forma de governo que existe, com a exceção de todas as outras formas experimentadas de tempos em tempos.[6]

Essas linhas vêm sendo repetidas ad nauseam no século XXI. Ainda assim, o contexto em que foram pronunciadas tem importância. Churchill falava em 1947, depois do fracasso total de uma experiência calamitosa com uma das alternativas possíveis à democracia: o fascismo. Outra experiência, o stalinismo, ainda estava em andamento. Nos anos que se seguiram à Segunda Guerra Mundial, as democracias sabiam da possibilidade real, e extremamente perigosa, de regimes diferentes. As alternativas eram tangíveis.

Setenta anos mais tarde, a situação mudou. A maior parte das democracias se acostumou à ideia de que não existe alternativa. As experiências radicais, nos lugares em que foram testadas, muitas vezes pareceram triviais ou impossivelmente remotas. O que ocorre nos subúrbios de Estocolmo não seduz a imaginação dos habitantes de Washington. Churchill advertiu contra tentações que na época não tinham como estar mais presentes. Hoje, o mais provável é que deixemos de perceber alternativas realistas por estarmos tão acostumados à ideia de que não têm como dar certo. E isso também é função da meia-idade da democracia. Nas democracias mais jovens, a sensação é de que o futuro está em aberto, para melhor ou para pior. Essa sensação se perde nas democracias maduras. Seu funcionamento perde a flexibilidade.

Existe pouca diferença entre achar que não há alternativa e acreditar que as únicas alternativas sejam as mais absurdas. Os dois estados de espírito se coadunam: são eles que produzem a crise da meia-idade. Ainda assim, deveria haver uma distância considerável entre um e outro, permitindo-nos ponderar se existem de fato alternativas realistas. A dificuldade é encontrar essa lacuna. Um dos pontos de partida seria tentar entender, antes de mais nada, o que a democracia tem de tão atraente para nós. Isso devia fazer parte da terapia.

O apelo da democracia moderna é essencialmente duplo. Primeiro, ela nos proporciona dignidade. Cada habitante dos Estados democráticos tem suas opiniões consideradas pelos políticos. Pode manifestar o que pensa, e é defendido quando outros tentam silenciá-lo. A democracia traz respeito. Segundo, ela proporciona benefícios a longo prazo. Com o tempo, a vida num Estado democrático seguro promete a seus cidadãos uma oportunidade de compartilhar as vantagens materiais da estabilidade, da prosperidade e da paz. Cada uma dessas coisas já consistiria, por si só, uma atração significativa. Tomadas em conjunto, formam uma combinação irresistível.

Inevitavelmente, a dignidade tende a vir antes dos benefícios a longo prazo. O apelo da liberdade de voto é imediato. Eis por que é comum ver longas filas nos postos de votação nas democracias recentes, na qual nenhuma outra vantagem ainda é visível. A produção de resultados demanda tempo. E também é verdade que a dignidade democrática tende a se incorporar aos indivíduos, enquanto os benefícios a longo prazo são mais difusos.

Viver numa democracia é gozar de certas garantias de ser respeitado como pessoa, porque todo voto conta. Parte dessas garantias existe apenas no papel, e só se torna concreta por força de alguma luta (o que se aplica especialmente aos membros das minorias). Mas não existe uma garantia de que o destino pessoal de cada um vá melhorar. Na verdade, são muitos os indivíduos que se sentem alijados dos benefícios materiais da democracia. Os resultados produzidos pelos Estados democráticos são difíceis de definir com precisão. Tendem a assumir a forma de bens públicos. Sua distribuição equitativa também só se obtém através da luta.

Uma das ironias da vida democrática é que as eleições, que respondem por parte tão grande de seu apelo, não refletem o que ela tem de mais atraente. Os políticos em busca de votos citam para os eleitores as vantagens materiais desta ou daquela diretriz política adotada; ao mesmo tempo, apelam para noções de dignidade coletiva. Assim, de certa maneira, as bases da atração são invertidas: se você votar em mim, diz o candidato, terá vantagens pessoais, e o grupo ao qual você pertence ganhará mais respeito. Isso é o que torna a democracia frustrante. Seu verdadeiro apelo é uma condição de fundo contra a qual os políticos fazem apelos mais superficiais.

Essa lacuna — entre o que é prometido a cada um como indivíduo e o que é proporcionado à sociedade como um todo — deixa muito espaço para propostas alternativas. Algumas delas são as alternativas ideológicas que foram experimentadas e fracassaram no século XX. O marxismo-leninismo prometia abolir a distinção entre o que é bom para o indivíduo e o que é bom para a sociedade. Lênin, em *Estado e Revolução*, afirmou que o verdadeiro socialismo tornaria a vida pessoal e a vida política intercambiáveis. Assim, não haveria necessidade de uma força policial ou de uma burocracia governamental, já que as pessoas seriam capazes de se policiar e administrar a si mesmas. Segundo Lênin, era essa a verdadeira democracia: a única maneira de fechar o círculo. Publicou essas ideias pouco antes da Revolução

Bolchevique de 1917. A política que a sucedeu não confirmou essas ideias. O leninismo se converteu no stalinismo, que por sua vez se transformou no monótono e opressivo regime soviético do pós-guerra. No longo prazo, a democracia representativa, com todos os seus defeitos, é melhor que isso.

No entanto, as alternativas não precisam ser ideológicas. O autoritarismo do século XXI é muito mais pragmático que seus antecessores. Seus adeptos sabem que ninguém tem como fechar o círculo, muito menos os políticos de motivação ideológica. Os autoritários do nosso tempo tentaram, como todos, aprender as lições do século XX. E prometem a outra metade do que a democracia pode proporcionar, mas não a totalidade. Em lugar da soma da dignidade pessoal com os benefícios coletivos, promete os benefícios coletivos e mais a dignidade coletiva. Esta é a essência do que o Partido Comunista na China, ainda no poder, compromete-se hoje a proporcionar aos seus cidadãos.

A dignidade coletiva assume a forma de afirmação nacional: tornar a China grande de novo! Os benefícios pessoais são assegurados pelo Estado, que faz o possível para lhes dar ampla distribuição. Nas décadas recentes, a China não democrática fez progressos maiores do que a Índia democrática em matéria de redução da pobreza e aumento da expectativa de vida. O crescimento econômico acelerado trouxe vantagens concretas imediatas para muitos cidadãos chineses. O regime entende que sua sobrevivência depende de manter esse processo em marcha pelo máximo de tempo possível.

Mas há um custo. Os cidadãos chineses têm menos oportunidades de manifestação democrática que os indianos. A dignidade política pessoal é mais difícil de obter numa sociedade que sufoca a liberdade de expressão e admite o exercício arbitrário do poder. O cidadão chinês tem menos probabilidade que um indiano de sofrer de pobreza absoluta e de suas consequências — entre elas a desnutrição, o analfabetismo e a morte precoce —, mas uma probabilidade maior de se tornar vítima de autoridades governamentais que não precisam responder por seus atos. A dignidade política coletiva — o nacionalismo — é oferecido como uma forma de compensação. O que só funciona para os indivíduos que pertencem ao grupo nacional majoritário. Não vale de nada no Tibete.

Ao mesmo tempo, apostar na continuação de um crescimento econômico acelerado comporta riscos significativos. A grande força de longo prazo das democracias modernas é sua capacidade de mudar de rumo quando as coisas dão errado. Elas são flexíveis. O perigo da alternativa autoritária pragmática é que, quando os benefícios de curto prazo começam a secar, pode ser difícil encontrar outra base para a legitimidade política. O pragmatismo pode não ser suficiente. O regime chinês ainda não chegou a esse ponto, de modo que não sabemos o que irá acontecer. Caso se mostre incapaz de se adaptar, as desvantagens dessa forma de política logo começarão a superar seus benefícios.

O autoritarismo pragmático do século XXI representa uma alternativa real à democracia contemporânea. Propõe um tipo diferente de acordo. O que achamos melhor: a dignidade pessoal ou a dignidade coletiva? As recompensas de curto prazo ou os benefícios de longo prazo? Essas perguntas são sérias. Dito isso, a maneira como a democracia moderna funciona nos dias de hoje torna difícil dizer se alguém a leva a sério. E Trump mostra por quê.

As promessas eleitorais de Trump na campanha de 2016 pareciam diretamente tiradas do manual do autoritarismo pragmático. Ele prometia a dignidade coletiva — ao menos para o grupo majoritário dos estadunidenses brancos. Tornar a América grande de novo! Parar de deixar que os outros nos empurrem! Ao mesmo tempo, prometia benefícios materiais a curto prazo, independentemente do que diziam os economistas e outros intelectuais sobre os custos a longo prazo. Trazer os empregos de volta! Triplicar a taxa de crescimento! Proteger os benefícios sociais! Tudo isso dava ao seu discurso as ressonâncias típicas de um autoritário do século XXI. Mas ele também soava como um típico político democrático, ainda que excepcionalmente petulante. Fazia promessas que não tinha como cumprir.

É difícil crer que, na verdade, os eleitores de Trump tenham decidido escolher a alternativa chinesa à democracia dos Estados Unidos. O comportamento de Trump no cargo já desmentiu muitas de suas promessas de campanha. Seu pragmatismo, se podemos dizer assim, parece menos autoritário do que fruto de improvisos. Pelo que sabemos, a elite política chinesa acompanha sua ascensão com um misto de ansiedade e desprezo. Trump borrou a divisa entre a democracia e as alternativas. Como em tantas outras questões, sua eleição não esclarece nada.

Então deixemos Trump de lado por um momento e voltemos à questão maior. Se o autoritarismo pragmático constitui uma alternativa genuína à moderna democracia representativa, em que momento poderia fazer sentido decidir por ele? Isso depende de onde você se encontra. Para as democracias jovens, especialmente se a chegada da dignidade democrática ainda não tiver sido acompanhada de benefícios materiais tangíveis, o autoritarismo pragmático pode ser muito atraente. O mesmo se aplica aos países onde a democracia nem tenha começado a funcionar. Podemos ver esse fenômeno em muitas partes do mundo de hoje, em que o modelo chinês de governo conquista cada vez mais adeptos, o que vem ocorrendo na Ásia, na África e mesmo nas franjas da Europa. O investimento chinês nesses lugares ajudou, mas não explica tudo. O desenvolvimento econômico acelerado, acoplado à autoafirmação nacional, tem um apelo óbvio para os Estados que precisam produzir resultados num período relativamente curto de tempo. Nesses lugares, a democracia muitas vezes parece uma aposta mais arriscada.

O autoritarismo pragmático também tem forte apelo nas sociedades que enfrentam problemas ambientais urgentes. O maior sucesso internacional do Estado chinês na última década talvez tenha sido demonstrar de forma plausível ser capaz de tomar atitudes decisivas em relação à mudança climática. Parte disso se baseia em decisões ousadas e imaginativas: duplicar num único ano (2016) sua capacidade de geração de energia solar, ou prometer converter todos os táxis de Beijing em veículos elétricos. É uma evolução impressionante, depois da maciça poluição atmosférica da era pós-maoista.

Em comparação, o autoritarismo pragmático aplicado à área ambiental pode fazer a democracia parecer desajeitada e indecisa. As democracias mantêm suas opções em aberto, mas isso às vezes as faz esperar até que já seja tarde demais. Quando as enchentes, a poluição do ar ou a escassez de água se transformam numa ameaça aguda, o autoritarismo pragmático tem cumprido sua promessa de dar prioridade aos resultados imediatos sobre os benefícios a longo prazo. Precisa se preocupar muito menos com o respeito às opiniões dissidentes.

Mas isso não basta para promover uma guinada radical nas democracias maduras. Nelas, a negociação funciona num outro sentido. Os seres humanos tendem a sofrer de aversão à perda: ninguém gosta de abrir mão do que acha que é seu por direito, sejam quais forem as compensações oferecidas. É muito difícil imaginar que os cidadãos das democracias ocidentais concordem em abrir mão da dignidade pessoal que lhes é conferida pela capacidade de desalojar os desgraçados do poder, mesmo que isso possa redundar num custo material coletivo. E vemos muitos indícios disso. O crescimento econômico está quase estagnado na maior parte da Europa Ocidental há mais de um década. Nos Estados Unidos, os salários de muitos habitantes quase não cresceram em termos reais nos últimos quarenta anos. O resultado é que os eleitores se sentem atraídos pelos políticos que prometem algo diferente nas campanhas eleitorais. Mas não deram apoio a ninguém que tenha ameaçado privá-los de seus direitos democráticos. O reflexo autoritário é limitado pelas ameaças de retirar os direitos democráticos de outros: as pessoas que não fazem parte.

Essa não é uma alternativa à democracia. É apenas uma distorção populista. Os democratas autoritários como o político húngaro Viktor Orbán — que se descreve como um "democrata iliberal" — se inspiram mais em Vladímir Pútin que no Partido Comunista Chinês. Em países como a Hungria e a Rússia, o pragmatismo vem em segundo lugar, depois da caça aos bodes expiatórios e de elaboradas teorias da conspiração. Eleições ainda ocorrem. A democracia ainda é defendida, mas despojada de suas credenciais liberais. O resultado é que mal se pode definir como democracia — há cientistas políticos que preferem o rótulo de "autoritarismo competitivo" para descrever o que ocorre neles.[7] A escolha existe, mas é vazia. Trata-se de uma paródia da democracia, e não de um possível substituto para ela.

A política chinesa tampouco é imune à caça de bodes expiatórios e às teorias da conspiração. Seus líderes posam de homens fortes. No entanto, como alternativa viável à democracia, Beijing tem algo a oferecer que Moscou e Budapeste podem apenas apontar como objetivo, assim como Trump só pode prometer: resultados concretos para a maioria. O sistema político chinês se apresenta como meritocrático. A ascensão dos seus políticos ocorre com base numa série complexa de testes internos em que competência tem mais valor do que o carisma. No Ocidente, muitos encaram o modelo com ceticismo. Nas palavras de Timothy Garton Ash, historiador de Oxford, o sistema ainda tem como marcas "o facciosismo, o clientelismo, a proteção e a corrupção".[8] Entretanto, mesmo Garton Ash admite que também ocorreram "reformas e mudanças políticas significativas [...]. Não estamos diante de uma nova União Soviética". O sinólogo Daniel A. Bell define o sistema chinês como "democracia na base, experimentação nas camadas médias e meritocracia no topo".[9] Ainda que haja bons motivos para duvidarmos da primeira e da terceira parte de sua descrição, a segunda ainda se mostra atraente para os observadores ocidentais. Os chineses, pelo menos, estariam tentando fazer algo novo.

Ainda assim, embora as democracias maduras possam flertar com o autoritarismo pragmático, não é provável que venham a adotá-lo. O balanço dos riscos favorece a tentativa de reajustar o que têm em vez de apostar em alguma coisa diferente. Uma perda econômica extrema — ou alguma calamidade, talvez ambiental — poderia alterar fundamentalmente os termos desse equilíbrio. É possível imaginar que uma democracia madura escolhesse experimentar essa alternativa. Mas ainda não nos encontramos nesse ponto, longe disso. O exemplo da Grécia de hoje deixa isso bem claro. Um colapso econômico das dimensões da Depressão de 1930 não bastou para convencer os gregos a desistir da dignidade que acompanha a liberdade de expressão somada ao benefício de longo prazo de conservar a capacidade de produzir mudanças em seus rumos políticos, à procura de uma saída para seu aperto. Essa combinação se mantém significativamente atraente para quem já vive com ela há algum tempo.

Churchill, portanto, só estava certo pela metade. Por enquanto, a democracia continua a ser a opção menos pior para muitos de nós. Mas não para todos. Existem alternativas realistas. É provável que o século XXI assista a um confronto entre a democracia ocidental e um sistema político rival cujo apelo irá variar de um lugar para outro e ocasionalmente venha a se estender até chegar à beira da nossa vida política. As tentações são reais, ainda que a alternativa permaneça irrealista para a maioria das sociedades ocidentais. A democracia não é mais o único regime que se pode escolher.

Da mesma forma, precisamos reconhecer os limites da relação de compromisso a que chegamos. O grau de respeito que a democracia representativa proporciona pode se mostrar insuficiente para os cidadãos do século XXI. O valor que a democracia confere à dignidade pessoal tradicionalmente se traduz na extensão desses privilégios. Conferir direito de voto aos cidadãos é a melhor maneira de fazê-los sentir que importam. Quando quase todo adulto já pode votar, porém, procuramos na mesma hora novas maneiras de obter mais respeito. O surgimento das políticas identitárias é uma indicação de que participar de eleições já não é mais o bastante. Muitos indivíduos estão em busca da dignidade que vem de ser reconhecidos pelo que são. Não querem mais ser simplesmente ouvidos. Querem ser levados em conta. As redes sociais criaram um foro através do qual essas demandas podem ser articuladas. Os políticos democráticos vêm se esforçando para aprender de que maneira podem atendê-las.

A política do reconhecimento é uma extensão do apelo da democracia, e não um repúdio a ela. O autoritarismo, no caso, não é uma resposta, por mais pragmático que se mostre — só resulta em líderes políticos que tentam abafar a reivindicação de mais reconhecimento com demandas próprias ainda mais ruidosas. "Querem respeito?", pergunta o autoritário. "Então me respeitem!" Mas a democracia representativa também pode não ter as respostas. Ela é mecânica demais para ser convincente, uma vez que as demandas por mais respeito se tornam maiores. Os políticos eleitos procuram andar cada vez mais na ponta dos pés pelo campo minado da política identitária, sem saber para que lado se virar, morrendo de medo de ofender alguém. Se a tendência se mantiver, a força de atração que garante a coesão da democracia há tanto tempo pode começar a se esgarçar. A soma de respeito e resultados é uma combinação temível. Um sem o outro dos fatores pode não ser suficiente.

No entanto, essa linha de pensamento leva a uma possibilidade mais radical. Se não temos como continuar a contar com o respeito pessoal e mais bons resultados coletivos, talvez devamos escolher só um dos efeitos. Talvez não se trate de uma relação de compromisso, mas de uma escolha pura e simples. Se fizermos questão de que cada voz seja levada em conta, não devemos nos surpreender se a política se transformar numa cacofonia embaralhada. Se quisermos os melhores resultados, talvez devêssemos limitar a contribuição política às pessoas que melhor sabem de que modo chegar a eles.

O autoritarismo do século XXI pode representar uma alternativa parcial e pragmática à democracia. Existe uma alternativa mais dogmática, com raízes no século XIX. Por que não abandonar por completo a dignidade que acompanha o direito de voto? Melhor abrir mão do respeito pessoal — ele não vale a pena. Melhor respeitar os especialistas!

Será que deveríamos tentar essa fórmula?

O nome dessa visão da política é epistocracia: o governo de quem sabe. Opõe-se diretamente à democracia, porque afirma que o direito à participação na tomada de decisão política depende do conhecimento que a pessoa tem quanto ao que deve ser feito. A premissa básica da democracia sempre foi que, independentemente do quanto você saiba, tem direito a opinar porque precisará viver com as consequências do que for decidido. Na antiga Atenas, esse princípio se refletia na prática da escolha dos ocupantes dos cargos públicos por sorteio. Qualquer um podia chegar a eles, porque qualquer um — pelo menos qualquer um que não fosse mulher, estrangeiro, miserável, escravo ou criança — contava como membro do Estado. Com a exceção da função de jurado em alguns países, ninguém é mais escolhido ao acaso para papéis importantes. Mas ainda aderimos à ideia fundamental ao permitir que cada cidadão vote sem que sua competência para tanto seja questionada.

Os críticos da democracia — a começar por Platão — sempre afirmaram que o resultado é ser governado pelos ignorantes. Ou pior, pelos charlatães que conseguem conquistar o apoio das pessoas. Morando em Cambridge, na Inglaterra, uma cidade apaixonadamente pró-europeia e sede de uma universidade de elite, ouvi ecos dessa discussão logo depois do plebiscito do Brexit. Eram opiniões emitidas à meia-voz — você precisa de coragem para se revelar um epistocrata numa sociedade democrata —, mas sem dúvida estavam presentes. Cobrindo a boca com a mão, pessoas muito inteligentes trocavam murmúrios dizendo que isso é o que acontece quando se faz uma consulta que as pessoas comuns não entendem. Dominic Cummings, o autor do slogan "*Take Back Control*" [Recupere o controle] que ajudou a ganhar o referendo, descobriu que seus críticos não se furtavam a declarar essas dúvidas em sua cara. O Brexit aconteceu, diziam a ele, porque gente má mentiu para gente idiota. É nisso que dá ser democrático.

Não é justo dizer que os democratas preferem ser governados por idiotas e ignorantes. Nenhum defensor da democracia jamais afirmou que a estupidez ou a ignorância são propriamente virtudes. Mas é verdade que a democracia não discrimina com base na falta de conhecimento. Considera secundária a capacidade de pensar de forma inteligente sobre questões difíceis. A consideração primária é saber se um indivíduo se sente envolvido numa questão. A única coisa que a democracia pede é que os eleitores permaneçam onde estão por mais tempo, o suficiente para sofrer as consequências dos seus erros.

A questão proposta pela epistocracia é a seguinte: por que não discriminamos com base no conhecimento? Qual é afinal a vantagem de admitir a participação de todos? Por trás dela, está o pensamento intuitivamente convincente de que, em vez de nos vermos forçados a viver com nossos erros, deveríamos fazer o possível para evitar que acontecessem. Então, não faria mais diferença saber quem precisa assumir a responsabilidade. Essa é uma discussão presente há mais de 2 mil anos. E quase sempre foi levada muito a sério. Até o final do século XIX, o consenso era de que a democracia, no geral, significava uma péssima ideia: é arriscado demais conferir poder às pessoas que não sabem o que fazem. Claro, esse era o consenso apenas entre intelectuais. Não temos muito como saber o que as pessoas comuns pensavam a respeito. Ninguém lhes perguntava.

Ao longo do século XX, o consenso intelectual foi mudando por completo. A democracia se afirmou como a condição básica ideal da política, com virtudes que ultrapassaram de longe suas fraquezas. O século XXI vem, atualmente, reavivando parte das dúvidas originais. Várias democracias vêm dando a impressão de tomar decisões consideravelmente estúpidas em tempos recentes. Pode ser que nem reste ninguém para viver com as consequências dos seus erros. Na era de Trump e Modi, da mudança climática e das armas nucleares, a epistocracia voltou a ter dentes.

Por que então não damos maior peso à opinião das pessoas mais qualificadas para avaliar o que fazer? Antes de responder a essa pergunta, é importante distinguir entre epistocracia e uma coisa com que ela costuma ser confundida: a tecnocracia. Mas as duas são diferentes. A epistocracia é o governo dos que sabem mais. A tecnocracia é o governo dos mecânicos e engenheiros. Um tecnocrata é alguém que entende como as máquinas funcionam.

A suspensão da democracia na Grécia em 2011, por exemplo, foi uma experiência tecnocrática, e não epistocrática. Nesse caso, os engenheiros eram economistas. Mas mesmo economistas altamente qualificados muitas vezes não têm ideia do que deve ser feito. O que sabem é operar um sistema complexo em cuja construção participaram, desde que o sistema se comporte da maneira como imaginaram. Os tecnocratas são as pessoas que entendem o que é melhor para a máquina. Mas manter a máquina em funcionamento pode ser a pior escolha. E, em relação a isso, um tecnocrata não tem o que dizer.

Tanto a democracia representativa quanto o autoritarismo pragmático ao estilo chinês guardam muito espaço para a tecnocracia. Cada vez mais, os dois sistemas entregam o poder de tomar decisões às mãos de especialistas bem treinados, principalmente no que diz respeito às questões econômicas. Os banqueiros centrais gozam de um poder significativo numa ampla variedade de sistemas políticos pelo mundo afora. Por esse motivo, a tecnocracia não é, na verdade, uma alternativa à democracia. Assim como o populismo, é antes um apêndice a ela. O que torna a epistocracia diferente é que ela dá prioridade à decisão "certa" sobre a decisão tecnicamente correta. Ela tenta discernir para onde devemos ir. Um tecnocrata só sabe nos dizer como devemos seguir para lá.

E como uma epistocracia poderia funcionar na prática? A dificuldade óbvia é saber quem se incluiria entre as pessoas que sabem. Não existe uma qualificação formal para um especialista em assuntos gerais. É muito mais fácil identificar um tecnocrata adequado. A tecnocracia tem mais a ver com encanamentos que com filosofia. Quando a Grécia saiu à procura de especialistas em economia para enfrentar suas extremas dificuldades financeiras, dirigiu-se ao Goldman Sachs e a outros grande bancos, pois era lá que esses técnicos estavam reunidos. Quando uma máquina começa a dar defeito, muitas vezes já está coberta com as impressões digitais dos mesmos que são chamados para consertá-la.

Em vários pontos da história, alguns epistocratas tentaram definir meios de identificar quem sabe mais, defendendo qualificações não técnicas para os políticos. Se existisse algo como uma universidade da vida, seria lá que os epistocratas gostariam que seus tomadores de decisões políticas obtivessem o grau mais alto de instrução. No entanto, como ela não existe, muitas vezes precisam se satisfazer com avaliações mais aproximadas da competência alheia. O filósofo inglês John Stuart Mill, do início do século XIX, defendia um sistema eleitoral que concedesse números diferentes de votos a classes diferentes de pessoas, dependendo do trabalho que fizessem.[10] Os profissionais liberais e outros indivíduos muito instruídos contariam com seis ou mais votos cada um; agricultores e comerciantes receberiam três ou quatro; operários especializados teriam direito a dois; os operários sem qualificação teriam um voto cada. Mill também defendia energicamente a extensão do direito de voto às mulheres, numa época em que essa visão contrariava fortemente a opinião dominante. E não fazia essa defesa por achar que as mulheres fossem iguais aos homens. Achava na verdade que certas mulheres, especialmente as de mais instrução, eram superiores à maioria dos homens. Mill era um grande adepto da discriminação, desde que fundada nos pressupostos corretos.

Aos olhos do século XXI, o sistema de Stuart Mill parece obviamente antidemocrático. Por que um advogado deveria ter mais votos que um trabalhador braçal? E a resposta do pensador teria sido virar a pergunta de pernas para o ar: por que um trabalhador braçal deve ter o mesmo número de votos que um advogado? Mill não era um democrata simples, mas tampouco era um tecnocrata. Os advogados não faziam jus a seus votos suplementares porque a política desse preferência especial a quem praticava o direito. Não, os advogados tinham votos a mais porque a política precisava de pessoas aptas a refletir sobre questões sem respostas fáceis. Stuart Mill estava tentando ordenar o sistema de maneira a garantir a representação do maior número possível de pontos de vista. Um governo composto exclusivamente de economistas ou especialistas em direito o deixaria horrorizado. O trabalhador braçal ainda tem direito a um voto. Os operários especializados, a dois. Entretanto, ainda que a tarefa de erguer uma parede de tijolos exija alguma especialização, trata-se de uma especialização estreita. E o necessário era uma visão ampla. Mill acreditava que certos pontos de vista deviam ter mais peso simplesmente por terem sido expostos a uma complexidade maior ao longo da vida.

Jason Brennan, um filósofo muito interessado no século XXI, tentou reviver a concepção epistocrática da política, recorrendo a pensadores como Stuart Mill. Em seu livro de 2016, *Against Democracy* [Contra a democracia], Brennan reafirma que certas questões políticas são simplesmente complexas demais para a compreensão da maioria dos eleitores. Pior, os eleitores nem sabem o quanto sabem pouco: não têm a capacidade de avaliar a complexidade porque estão tão apegados às soluções simplistas que elas parecem certas. Brennan escreve:

> Vamos imaginar que os Estados Unidos realizem um referendo para saber se o país deve admitir o ingresso de um número significativamente maior de imigrantes. Saber se essa ideia é boa demanda um vasto conhecimento em ciências sociais. É preciso saber como a imigração tende a afetar as taxas de criminalidade, os salários locais, o bem-estar dos imigrantes, o crescimento econômico, a receita tributária, os gastos com a previdência e fatores do tipo. A maioria dos americanos não sabe nada a esse respeito; na verdade, os fatos mostram que costumam se enganar sistematicamente.[11]

Noutras palavras, não é só que os eleitores não saibam; nem é que não saibam que não sabem; é que se equivocam de um modo que reflete sua crença inabalável de que estão certos.

Brennan não acredita, como Mill, que possamos avaliar o preparo de uma pessoa para enfrentar questões complexas a partir do grau de dificuldade do trabalho que faz. A interferência do acaso e de condicionantes sociais é grande demais para isso. Ele prefere um exame, uma prova, para "excluir os cidadãos que estejam muito mal informados ou ignorem do que trata a eleição, ou a quem falte um conhecimento básico das ciências sociais".[12] Claro que isso só devolve o problema fundamental a um estágio anterior, sem resolvê-lo: quem elabora o exame? Brennan leciona numa universidade, de modo que tem pouca fé no desprendimento da maioria dos cientistas sociais, que têm suas próprias ideologias e motivações. Também já viu alunos estudando intensivamente para os exames na última hora, o que pode produzir outros vieses e pontos cegos. Ainda assim, acredita que Mill tinha razão quando sugeria que, quanto mais as pessoas ascendessem na escala da instrução, mais votos deveriam ter: cinco votos adicionais pela conclusão do curso secundário, outros cinco por um diploma universitário, e cinco mais por uma pós-graduação.

Brennan não se ilude e sabe o quanto essa proposta é provocadora 150 anos depois de ter sido formulada por Mill. Na metade do século XIX, a ideia de que o prestígio político devia acompanhar a posição social e educacional nem era controversa; hoje, mal é crível. Brennan também precisa considerar a fartura de indícios, colhidos pelas ciências sociais contemporâneas, de que gente graduada está tão sujeita ao pensamento de grupo quanto as outras pessoas, às vezes até mais. Os cientistas políticos Larry Bartels e Christopher Achen chamam a atenção para isso em seu livro de 2016, *Democracy for Realists* [Democracia para realistas]: "Os registros históricos deixam pouca dúvida de que os mais instruídos, inclusive os altamente instruídos, cometeram erros de julgamento moral e político tão frequentes quanto os de qualquer outra pessoa".[13] O viés cognitivo não respeita qualificação acadêmica. Quantos diplomados em ciências sociais avaliariam a pergunta sobre a imigração atendendo às difíceis questões formuladas por Brennan, em vez de simplesmente responder de acordo com o que preferem acreditar? A ironia é que, se o exame para eleitores proposto por Brennan fosse perguntar se as pessoas com mais instrução merecem mais votos, a resposta tecnicamente correta poderia ser não. Dependeria de quem respondesse à prova.

No entanto, Brennan insiste em um aspecto, que o argumento em favor da epistocracia se tornou muito mais forte dos tempos de Mill para cá. Isso porque Stuart Mill escrevia na alvorada da democracia. Publicou seus argumentos durante os debates em torno do projeto do que viria a ser a Segunda Lei da Reforma de 1867, que dobrou o tamanho do eleitorado britânico para quase 2,5 milhões de eleitores (numa população geral de 30 milhões de habitantes). A defesa da epistocracia por Mill se baseava em sua convicção de que, com o tempo, ela acabaria por desembocar numa democracia. O operário que hoje tivesse um voto ganharia mais votos amanhã, depois de aprender a votar com bom senso. Mill acreditava profundamente no poder educativo da participação democrática.

Para Brennan, temos hoje mais de cem anos de provas acumuladas de que Mill estava errado. Votar faz mal ao cidadão. Não torna ninguém mais bem informado. Na verdade, torna as pessoas mais estúpidas, porque dignifica seus preconceitos e sua ignorância em nome da democracia. "A participação política não tem valor para a maioria das pessoas", escreve Brennan. "Ao contrário, traz poucos benefícios à maioria de nós, tendendo a nos corromper e estultificar. Transforma-nos em inimigos cívicos com bons motivos para odiar uns aos outros."[14]

O problema da democracia é que ela não nos motiva a nos tornarmos mais bem informados. Para ela, não há problema em só saber o quanto sabemos. O que não é verdade.

No fim das contas, o argumento de Brennan é mais histórico que filosófico. Se não tivéssemos ideia de quais seriam os desdobramentos da democracia, podia fazer sentido cruzar os dedos e esperar que desse certo. Mas já sabemos, insiste ele. De maneira que não temos desculpa para persistir na ilusão. Brennan acha que devemos considerar a posição dos epistocratas como ele igual à dos democratas na metade do século XIX. O que ele apregoa é um anátema para muita gente, como era a democracia naquele tempo. Ainda assim, corremos o risco de adotar a democracia, esperando para ver no que vai dar. E por que não correr o risco de adotar a epistocracia, agora que sabemos o resultado da outra experiência? Por que cismamos que a democracia é a única experiência que estamos autorizados a fazer, mesmo depois de ela já ter perdido o gás?

É uma pergunta séria, e envolve o quanto a longevidade da democracia sufocou nossa capacidade de pensar em alguma coisa diferente. O que já foi uma forma aparentemente ousada de política se converteu num sinônimo de cautela. Mesmo assim, ainda temos bons motivos para tomar o máximo de cuidado ao pensar em abandoná-la. A epistocracia ainda é uma ideia muito ousada. E tem dois perigos em particular.

O primeiro é que criamos um padrão muito alto de exigência ao insistir na procura da melhor solução para a política. Às vezes, o mais importante é só evitar o pior. Mesmo que a democracia muitas vezes fracasse em nos dar as melhores respostas, ela funciona bem para repelir as respostas erradas. Além disso, é eficaz para desmascarar as pessoas que acham sempre saber tudo melhor que os outros. A política democrática supõe que não existem respostas consagradas para nenhuma pergunta e mantém esse cenário concedendo um voto a cada um, inclusive aos ignorantes. O caráter aleatório da democracia — que continua a ser sua qualidade essencial — impede que nos tornemos incapazes de nos livrar das ideias realmente muito ruins. Significa que nada há de durar por muito tempo, porque alguma outra coisa virá para pôr fim àquilo.

A epistocracia é falha devido à segunda parte da palavra, e não à primeira — e isso tem tanto a ver com o poder (*"kratos"*) quanto com o conhecimento (*"episteme"*). Atrelar o poder ao conhecimento acarreta o risco de criar um monstro que não tem como ser desviado do seu caminho, mesmo quando estiver claramente errado — o que acabará por acontecer, já que nada ou ninguém é infalível. Não saber a resposta certa é uma excelente defesa contra as pessoas que acreditam que seu conhecimento as torna superiores.

A resposta de Brennan a esse argumento (uma versão do qual é defendida por Davis Estlund em seu livro de 2007, *Democratic Authority* [A autoridade democrática]) é virá-lo de pernas para o ar.[15] Já que a democracia também é uma forma de *kratos*, por que não cuidamos de proteger os indivíduos da incompetência do *demos*, tanto quanto da arrogância dos epistocratas? Mas não se trata do mesmo tipo de poder. A ignorância e a tolice não oprimem na mesma medida que o conhecimento e a sabedoria, precisamente porque são incompetentes: o *demos* está sempre mudando de ideia.

A defesa da democracia contra a epistocracia é outra versão da defesa da democracia contra o autoritarismo pragmático. Cada um precisa se perguntar onde gostaria de estar quando as coisas derem errado. É possível que as coisas deem errado mais depressa e com maior frequência numa democracia, mas esse é outro ponto. Em vez de vermos a democracia como a menos pior das formas de política, podíamos pensar que é a melhor quando chega o pior. É a diferença entre a frase de Churchill e a de Tocqueville, de cem anos antes, que é menos conhecida, porém mais adequada. Mais incêndios são ateados numa democracia, disse Tocqueville, porém mais incêndios também são apagados.

A imprudência da epistocracia também é uma função dos fatos históricos que Brennan usa para defendê-la. Mais de cem anos de democracia podem ter revelado seus defeitos, mas também nos mostraram que conseguimos viver com eles. Estamos acostumados a essa confusão, e nos apegamos aos benefícios. Ser um epistocrata como Mill foi, antes que a democracia tivesse progredido, é muito diferente de defender as mesmas ideias depois que a democracia se consolidou. Hoje sabemos o que sabemos, não só quanto aos defeitos da democracia, mas também quanto à nossa capacidade de tolerar sua incompetência.

Weber, escrevendo no início do século XX, não tinha dúvida de que o sufrágio universal era uma ideia perigosa, devido ao poder que conferia às massas irracionais. Mas afirmava que, uma vez concedido, nenhum político em pleno juízo cogitaria suprimir esse direito: a reação seria terrível. A única coisa pior do que deixar todo mundo votar é desqualificar alguns dos eleitores. Não importa quem formula o exame — quem irá nos dizer que fomos reprovados? Stuart Mill tinha razão: a democracia vem depois da epistocracia, e não antes. Não se pode fazer a experiência na ordem inversa.

Os vieses cognitivos de que a epistocracia deveria nos resgatar são o que, em última análise, vão contra ela. Nossa aversão à perda torna mais doloroso perder alguma coisa que temos mas nem sempre funciona que perder algo que não temos mas pode funcionar. É como ensina a velha piada. Pergunta: "Você conhece o caminho para Dublin?". Resposta: "Para começar, eu nunca partiria daqui". Como tornar a política melhor? Para começar, talvez nós não devêssemos partir daqui. Ainda assim, é aqui que nos encontramos.

Dito isso, deve haver maneiras melhores de aumentar a sensatez da política democrática do que a elaboração de um exame geral. Estamos em pleno século XXI: temos novas ferramentas à disposição. Se muitos dos problemas da democracia derivam da atividade dos políticos que disputam nossos votos na época das eleições, o que injeta tanto ruído e tanta bile no processo de tomada de decisões, talvez devêssemos tentar simular o que as pessoas escolheriam em condições mais tranquilas e reflexivas. Por exemplo, pode ser possível extrapolar, a partir do que sabemos sobre os interesses e as preferências dos eleitores, o que poderiam desejar se tivessem um melhor acesso ao conhecimento que lhes falta. Poderíamos realizar eleições simuladas replicando as contribuições dos diferentes pontos de vista, como ocorre nas eleições de verdade, mas eliminando todos os fatores que desviam a nossa atenção e distorcem a ação da democracia. Brennan sugere o seguinte:

> Podemos administrar pesquisas que levantem as preferências políticas e as características demográficas dos cidadãos, avaliando ao mesmo tempo seu conhecimento básico da política objetiva. De posse dessas informações, podemos simular o que aconteceria se o perfil demográfico do eleitorado permanecesse inalterado, mas todos os cidadãos fossem capazes de obter a nota máxima num teste de conhecimento da política objetiva. Poderíamos determinar, com um alto grau de confiança, o que "Nós, o Povo" poderíamos querer se "Nós, o Povo" soubéssemos do que estávamos falando.[16]

Num sistema como esse, a dignidade democrática sai pela janela — cada um de nós é reduzido a um conjunto de dados num exercício de aprendizado de máquina. Mas os resultados podem melhorar.

Em 2017, uma empresa de tecnologia digital com base nos Estados Unidos, a Kimera Systems, anunciou que estava perto de desenvolver uma IA chamada Nigel, cuja função seria ajudar os eleitores a saber como votar numa eleição, com base no que já sabia de suas preferências pessoais. Seu criador, Mounir Shita, declarou: "Nigel procura distinguir suas metas e como você vê a realidade, e está sempre assimilando rotas que conduzem ao futuro no qual suas metas se realizam. Está sempre tentando fazer você tomar o rumo certo".[17] Trata-se de uma versão mais personalizada do que Brennan propõe, com a restituição de parte da dignidade democrática. Nigel não tenta deduzir o que é melhor para todos, só o que é melhor para você. Ele aceita a sua versão da realidade. Ainda assim, Nigel entende que você é incapaz de extrair as inferências políticas corretas das suas preferências. Você precisa de ajuda, vinda de uma máquina que conheça o suficiente do seu comportamento pessoal para entender o que você deseja. Siri recomenda livros que podem lhe agradar. Nigel recomenda partidos e posições políticas.

Isso seria tão ruim? Para muitas pessoas, soa instintivamente como uma paródia de democracia porque nos trata como crianças que não sabem o que querem. Para Shita, contudo, é um aperfeiçoamento da democracia, porque dá a devida consideração aos nossos desejos. Os políticos democráticos não se importam tanto assim com o que cada um de nós realmente quer. Cuidam do que podem nos convencer que desejamos, para que possam apelar melhor a essa aspiração. Nigel põe o eleitor em primeiro lugar. Ao mesmo tempo, ao nos proteger das nossas próprias confusão e desatenção, Nigel procura promover o nosso autoconhecimento. A versão de Brennan desiste na prática da ideia original de Mill, de que votar pode ser uma experiência educativa. Shita não desiste. Nigel tenta nos fazer avançar pelo caminho do autoconhecimento. Podemos acabar aprendendo quem realmente somos.

O defeito fatal dessa abordagem, porém, é que corremos o risco de aprender apenas sobre quem pensamos que somos ou quem gostaríamos de ser. Pior: quem gostaríamos de ser agora, e não quem ou o que podemos vir a ser no futuro. Como acontece nos grupos de discussão ou grupos focais, Nigel produz um instantâneo de um conjunto de atitudes num determinado momento do tempo. O perigo de qualquer sistema de aprendizado de máquina é que ele produz uma retroalimentação viciosa (*feedback loops*). Restringindo-se ao conjunto de dados do nosso comportamento passado, Nigel não nos ensina nada sobre o que as outras pessoas pensam nem sobre outras maneiras de ver o mundo. Nigel se limita a compilar o arquivo das nossas atitudes em busca da expressão mais consistente das nossas identidades. Se tendemos para a esquerda, acabaremos mais inclinados para a esquerda. Se nos inclinamos para a direita, acabaremos ainda mais direcionados para a direita. A divisão social e política só faria se aprofundar. Nigel foi programado para fechar o círculo em nossas mentes.

Existem correções técnicas para esses *feedback loops*. Os sistemas podem ser corrigidos para admitir pontos de vista alternativos, perceber quando os dados se limitam a reforçar o que já diziam ou, simplesmente, processar os indícios de maneira aleatória. Podemos chacoalhar um pouco as coisas para diminuir o risco de nos vermos fixados em nosso comportamento. Por exemplo, Nigel pode nos levar a visitar sites que ponham em dúvida nossas preferências, em vez de se limitar aos que as reforçam. Alternativamente, no modelo de Brennan, a agregação de nossas preferências poderia procurar levar em conta a probabilidade de que Nigel tenha radicalizado, em vez de moderado, quem realmente somos. Um Nigel de Nigels — uma máquina que ajude outras máquinas a alinhar melhor seus próprios objetivos — poderia tentar eliminar as distorções da democracia artificial que construímos. Afinal, Nigel está a serviço, e não no comando, das nossas vontades. Sempre podemos determinar o que ele deve fazer.

Mas esse é outro problema fundamental da epistocracia do século XXI. Não seremos nós que diremos a Nigel o que fazer. Serão os técnicos que construíram o sistema. São eles os especialistas em quem deveremos confiar para nos resgatar da retroalimentação viciosa. Por esse motivo, é difícil ver como a epistocracia do século XXI poderia evitar recair na tecnocracia. Quando as coisas derem errado, o poder de corrigi-las não estará com as pessoas com maior conhecimento, e sim com os engenheiros que construíram as máquinas. O que significa que serão eles, os engenheiros, os detentores do poder.

A história nos ensina que a epistocracia vem antes da democracia. Não pode vir depois. O que vem em seguida é a tecnocracia, que não é uma alternativa à democracia, mas simplesmente uma distorção dela.

Existe outra maneira de avançar. Se voltarmos à bifurcação de onde partia o caminho para a epistocracia, poderíamos tentar seguir na outra direção. Dados compilados ou vontades manifestas? Respeito aos eleitores ou resultados mensuráveis? Por que não desistir de procurar pelos melhores desdobramentos e, em vez disso, focar apenas nas condições que garantiriam que cada um fazer possa fazer o que quiser? E danem-se as consequências.

Muitos críticos contemporâneos da democracia acreditam que essa fixação nos resultados é a responsável por estarmos atolados no ponto onde estamos. Temos pavor de qualquer iniciativa diferente, tão grande é o nosso medo de piorar tudo. A tecnocracia se alimenta do medo de que uma falência do sistema seja o pior que pode acontecer. Mas será mesmo? E se a procura infindável por resultados marginalmente melhores — maior crescimento econômico, vidas mais longas, padrões educacionais mais altos — estiver nos cegando para a possibilidade de uma verdadeira transformação política e social?

O crescimento econômico, por exemplo. Existem fortes indícios históricos de que, toda vez que a economia encalha, a democracia se fratura. Entre a década de 1890 e a década de 2010, a ausência de crescimento econômico estimulou regularmente o florescimento da fúria populista. Os eleitores precisam crer que o futuro será materialmente melhor que o passado; só assim podem resistir ao apelo dos políticos que culpam outros pelos problemas do presente. O economista Benjamin Friedman repisa enfaticamente o argumento: o crescimento econômico não é importante por si mesmo, mas porque dele depende o funcionamento saudável da democracia.[18] Ainda assim, essa argumentação lembra uma esteira rolante. Precisamos do crescimento para manter a democracia em movimento, por isso orientamos a democracia em torno da política do crescimento. Temos como romper esse ciclo, se quisermos?

A libertação pode depender do quanto nos dispomos a correr o risco de fracassar. Podíamos tentar parar de dar conta de todas as tarefas acumuladas pelos políticos democratas ao longo dos últimos cem anos. Podíamos deixar que cada pessoa decidisse por si só o que lhe importa, mesmo que isso contrarie os imperativos convencionais da estabilidade política. Podíamos abrir mão de reafirmar que a democracia só funciona quando a hierarquia se harmoniza com a rede. Podíamos deixar que as redes funcionassem livremente.

A versão extrema dessa posição é o anarquismo: a ideia de que ninguém jamais deve ser submetido ao poder de outrem. O anarquismo torna irrelevantes os desdobramentos coletivos — só o que conta são as decisões que os indivíduos tomam por si mesmos. A possibilidade da anarquia paira ao fundo de todas as formas de política, inclusive a democracia. Raramente é mais que uma fantasia passageira. No entanto, depois que a democracia acumula ranço e desalento, seu apelo se torna maior. O anarquismo do século XXI floresce na internet, na qual triunfa a liberdade de escolha. Também brota ocasionalmente nas ruas, em protestos como o Occupy Wall Street, de 2011. Ainda assim, como modalidade prática de organização das sociedades contemporâneas, o anarquismo não configura uma alternativa real à democracia. É uma alternativa à política organizada como um todo. O que é demais para a maioria das pessoas.

Existem alternativas políticas. A tecnologia digital criou a possibilidade de que um mundo de redes autossustentadas não precise ser totalmente anárquico. Seria necessário que a política operasse em dois níveis distintos. Precisa haver um arcabouço geral, que crie as condições para que a experimentação política ocorra sem um prejulgamento das consequências. E depois as experiências políticas propriamente ditas. A internet poderia ser o arcabouço. As experiências políticas poderiam ser qualquer coisa.

Essa ideia se mostra atraente para os dois extremos do espectro político. Para quem está na direita, ela fala a uma tradição libertária para a qual o Estado nunca deve ser mais que um sentinela neutro, que só faz o mínimo necessário para nos manter a salvo uns dos outros, mas deixa todo o resto sem regulação. A descrição clássica dessa visão foi produzida na década de 1970 por Robert Nozick em *Anarquia, Estado e Utopia*, de 1974, um livro que ainda encontra muitos leitores no Vale do Silício. As partes mais conhecidas da argumentação são aquelas em que Nozick vai contra a redistribuição da renda através do sistema tributário, que ele equipara a uma forma de escravidão. E é por isso que os ricos gostam do livro. Mas a parte mais interessante é a seção final ("Utopia"), em que Nozick afirma que um Estado mínimo deixa em aberto todas as questões mais importantes para que os indivíduos as resolvam por si mesmos. Em que tipo de sociedade você quer viver?

Com quem quer compartilhá-la? Essas questões não devem ser decididas pelos políticos. São coisas que os políticos podiam deixar por nossa conta.

Nozick argumenta lançando mão de uma lista:

Wittgenstein, Elizabeth Taylor, Bertrand Russell, Thomas Merton, Yogi Berra, Allen Ginsberg, Harry Wolfson, Thoreau, Casey Stengel, o Rebe de Lubavitch, Picasso, Moisés, Einstein, Hugh Hefner, Sócrates, Henry Ford, Lenny Bruce, Baba Ram Dass, Gandhi, Sir Edmund Hillary, Raymond Lubitz, Buda, Frank Sinatra, Cristóvão Colombo, Freud, Norman Mailer, Ayn Rand, o barão Rothschild, Ted Williams, Thomas Edison, H. L. Mencken, Thomas Jefferson, Ralph Ellison, Bobby Fischer, Emma Goldman, Peter Kropotkin, você e os seus pais: existe realmente um tipo único de vida que seja o certo para todas essas pessoas?[19]

Para Nozick, os utópicos cometem o erro de supor que sua sociedade idealizada possa funcionar para todos. Funcione como funcionar, ou seja quem for o responsável por seu planejamento, sempre haverá gente para detestá-la. Em vez de insistir nisso, devíamos reconhecer que a melhor sociedade será aquela em que os muitos tipos humanos possam encontrar modos próprios de viver. O comunismo só pode ser uma utopia para as pessoas que prefiram as coisas de um certo modo; para os outros, será um inferno. O mesmo se aplica ao ascetismo de Gandhi, ao anarquismo de Emma Goldman e mesmo à versão do libertarismo propagada por Ayn Rand, que alardeia as virtudes do livre mercado. Nozick acredita que uma verdadeira utopia precisaria abarcar todas essas coisas, e permitir a livre escolha das diferentes pessoas que nela vivessem.

A internet transforma a utopia numa espécie de possibilidade real. Todo tipo de comunidade livremente constituída floresce na era digital. Embora sejam muitos os grupos anarquistas, no geral não se trata de uma anarquia, porque também existem as regras concebidas pelos arquitetos do sistema. Na prática, essas regras não são neutras porque atualmente refletem os interesses das empresas gigantescas de tecnologia e dos Estados que tentam regular seu funcionamento. Teoricamente, porém, poderiam ser neutras. A internet certamente tem espaço para a coexistência de múltiplas visões diversas de uma vida ideal.

A lista de Nozick precisaria ser atualizada para o século XXI (e aqui enumero a minha, embora pudesse ser a de qualquer um): "Rihanna, Ai Weiwei, Margaret Atwood, Travis Kalanick, Maria Sharapova, PSY, Janet Yellen, Russell Brand, Larry David, J. K. Rowling, o papa Francisco, Lena Dunham, Mohammed al-Zawahiri, Kid Rock etc. etc.". Na verdade, o que é mais datado na litania de nomes de Nozick (afora o fato de serem quase todos homens) é a suposição de que alguém precise ser famoso para ter uma visão de vida ideal que devamos reconhecer. Na década de 1970, era pouco provável que alguém sem nome reconhecido pudesse projetar sua visão de como desejava viver: só os poucos mais afortunados encontravam um público para isso. A tecnologia digital tem o potencial de liberar o utopista que vive dentro de cada um de nós. Na prática, de novo, não é exatamente assim que acontece. A celebridade predomina mais do que nunca, enquanto nos congregamos via internet seguindo o Instagram dos famosos. Mas é possível imaginar um mundo em que os indivíduos possam se congregar em agrupamentos políticos mais adaptados às suas preferências pessoais, em vez de determinados por sua localização geográfica ou pelo canto de sereia das celebridades. Isso, como diria Nozick, é a verdadeira utopia.

A variante de esquerda dessa ideia é similar, mas diferente. A semelhança reside na convicção de que a internet é capaz de resgatar os indivíduos do domínio arbitrário dos sistemas políticos em que se encontram devido às contingências. A diferença, no fato de que o opressor a ser derrotado não é o Estado redistributivo, mas o livre mercado capitalista. Os libertários de esquerda desejam encontrar um meio de fugir do poder do dinheiro.

Paul Mason, em seu livro de 2015 intitulado *Pós-capitalismo: Um guia para o nosso futuro*, escreve com o fervor de um verdadeiro libertário sobre o potencial emancipador da tecnologia da informação. "Com o crescimento das redes", diz ele, "a capacidade para a ação significativa não está mais confinada aos Estados, às empresas e aos partidos políticos; indivíduos e aglomerados temporários de indivíduos podem ser agentes da mudança com um poder equivalente."[20] A base da fé de Mason nessa mudança, porém, é marxista.

Marx é mais conhecido por sua ideia de que o capitalismo explora o trabalho a tal ponto que a única saída é uma revolução dos trabalhadores. Mas existe outro caminho possível para a emancipação. Mason o encontra num texto relativamente obscuro de Marx chamado "O fragmento sobre as máquinas". E resume assim o que diz o texto:

> Numa economia em que as máquinas fazem a maioria do trabalho, em que o trabalho humano se concentra de fato na supervisão, no conserto e na fabricação de máquinas, a natureza do conhecimento que fica encerrado nas máquinas deve ser "social".[21]

Esse conhecimento é muito mais difícil de explorar pelos capitalistas, pois no fim das contas não pertence a ninguém. Pertence a todos, o que o torna "social", desde que todos tenham acesso às máquinas que o contêm.

A tecnologia digital transformou a informação, mais que o trabalho, no bem mais valioso das nossas sociedades. Por isso, hoje é possível nos emanciparmos da necessidade de trabalhar para viver. A partir do momento em que as máquinas trabalham para nós, as pessoas podem decidir por conta própria a maneira como querem viver. Marx não tinha ideia de como isso poderia acontecer. Seu texto é de 1857. Ao mesmo tempo, acredita Mason, ele previu essa possibilidade.

Mason reconhece o traço utópico nessa maneira de pensar. A retórica de que Marx-estava-certo-no-fim-das-contas irá repelir muitos leitores. Já não ouvimos essa frase vezes demais? Mas existem variantes não marxistas na mesma linha de pensamento. Em *Pax Technica*, de 2015, um livro muito menos bombástico que o de Mason, Philip N. Howard afirma que a "internet das coisas" — por meio da qual as máquinas podem compartilhar diretamente vastas quantidades de dados umas com as outras — irá transformar completamente a política contemporânea. A partir do momento que a nossa geladeira se torne capaz de conversar com a luminária da cozinha, estaremos num outro mundo político, queiramos ou não. Muitas decisões escaparão das nossas mãos porque as máquinas vão tomá-las por nós em nome da eficiência. No entanto, se as máquinas cuidarem do árduo trabalho de nos manter conectados, isso deixará os humanos mais livres para brincar à vontade. O aprendizado da máquina deve criar uma folga maior no sistema, permitindo que a imaginação humana volte para a política.

Howard define sua ideia:

> Precisamos modificar fundamentalmente a maneira como pensamos na ordem e na divisão política. A mídia digital transformou a maneira como utilizamos nossas redes sociais, permitindo-nos uma atuação como atores políticos sempre que desejarmos. Usamos a tecnologia para nos conectar uns aos outros e para compartilhar histórias.

O Estado, o partido político, o grupo cívico, o cidadão: essas são categorias antigas, de um mundo pré-digital [...]. A capacidade de atuação do indivíduo vem sendo aumentada pelas redes dos aparelhos na internet das coisas.[22]

Howard não é um agitador revolucionário. Imagina, no futuro, uma política em dois níveis. Por um lado, é necessário haver um acordo quanto aos padrões técnicos que regem a internet, que serão inevitavelmente moldados pelos programadores e pelas empresas de tecnologia. Por outro, há as redes já existentes na internet, nas quais as pessoas atuam por conta própria. Isso torna o governo, da maneira como é visto convencionalmente, cada vez mais obsoleto. Separa a governança técnica, de um lado, da ação política direta, de outro. E não existe muita necessidade de nada entre uma coisa e outra.

Essa *pax technica* viria depois da *pax americana*, quando uma superpotência foi necessária para preservar a paz no mundo. Essa era já parece ter sido encerrada de qualquer maneira, graças a Trump. Howard acha que viveremos bem sem ela. "A internet das coisas", ele escreve, "deve reforçar a tal ponto a coesão social que, assim que as estruturas regulares do governo vierem abaixo ou perderem muito a força, poderão ser reparadas ou substituídas. Noutras palavras, as pessoas continuarão a contar com a internet das coisas para lhes proporcionar a governança, mesmo na ausência de um governo."[23]

Libertárias, revolucionárias ou tecnocráticas, essas visões do futuro têm traços em comum. O primeiro é a impaciência em chegar logo lá. Peter Thiel, um dos maiores defensores da visão libertária à moda do Vale do Silício, apoiou a candidatura de Trump à presidência porque queria dar uma sacudida na situação. Thiel acredita que toda ruptura é bem-vinda — independentemente das consequências — porque nos aproxima um pouco mais do futuro. Susan Sarandon, que se tornou uma porta-voz do socialismo de tipo hollywoodiano, tinha uma opinião semelhante em 2016. Com Hillary, só teríamos mais do mesmo; com Trump, havia uma chance de que tudo viesse abaixo de uma vez por todas.

Uma queixa recorrente desses visionários impacientes é que hoje nos preocupamos com as questões erradas. Temos medo da ruptura, mas devíamos recebê-la de braços abertos. Em vez de evitar um salto no escuro, devíamos reconhecê-lo como a precondição de qualquer mudança significativa. Paul Mason afirma que, no curto prazo, a finalidade da política contemporânea devia ser "não reduzir a complexidade [...] mas promover a forma mais complexa de vida financeira capitalista compatível com o progresso da economia no sentido da alta automação, da redução da carga de trabalho humano e da abundância de bens e serviços baratos ou gratuitos".[24] O capitalismo precisa chegar aonde está indo o mais depressa possível porque as máquinas que irão nos libertar já estão sendo construídas. Poderíamos sugerir como lema político do século XXI: *mais depressa!*

Essa visão do mundo ganhou um rótulo filosófico próprio: aceleracionismo. Teve um precursor no início do século XX, o futurismo, que floresceu no período imediatamente anterior e posterior à Primeira Guerra Mundial. O futurismo celebrava a velocidade, a mecanização e a juventude. Tinha uma visão bastante complacente da violência que as acompanhava. Seus proponentes, especialmente na Itália, tinham predileção pela primeira geração de motocicletas e também não se importavam muito com os acidentes que sofriam com elas. O futurismo italiano não acabou bem. Em 1919, o Partido Politica Futurista se fundiu aos recém-agrupados fascistas de Mussolini. Os dois movimentos descobriram muitos interesses em comum. O amor pelas linhas despojadas e a desatenção às implicações para alcançá-las só podem resultar em má política.

Já tendo afirmado e reafirmado que o século XX não é nosso guia para o presente, não estou em posição de argumentar que o destino do futurismo nos diz onde o aceleracionismo irá parar. Trump pode ser uma motocicleta ruidosa e corpulenta, mas a internet é algo totalmente diferente. Tem muito poucas linhas despojadas, e sua complexidade é quase ilimitada. Não estamos de volta aos anos 1920. O futurismo pertence ao passado.

O aceleracionismo do século XXI é uma filosofia tanto econômica quanto estética. Seus defensores não simpatizam com as reações austeras ao estado atual do mundo. Muitos ambientalistas insistem em pregar que devemos reduzir nosso consumo, diminuir a velocidade do que fazemos e procurar dar valor ao que já temos. Os aceleracionistas veem essa atitude como uma espécie de suicídio. Querem que adotemos o crescimento econômico acelerado, não por si só, e certamente não com a finalidade de preservar o sistema político que temos hoje. Para eles, o crescimento é a precondição da mudança. Se crescermos rápido o suficiente, nas palavras de um manifesto aceleracionista, "o futuro rachará e se abrirá como um ovo".[25]

Os aceleracionistas foram criticados no passado por superestimar as nossas possibilidades. É raro o futuro chegar tão depressa quanto imaginamos. Tradicionalmente, as máquinas nunca têm melhor desempenho que as pessoas que as operam, e as pessoas não mudam tão depressa quanto as máquinas. Isso foi demonstrado pelo destino do futurismo. Mas a revolução digital pode ter alterado os termos desse argumento. A internet das coisas desempenha um papel tão importante nas visões aceleracionistas do futuro porque promete libertar tanto as máquinas dos homens quanto os homens das máquinas. Permitirá que a mudança ocorra à velocidade das máquinas. Aos humanos, bastará se aproveitar do que as máquinas tornarem possível. Não precisamos mudar. Só precisamos embarcar na viagem da mudança.

Por isso, o perigo real pode ser irmos além, e não ficarmos aquém, do ponto para onde pensamos que estamos indo. A maioria das concepções utópicas de um mundo de redes liberadas supõe que os indivíduos que constituírem essas redes permanecerão como são hoje. Ainda poderemos escolher como e com quem queremos coexistir no panorama ilimitado que a internet descortinou para nós. Mas é possível que esse panorama se revele profundamente inóspito para a identidade humana individual.

Em vez de indivíduos escolhendo o seu lugar, as máquinas podem se recusar até mesmo a reconhecer que existimos como indivíduos. Somos meras agregações de dados, e à medida que esses dados se fracionam e são distribuídos pelo vasto território da internet, perdemos substância no processo. Quando a nossa geladeira começar a conversar com a luminária da cozinha, sem nenhuma interferência consciente da nossa parte, o que seremos para elas, além de um número de cartão de crédito e um conjunto de atitudes incoerentes? Como define o historiador isralense Yuval Noah Harari, a revolução ameaça "desindividualizar" a todos nós.[26]

Isso certamente poria um fim à utopia de Nozick, mesmo na versão atualizada. O paraíso libertário, hoje, depende da premissa básica de que é possível dar nome às pessoas que somos, para que possamos decidir de que modo queremos viver. Mas isso pode já não ser verdade. E se eu não for eu, Rihanna não for Rihanna, Gandhi não for Gandhi, e não existir uma comunidade que faça sentido para nenhum de nós? Nesse caso, diferentes partes de cada um de nós pertenceriam a diferentes lugares. Cada um de nós contém multidões, mas as máquinas só conseguem ver as partes, não o todo. Uma vez "desindividualizado", eu não poderia mais escolher o modo de vida que prefiro, porque não restará mais nenhuma parte de mim capaz de escolher. Ficará apenas a informação que forneço às máquinas.

Pode ser que isso soe implausível ou derrotista. Mas a implausibilidade não é argumento contra o aceleracionismo, que procura justamente nos acostumar com a ideia de que o futuro pode não ter nada a ver com o que esperamos. É um território ainda não mapeado. As utopias, originalmente, eram lugares impossivelmente distantes onde nunca havíamos estado. Hoje, existe o risco de que sejam os lugares pelos quais passamos em alta velocidade, a caminho de algum outro ponto. Só os vislumbramos de relance. Eles nem têm tempo de entrar em foco. E logo desaparecem da nossa vista.

Muitos aceleracionistas aceitariam felizes a ideia de que acabaremos ultrapassando nosso destino final. Na verdade, dizem eles, não existe um destino final; só a viagem. Mais cedo ou mais tarde, teremos de dar um salto no escuro. Com o tempo, e talvez dentro de poucas décadas, as categorias de máquina e de ser humano irão se confundir. E chegaremos ao que muitos chamam de singularidade: o ponto em que o ritmo da mudança se torna inimaginável para as pessoas que somos hoje. Depois disso, tudo é possível.

Antes de chegarmos lá, porém, precisamos pensar no que poderá acontecer com as pessoas que somos hoje. É possível argumentar que alguma desagregação da identidade individual nos faria bem. Derek Parfit afirma que nosso apego à ilusão de uma identidade única ao longo do tempo é uma das coisas que sufoca nossas imaginações moral e política.[27] Acreditamos por instinto que temos mais em comum com a pessoa que seremos dentro de vinte anos que com a pessoa que está sentada ao nosso lado. Parfit acha que isso é um engano: estamos tão desconectados de nossas identidades futuras que é como se um espaço físico nos separasse delas. Não sou o eu que hei de ser no futuro. Eu e ele somos essencialmente duas pessoas diferentes.

Se pelo menos conseguíssemos ver isso com clareza, poderíamos começar a reconfigurar nossas prioridades morais. Primeiro, seríamos mais atenciosos com nossos vizinhos e com as pessoas mais distantes, tendo em vista o tempo que hoje cada um de nós emprega em se preocupar apenas consigo mesmo. Segundo, faríamos um esforço maior para evitar danos às pessoas que ainda não existem (por exemplo, com o desperdício de recursos naturais). Se é errado ferir a pessoa sentada a meu lado, também é errado prejudicar a mim ou a você em versão futura. Certa desagregação da nossa condição de pessoas deveria nos tornar melhores e mais responsáveis do que somos hoje.

Até aqui, são poucos os sinais de que a tecnologia da informação esteja tendo esse efeito. Parfit escreveu seu livro em meados da década de 1980, antes da aceleração da revolução digital. Seus argumentos supunham um pano de fundo de relativa estabilidade política: em condições de calma reflexão filosófica, é possível que víssemos as coisas que devemos uns aos outros e a nós mesmos no futuro. Noutras palavras: primeiro nos estabilizamos, depois decompomos nossas identidades, depois reconstruímos nosso universo moral. No momento, esse processo está ocorrendo às avessas: primeiro decompomos nossas identidades, depois nos instabilizamos, depois vemos se sobrou alguma coisa do universo moral que construímos. Nossas personalidades estão sendo fraturadas aos poucos, pedaço a pedaço — os dados relativos à saúde aqui, o WhatsApp ali, o vozerio do Twitter ao fundo —, sem que nada nos dê uma perspectiva coletiva do que vem ocorrendo. Isso não está ocorrendo num seminário de filosofia. É a experiência vivida pela humanidade, que torna uma reflexão serena praticamente impossível. Por enquanto, a tecnologia mais nos desgasta do que nos liberta.

Parfit também supunha uma relativa igualdade entre os indivíduos humanos como precondição da renovação moral: só seremos capazes de ver o que realmente devemos uns aos outros depois de conseguirmos nos ver como iguais. Em contraste, o efeito fragmentador da tecnologia digital coincide com uma desigualdade cada vez maior. E não falo apenas da desigualdade material que acompanha a captura de fortunas imensas pelos titãs do mundo digital. É a desigualdade básica que se deve ao fato de algumas pessoas terem um contato mais próximo com as máquinas do que outras. Se você tem acesso aos botões que controlam o sistema que controla as nossas vidas, e eu não tenho, eu e você nunca seremos iguais.

A visão que Hobbes tinha da política, prefigurando o mundo moderno, partia da premissa da igualdade. Precisamos do Estado porque somos naturalmente iguais e, portanto, vulneráveis uns aos outros. O fato básico da existência humana é que praticamente qualquer um pode matar qualquer outro, se contar com uma arma e o elemento de surpresa. O Leviatã é praticamente impossível de matar, o que lhe dá o poder de pôr fim à espiral de violência — não tem como abolir a morte, mas pode estabelecer termos que tornem a morte natural mais provável que uma morte provocada. O motivo pelo qual a maioria das pessoas morre de velhice atualmente é o Estado ter passado a protegê-las de outros fins mais violentos.

Essa igualdade natural pode se tornar, em pouco tempo, uma coisa do passado. A transformação tecnológica propicia a possibilidade de que algumas pessoas tentem driblar a morte sem qualquer ajuda do Leviatã. Antes de mais nada, só os hiperprivilegiados poderiam bancar a experiência de tratamentos médicos futuristas que prometam reverter o processo do envelhecimento. Mesmo que a maioria dessas experiências acabe fracassando, mantém-se a possibilidade de que uma ou outra chegue a bom termo. Vidas humanas com duração muito ampliada, e expectativas de vida muito desiguais, abalariam a base racional da política moderna. Uns poucos super-humanos já bastariam para mudar completamente os termos em que organizamos nossas sociedades. Ficariam além do alcance das regras de relativa vulnerabilidade que unem o resto de nós. Na era da informação, o conhecimento não é só poder. Tem o potencial de se transformar numa espécie de superpoder, transcendendo a política.

O apetite de viver para sempre mostra como estamos distantes da visão que Parfit tinha de um mundo de identidades desapegadas e em desagregação. Especialmente no Vale do Silício, os muito ricos não veem nenhum motivo para deixar de ser quem são. Tendo acumulado fortunas imensas, muitas vezes ainda ridiculamente jovens, encaram o futuro como o seu playground. E estão determinados a ser as pessoas que vão frequentá-lo. Como sempre, isso nos é apresentado como uma visão universal: a morte deveria ser opcional para todos. Mas o que significa, na verdade, é que as pessoas mais poderosas do mundo querem que a morte seja opcional *para elas*. De outro modo, como poderão gozar os benefícios de tudo que estão construindo?

Se um futuro acelerado pode ser qualquer coisa, precisamos contar com a possibilidade de que venha a ser uma paródia do passado distante. Removida a igualdade natural entre nós, a era moderna se converte num interlúdio entre eras de excessos faraônicos. Uns poucos seres humanos flertam com a imortalidade. Todos os demais vivem à sua sombra. No capítulo anterior, declarei que os faraós não se comparavam ao poder do Estado moderno. Sem o Estado moderno, porém, não somos páreo para os faraós. Se demolirmos a nossa política, ela não poderá nos resgatar quando nós também nos fragmentarmos.

Examinei três alternativas à democracia moderna: o autoritarismo pragmático, a epistocracia e a tecnologia liberada. As duas primeiras têm aspectos que as recomendam, mas no fim das contas não se comparam à democracia que temos, mesmo em sua precária condição atual. São antes tentações do que alternativas. A terceira é outra coisa. Inclui todos os tipos de futuros alternativos: alguns magníficos, outros terríveis, e em sua maioria totalmente impenetráveis. É um espectro de possibilidades, tão amplo quanto qualquer experiência humana jamais conheceu.

Então, não há dúvida de que existem opções melhores que a democracia contemporânea. Os futuros mais atraentes que conseguimos imaginar incluem maneiras de fazer política que representam um evidente aperfeiçoamento do que temos agora. O melhor dos cenários possíveis sob a *pax technica* de que fala Howard, por exemplo, harmonizaria a paz mundial com a liberação pessoal e uma prosperidade cada vez maior. Seria tão bom quanto qualquer coisa que já conhecemos. Mason acha que podemos chegar mais além, a um mundo em que tudo de bom na vida será gratuito. E não estamos falando de visões simplesmente utópicas. Elas se originam em fatos que já vêm acontecendo. Howard, dando mostras da impaciência genuína de alguém que enxerga uma possibilidade de transformação política, imagina que a política do futuro irá chegar em torno de 2020, quando a internet das coisas começar a funcionar. O que é praticamente agora.

No entanto, Howard reconhece que essa é apenas uma possibilidade. Existem muitas outras. O subtítulo do seu livro é "Como a internet das coisas pode nos tornar mais livres ou nos aprisionar". A tecnologia que tem o poder de nos libertar contém, também, os piores cenários possíveis, envolvendo abusos imensos de poder, crescimento da desigualdade e paralisia política. Investir nossa confiança no potencial emancipatório das máquinas nos exige um verdadeiro salto no escuro.

Para chegarmos ao melhor futuro possível, precisamos nos dispor a enfrentar o pior. Além disso, precisamos partir do ponto onde nos encontramos hoje. O presente contém indicações dos tempos que virão, mas é dominado pelos ecos do passado. A democracia que a tantos inspira antipatia e desconfiança continua a ser um lugar familiar e confortável, se comparada à perspectiva do desconhecido. Esta é a nossa crise da meia-idade. Pode ser que prefiramos chafurdar nela.

Conclusão
É assim que a democracia chega ao fim

Todas as democracias — todas as sociedades — comparam seu destino com a sorte dos outros Estados, na esperança de vislumbrar seu próprio futuro. Quando um rival se põe em marcha, queremos saber se isso significa que estamos prestes a ser eclipsados. Quando outra democracia começa a desmoronar, queremos saber se estamos diante de um aviso sobre nosso possível destino. A política democrática é ávida por fábulas com moral, contanto que sejam vividas por outros.

No final da década de 1980, muitos comentaristas do Ocidente viam o Japão como o poder emergente: o século XXI seria o século japonês. Francis Fukuyama cita o Japão, ao lado da União Europeia, como a ilustração mais provável do que se pode esperar do fim da história: o triunfo da democracia se revela estável, próspero, eficiente e tedioso. Em seguida, a bolha japonesa estourou — derrubando a Bolsa de Tóquio — e o futuro passou a pertencer a outros. O Japão, por sua vez, viu-se transformado numa fábula sobre os perigos da húbris. Enquanto o país ingressava em suas décadas perdidas de crescimento zero e estagnação política, sinalizava um aviso enfático para os outros. Bolhas podem estourar em toda parte.

Em 2010, foi a Grécia que acendeu a luz vermelha. A UE deixava de ser um lugar tedioso — e ficava muito alarmante. Políticos de todo o Ocidente viam na Grécia um exemplo do que podia acontecer quando as democracias perdessem o controle sobre as suas dívidas. Quando assumiu o cargo de Chancellor of the Exchequer (o equivalente a ministro da Economia no Reino Unido) em 2010, George Osborne usou a crise financeira grega como a fábula das fábulas. "Podemos ver na Grécia o exemplo de um país que não enfrentou seus problemas, e este é o resultado que pretendo evitar", disse ele, lançando a Grã-Bretanha num programa de austeridade destinado a durar uma década.[1] Hoje essa década já está quase no fim e a Grécia perdeu boa parte de sua capacidade de assustar as crianças. O país não caiu num abismo. A austeridade não fez tanta diferença quanto disseram. A vida continua.

Atualmente o Japão e a Grécia raramente são invocados por políticos de outras democracias como exemplos do possível destino que nos aguarda. Não funcionam mais como fábulas de advertência porque sua mensagem ficou ambígua demais. O Japão segue atolado num impasse político e econômico, mas continua a funcionar perfeitamente como uma sociedade estável e afluente que zela por seus cidadãos. Imagine que você sorteou um bilhete na grande loteria da vida com demarcação de tempo e lugar em que irá viver, algum ponto de toda a extensão da história humana. Se o bilhete disser: "Japão, início do século XXI", você ainda se sentiria como se tivesse tirado o grande prêmio. A Grécia atravessa dificuldades piores, mas ainda assim continua próspera e pacífica diante dos padrões históricos. Existem muitos lugares piores do que esses. A crise nunca foi solucionada, mas o pior tampouco jamais aconteceu.

Então saímos à procura de novos exemplos do que pode estar por vir. A China suplantou o Japão como o gigante asiático que assombra a imaginação política do Ocidente. A China pode estar a ponto de nos ultrapassar; por outro lado, pode ser o lugar do estouro da próxima bolha gigante. A Venezuela substituiu a Grécia como o lugar cujas tristes circunstâncias atuais servem como advertência contra brincar com o fogo do populismo. Em seu discurso de outubro de 2017 no congresso do Partido Conservador, o atual Chancellor of the Exchequer do Reino Unido, Philip Hammond, falou da possibilidade de desabastecimento e violência nas ruas, "ao estilo venezuelano", caso Jeremy Corbyn se tornasse primeiro-ministro. Qualquer possível Presidente ou Primeiro-Ministro de Esquerda pode ser apontado como um Maduro em gestação, assim como qualquer Presidente ou Primeiro-Ministro de Direita pode ser pintado como um potencial Orbán, ou pior ainda, um projeto de Trump. Queremos que nossos perigos sejam claros: só assim, e com a graça de Deus, a democracia pode subsistir.

No entanto, ironicamente, o Japão e a Grécia são países que hoje nos apresentam as melhores indicações de como a democracia pode chegar ao fim, mesmo bem depois de terem deixado de servir aos políticos em busca de um argumento fácil. As democracias estáveis preservam sua extraordinária capacidade de evitar o pior, mesmo sem dar cabo dos problemas que antes representavam uma ameaça catastrófica. A crise grega foi tantas vezes empurrada para diante que só podemos concluir que tem pela frente um caminho muito mais longo do que se acreditava. Quem sabe onde irá acabar? No momento em que escrevo, a economia grega lentamente recomeça a crescer pela primeira vez em mais de oito anos. O peso da dívida é maior do que nunca. O primeiro-ministro Tsipras é mais impopular que em qualquer outro momento de seu governo. O partido grego de centro-direita, que presidiu a primeira fase da crise sem fim, pode estar perto de uma volta ao poder. Varoufakis acaba de lançar mais um livro.

A Grécia e o Japão são países onde a vida é muito diferente, mas têm alguns traços em comum. São duas das sociedades mais antigas da face da Terra: o Japão é um dos poucos países com uma proporção mais alta de habitantes idosos que a Grécia. Metade de sua população tem 47 anos ou mais. As duas nações precisam desesperadamente de um influxo de juventude. Na falta de um arranque sério na taxa de natalidade — e é muito difícil imaginar o que a esta altura poderia ter esse efeito —, a solução óbvia é a imigração. Ainda assim, nos dois países, aceitar mais imigrantes — especialmente homens jovens — é politicamente tóxico e, na prática, muito difícil de administrar. Em algum momento, algo terá de mudar. Talvez, se esperarem o suficiente, robôs passem a responder pela maior parte do trabalho antes feito pelos jovens, deixando que os idosos passem seus dias jogando no computador e se preocupando com a saúde. Pode ser dessa maneira que, ao final, todos nos tornaremos japoneses. Existem destinos bem piores.

O Japão também é uma das sociedades menos violentas do planeta. A taxa de homicídios no país é a mais baixa do mundo desenvolvido. A política japonesa volta e meia é sacudida por um escândalo — acusações de corrupção nunca estão muito longe de atingir um ou outro dos políticos do país —, mas rebeliões e violência nas ruas são quase desconhecidas. O conflito político é ao mesmo tempo corrosivo e desprovido de dentes. A Grécia tem taxas de criminalidade bem mais altas que as do Japão, mas a violência lá também é rara, não só pelos padrões históricos mas inclusive em comparação com outros países da Europa (a taxa de homicídios na Grécia é mais baixa que no Reino Unido). Quase uma década de depressão econômica brutal alterou pouco esse quadro. A Grécia se despedaçou sem cair aos pedaços. Sua política se tornou maldosa sem ficar violenta. Certas democracias, ao que parece, têm uma alta capacidade de resistência à dor.

As histórias do Japão e da Grécia acabaram sendo muito diferentes do que se podia temer, ou mesmo do que se poderia esperar. Falta alguma coisa para que sirvam como fábulas edificantes. E o que lhes falta é a moral da história. Em vez de um drama que chega a um clímax, a democracia persiste numa espécie de agachamento congelado, aguentando firme, esperando o pior passar, mesmo que não haja muita clareza quanto ao que as pessoas estão esperando. Depois de algum tempo, a própria espera se converte no objetivo do exercício. Alguma coisa vai acabar acontecendo. É sempre assim.

Mas essa história não está completa, é claro. Muitas democracias, mesmo no Ocidente, são menos idosas que as do Japão e da Grécia, mais voláteis, mais impacientes, e potencialmente muito mais violentas. E nem precisamos ir a Caracas para ter um vislumbre de um futuro alternativo. Chicago dá conta do recado.

A afirmação de que a violência vem sofrendo um declínio generalizado — feita com maior ressonância por Steven Pinker em *Os anjos bons da nossa natureza*, de 2011 — está subjacente a boa parte da minha argumentação neste livro.[2] Esse retrato ficou mais complicado nos anos recentes. Uma parte significativa do que diz Pinker está baseada na queda da taxa de criminalidade em todo os Estados Unidos, do ponto mais alto nas décadas de 1970 e 1980 aos pontos historicamente mais baixos da década de 2010. Mas a proporção de homicídios subiu quase 10% nos últimos dois anos, e boa parte desse aumento vem de umas poucas cidades: Las Vegas, Baltimore e Chicago. Na média, mais de cinquenta pessoas são mortas à bala por mês em Chicago. A proporção de fatalidades na cidade é muito mais alta, mesmo em relação à notoriamente violenta década de 1920.

Esse recente aumento da violência é muito desigual. Enquanto algumas cidades vivem altas dramáticas, outras permanecem mais ou menos na mesma. Em 2016, a taxa de criminalidade em Nova York ainda era a menor de todos os tempos. Em Chicago, a violência deixa boa parte da cidade em paz: dos mais de setenta distritos policiais, apenas cinco respondem por dois terços no aumento das mortes. É possível viver ao lado de um banho de sangue e, ainda assim, viver mais ou menos imune a chacinas desse tipo.

O homicídio à moda de Chicago não é a irrupção de violência mais dramática que atinge os Estados Unidos nos dias de hoje. Uma contagem ainda maior de mortes é autoinfligida. A proporção de suicídios vem crescendo muito esta década, especialmente nas áreas rurais. Atualmente, mais estadunidenses se matam a tiros do que matam outros. A epidemia de opioides que vem galopando em partes do país tem ceifado mais vidas que a violência armada, e não dá sinais de diminuir. As mortes no trânsito também vêm aumentando. Por isso, os Estados Unidos são o primeiro país do mundo desenvolvido a ver um declínio na expectativa de vida. Mais de 100 mil habitantes morreram no ano passado de overdose ou num acidente de trânsito. Essa é a verdadeira carnificina dos Estados Unidos.

O que os EUA vêm atravessando no momento poderia ser chamado de uma cauda longa de violência: é abundante, mas em sua maior parte só afeta determinados grupos. Raramente é uma experiência coletiva. A violência não desapareceu. Em vez disso, espalhou-se e tornou-se mais rara, afetando algumas vidas individuais de inúmeras maneiras que mal são percebidas pelas pessoas não diretamente afetadas por ela. Boa parte dessa violência é privatizada, domesticada ou institucionalizada em lugares planejados para ficar fora das mentes da maioria. O sistema carcerário do país, em que se encerram mais de 2 milhões de prisioneiros, entre os quais uma quantidade imensamente desproporcional de jovens afro-americanos, é uma gigantesca fábrica de violência que trata de excluí-la da esfera política. Longe dos olhos, longe da mente.

Ao mesmo tempo, a sombra de algum cataclismo indizivelmente violento paira sobre todo o país. Certos atos individuais de violência — especialmente quando perpetrados por terroristas — são tratados como prenúncios de um colapso generalizado. Um movimento em falso e podemos todos morrer. Trump é uma tradução desse fenômeno. Costuma praticar dois tipos de violência: a variedade friccional, de baixo impacto, que se traduz em insultos pessoais; e a ameaça de um Armagedom nuclear. Em toda distribuição do tipo cauda longa, juntamente com a proliferação de eventos menores, existe certo número de eventos mais impressionantes. Trump parece incapaz de qualquer gesto de apoio aos milhões de estadunidenses que correm o risco diário de violência. No entanto, é capaz, ele mesmo, de destruir milhões deles.

A cauda longa da violência é emblemática do aperto que a democracia vem atravessando: as ameaças que tem pela frente ou são grandes demais, ou pequenas demais. O que a epidemia de opioides e uma possível guerra nuclear com a Coreia do Norte têm em comum é a dificuldade que a política democrática tem para enfrentar tanto uma como a outra. O espaço entre o pessoal e o apocalíptico, que é onde tradicionalmente se desenvolve a política democrática, transformou-se num campo de batalha para visões de mundo rivais constituídas de expectativas pessoais ou apocalípticas do pior que pode acontecer. O que está faltando é uma política de nível médio. Em qualquer distribuição em forma de cauda longa, é a parte média a atingida com mais força.[3] A democracia contemporânea não é uma exceção. Macroeventos e microexperiências ocupam todo o espaço, e excluem a possibilidade de um meio-termo razoável. Quando as pessoas procuram instituições que poderiam facilitar essa intermediação, descobrem que foram esvaziadas pela pressão de inquietações e pelas frustrações políticas grandes demais ou pequenas demais para se ajustar a elas.

Apesar disso, um motivo que a democracia tem para persistir é o fato de conservar suas potencialidades negativas. As frustrações têm seus usos, por mais vazios que sejam os espaços em que costumem fazer barulho. Quando as pessoas ficam absolutamente fartas de certos políticos, sempre podem substituí-los por outros. Os péssimos líderes — ou "maus imperadores", como costumavam ser chamados na China — podem ser despachados mais ou menos sem dor. Partidos políticos moribundos acabam despejados nos pátios dos ferros-velhos. Uma democracia realmente desatenta ou intimidada pode achar que um mau imperador pode se infiltrar em suas instituições, tornando mais difícil se livrar dele. Erdogan está em cena na Turquia já há dezoito anos, e não dá sinal de que esteja indo embora. Mas o mesmo não irá acontecer com Trump. A democracia dos Estados Unidos não está intimidada, nem é desatenta a ponto de permitir que ele permaneça no cargo além de 2025. E é muito pouco provável que chegue até mesmo a essa data.

As democracias continuam a ser eficazes em evitar a hora mais difícil. Sua incapacidade de se posicionar ou manter as coisas em proporção é útil para adiar o pior, ainda que a frustração possa ser profunda quando se tenta fazer melhor que isso. Empurrar o problema para diante é o melhor que as democracias fazem. E é por isso que o caminho que ainda têm pela frente pode se revelar bem mais comprido do que achamos.

O problema da democracia no século XXI é que suas virtudes positivas estão se esgotando. Evitar o desastre, por si só, não basta. Para a democracia florescer, ela precisa preservar sua capacidade de combinar resultados benéficos com reconhecimento pessoal, o que não está mais acontecendo. Ainda há benefícios e ainda há o reconhecimento: só não ocorrem ao mesmo tempo. As soluções para os nossos problemas comuns, que dependem cada vez mais da especialização técnica, tendem claramente no sentido da tecnocracia. As demandas de reconhecimento, cada vez mais manifestas na linguagem da identidade pessoal, estão indo no sentido oposto, rumo a alguma coisa que lembra o anarquismo. Ao longo do século XX, a experiência coletiva da luta política — tanto para resolver os problemas comuns quanto para enfatizar o reconhecimento democrático — manteve a democracia intacta. No século XXI, a experiência dispersa da fúria política está contribuindo para que se despedace.

Os partidos políticos foram os instrumentos primários para combinar as virtudes positivas da democracia. Hoje, esses partidos também tendem a se desfazer, à medida que as aspirações de reconhecimento pessoal alimentam a frustração política com a mecânica da representação democrática. Por se tratar de uma democracia, ninguém quer dizer abertamente o quanto ela ficou difícil. Os políticos, à época das eleições, ainda prometem de tudo para todos: esse movimento social irá resolver seus problemas pessoais; aquele culto à personalidade irá restaurar a grandeza do seu país. Essas promessas vazias acabam lesando os políticos pouco tempo depois, ponto em que são trocados por outros. Mas a democracia não melhora.

A revolução digital vem acelerando esse processo. E também é emblemática. Os "solucionadores" mais grandiloquentes são quase sempre os titãs das empresas de tecnologia, convencidos de que suas máquinas têm a capacidade de lidar com os problemas intratáveis do mundo. Esses chefes de um culto do novo solucionismo, acompanhados de muitos devotos, não têm nada contra a democracia porque têm certeza de que qualquer coisa que aumente nossa capacidade de resolver problemas é uma vantagem para a democracia. Ao mesmo tempo, cultivam a confiança de que sua tecnologia basta para proporcionar o reconhecimento democrático a todos os quadrantes: é ela que dá voz a quem não tem. O que não sabem dizer é como essas duas coisas se combinam. Porque a verdade é que não coadunam.

Por isso, Mark Zuckerberg é uma ameaça mais séria do que Donald Trump para a democracia dos Estados Unidos. Zuckerberg não tem desígnios malévolos em relação às instituições democráticas; na verdade, parece ter bem poucas queixas da democracia. Tem boas intenções. E é esta a ameaça que ele representa. O desafio crucial que a democracia tem pela frente é encontrar um modo de reconectar o que vem se desmanchando, o que significa antes de mais nada perceber que se limitar a aumentar a pressão dos dois lados da vida democrática, sem conectá-los, não pode levar a nada de bom. A democracia dos Estados Unidos pode sobreviver a Trump porque tem virtudes negativas, de resistência, que acabarão por tirá-lo de cena. Mas essas virtudes negativas não servem para despachar Zuckerberg, porque isso demandaria algo de mais positivo. As instituições de que precisamos para enfrentar o vazio político que sentimos cada vez maior são as mesmas que vêm sendo esvaziadas pelo solucionismo exagerado e pelo hiperestímulo à expressão pessoal.

E é provável que seja este o destino da democracia: os Trumps vêm e vão; os Zuckerbergs seguem em frente. Não estamos diante de nenhuma ameaça terrível porque o Zuckerberg não quer que nada de terrível aconteça. Muitos problemas serão solucionados, mas muitos novos problemas serão também criados. Muitas entre as pessoas hoje isoladas terão uma oportunidade de encontrar sua voz. E, devagar mas sempre, a democracia chegará ao fim.

Qual é a minha solução? A essa altura de qualquer livro sobre o mal-estar da democracia contemporânea, é comum os leitores esperarem que o autor sugira algumas correções. Não tenho nada a sugerir. Se o solucionismo é parte do problema, simplesmente propor soluções não será a maneira de corrigir nada.

Prefiro, em vez disso, apresentar algumas lições para o século XXI. Não devem ser vistas como um guia para o futuro. São, na verdade, um modo de tentar entender o ponto em que nos encontramos no momento. Seja qual for o nosso futuro, precisamos saber de onde partimos.

- A democracia ocidental madura está em declínio. Passou do seu apogeu. Precisamos reconhecer este fato: uma modalidade dinâmica e extremamente bem-sucedida de regime político, que gozou de um sucesso notável por cem anos, vem aos poucos chegando ao fim nos lugares onde seu sucesso foi maior. O que ainda deixa espaço para muitas escolhas significativas. Se a parte final dessa história ainda está por vir, muita coisa ainda pode acontecer. Os anos de declínio de qualquer um são às vezes os mais satisfatórios de sua vida. Mas isso só irá ocorrer se conseguirmos sair da confusão em que nos encontramos no momento, quando empregamos um tempo excessivo em esforços para recapturar a juventude perdida.

- Ao mesmo tempo, não podemos nos permitir uma preocupação constante com a morte. A política democrática está sendo sufocada pelas intimações de mortalidade que aprendeu a identificar. Em muitos sentidos, é justo sentirmos medo: um acontecimento terminal pode estar à nossa espera depois da próxima esquina. Uma confiança inabalável no futuro seria ridícula a esta altura. Temos muito mais a temer do que o medo em si. Mas também precisamos reconhecer que, se ainda resta vida à democracia, ela precisa ser vivida. Se formos desperdiçar o período que ainda nos resta preocupados com o fim, o tempo simplesmente passará como um borrão.

- A morte não é mais a mesma. O fim definitivo de uma vida se transformou em algo mais parecido a um processo gradual. Isso se aplica individualmente aos seres humanos, que podem ter algumas funções preservadas bem depois de outras características essenciais da vida terem deixado de existir. A demência pode despojar uma pessoa de sua identidade sem danificar sua integridade corpórea. Uma meia vida como essa pode durar muito tempo. Ao ritmo atual dos progressos tecnológicos, podemos esperar que certas meias vidas cheguem a durar mais que muitas vidas plenas. O mesmo se aplica aos nossos sistemas políticos. É quase certo que o fim da democracia será prolongado. Aperfeiçoamentos artificiais, adiamentos e remendos técnicos podem mantê-la quase indefinidamente num estado de animação suspensa. A força da democracia reside em sua capacidade de desmantelar os problemas de maneira a torná-los administráveis, o que significa que a democracia deverá ser capaz de desmantelar sua própria morte. E de poder adiá-la, peça por peça.

- A democracia não somos nós. A extinção da democracia não é a nossa extinção. A analogia entre uma vida humana e a vida de um sistema político só vai até certo ponto. À medida que a democracia entra em declínio, corremos o perigo de um excesso compensatório em nossas tentativas de mantê-la funcionando. Podemos chegar a salvar a democracia e destruir o mundo. Não temos alternativas melhores no momento, mas isso não significa que nenhuma seja possível. Se continuarmos a insistir que a democracia é sacrossanta — em especial, se insistirmos em pensar que seguir em frente, eleição a eleição, irá fazê-la recobrar a centelha da vida —, acabaremos por perder de vista qualquer finalidade. Só estaremos repetindo gestos vazios.

- A história da democracia não terá um ponto final singular, a menos que também seja o fim de toda a vida humana. Haverá casos em que seguirá bem-sucedida, especialmente nos lugares onde a democracia ainda conserva parte de sua promessa juvenil. Haverá também claros desastres — algumas democracias correm o risco de entrar em colapso, como já lhes aconteceu no passado. No momento em que escrevo, a democracia brasileira parece particularmente vulnerável. Cerca de metade dos brasileiros declarou, numa pesquisa recente, seu apoio a uma "intervenção militar temporária"[4] para enfrentar a atual crise política e econômica do país. Golpes de Estado continuam a acontecer, embora tendam a se tornar mais raros, haja vista a quantidade de maneiras como a democracia pode ser usada para encobrir sua própria erosão gradual. Mas as democracias ocidentais maduras precisam parar de se mirar em outras nações para entender o que ocorrerá com elas: o Brasil não é a nova Grécia. Não podemos viver através dos outros, assim como não podemos morrer através dos outros. Precisamos atravessar tudo isso nós mesmos.

A democracia ocidental irá sobreviver à sua crise da meia-idade. Com sorte, sairá dela só um pouco baqueada. Mas é improvável que saia dela revivida. Afinal, esse não é o fim da democracia. Mas é assim que a democracia chega ao fim.

Epílogo
20 de janeiro de 2053

Existe alguma coisa que podemos saber com segurança quanto ao que irá acontecer na segunda metade do século XXI? O horizonte de vinte anos da transformação tecnológica, por mais que venha sendo adiado, faz com que tudo além desse período nos pareça extremamente nebuloso. É quase impossível imaginar como haverá de ser a vida cotidiana se a linha entre a inteligência humana e a inteligência das máquinas for atravessada; nem importa o que venha a ocorrer com a política. Mesmo que não atravessemos essa linha, o ritmo da mudança não deve perder a velocidade. Fazer previsões é uma atividade arriscada mesmo no melhor dos momentos. Na era digital, só um idiota se arriscaria.

Yuval Noah Harari afirma que a revolução digital assinala o verdadeiro fim da história, porque equivale à extinção da iniciativa humana como determinante primária da mudança social. Não temos como imaginar o que irá ocorrer no resto do presente século porque desconfiamos que não dependerá de nós. As máquinas é que lhe darão forma, o que tornará muitas das categorias básicas da existência humana obsoletas. Harari acredita que a individualidade, a consciência, as decisões morais e a escolha democrática se transformarão todas em meros resíduos do passado histórico. E é isso que torna impossível, para as pessoas que somos hoje, conhecer o futuro. O progresso será medido pelo uso eficiente da informação. A experiência humana será reduzida a uma série de elementos isolados num conjunto de dados.[1]

Pode ser. Apesar disso, para chegarmos a essa distopia, ainda precisamos ir daqui até lá. E permanece a dúvida quanto ao que acontecerá nesse trajeto. Nossos piores pesadelos sempre podem ser bloqueados pelos obstáculos que os resíduos da história lhes opõem. Poucos fenômenos sociais têm um fim abrupto. A maioria ainda atravessa uma prolongada meia vida. A democracia não é uma exceção.

Farei a seguinte previsão: no dia 20 de janeiro de 2053, haverá uma cerimônia em Washington para celebrar a posse de um presidente dos Estados Unidos devidamente eleito. Poucas outras datas do calendário do futuro, se é que se pode dizer o mesmo de algumas delas, nos permitem um grau equivalente de certeza. Os estadunidenses deram posse a um presidente no auge de uma terrível guerra civil, em pleno decurso de duas guerras mundiais e nas profundezas de uma calamitosa depressão econômica. A revolução digital, por si só, não será suficiente para tirar esse evento dos trilhos. O mundo precisaria estar próximo do fim.

A democracia dos Estados Unidos terá sobrevivido à presidência de Donald Trump. À exceção de um desastre dos desastres, nenhum golpe terá ocorrido, nem o império da lei terá sofrido um colapso. A política democrática, ainda que puxando de uma perna, terá seguido em frente. A história terá continuado. O futuro da política é impossível de conhecer, mas daqui a uma geração ela ainda será reconhecível como uma relíquia do passado.

Segunda-feira, 20 de janeiro de 2053, foi mais um belo dia em Washington. O frio foi moderado, e, no palanque, eram poucos os que precisavam recorrer a sobretudos e cachecóis. Janeiro era agora reconhecido como o melhor mês para visitar a cidade — um breve período de trégua antes da chegada das chuvas.

O novo presidente irradiava confiança e tranquilidade. Foi eleito com apenas 28% dos votos populares, o menor total de um candidato vitorioso em toda a história. Ainda assim, a vitória foi confortável. Nenhum de seus seis principais rivais chegou a dez pontos percentuais de distância. O Colégio Eleitoral reformado, que lhe deu uma bonificação pela vitória no voto popular, ajudou. Mas ele conquistou um número suficiente dos estados não reformados, onde o vencedor ganha com todos os votos eleitorais, para fazê-lo cruzar a linha de chegada com uma proporção tão reduzida do total dos votos.

O presidente Li, como a essa altura já era tradicional, venceu encabeçando seu próprio movimento pessoal contra os partidos políticos estabelecidos. Sua mensagem era simples: estava determinado a enfrentar o poder das gigantescas empresas de tecnologia. Tanto os democratas quanto os republicanos tinham escalado dois candidatos cada, tendo sido mais uma vez incapazes de concordar quanto ao processo que adotariam para escolher um nome único, aceitável por todo o partido. Os dois partidos pareciam definitivamente acabados, embora isso viesse sendo dito há muitos anos. Li também havia derrotado a magnata da energia solar que bancara sua própria campanha e o artista popular, sustentado por um crowdfunding, que acabou chegando num distante segundo lugar. O último dos debates da campanha, que tinha acabado num verdadeiro vale-tudo, não havia feito muito pela campanha de ninguém.

Todos concordavam que o presidencialismo dos Estados Unidos tinha virado um tumulto. A prolongada campanha pela reforma do sistema eleitoral, com a finalidade de adotar dois turnos de votação — nos moldes da extinta Quinta República da França —, não dera em nada. Muitos eleitores se mostravam saudosos do tempo em que as eleições presidenciais propunham sempre uma escolha binária; ainda assim, tinha sido impossível chegar a um acordo para mudar a Constituição. Precisavam se virar com o sistema que tinha sido produzido.

Alguns estados voltaram a adotar cédulas de papel, depois do escândalo das "eleições eletrônicas" de oito anos antes, que levaram dois anos para ser resolvidas nos tribunais. Ao fim desse período, decidiu-se permitir que o presidente Chan-Zuckerberg continuasse no cargo, com base num acordo que restaurava os direitos de cada estado a formas próprias de apuração eleitoral. A Califórnia decidira continuar usando o sistema de reconhecimento facial que estava na origem de todo o problema. Em Minnesota, os eleitores agora precisavam comparecer pessoalmente às suas seções, comprovando sua identidade com amostras de DNA.

A chegada do presidente Li ao cargo tinha sido acossada por rumores que o davam por um fantoche do governo chinês. Mas essas acusações não lhe causaram muito prejuízo. Fazia tempo que a maioria dos eleitores aprendera a desconsiderar histórias desse tipo. De qualquer maneira, para muitos deles, ter um presidente ligado à China era uma vantagem, dada a quantidade de conexões chinesas que todos também tinham. Li também sobrevivera a um escândalo de proporções modestas quando se soube que, na juventude, tinha trabalhado por algum tempo no Facebook, antes de abrir seu próprio negócio. Sua explicação tinha sido que, para domar o monstro, precisava antes entender como ele funcionava por dentro. O que não era verdade. Li tinha sido apenas um contador a mais na divisão de finanças da empresa. Não tivera a oportunidade de formar uma ideia geral de como a empresa funcionava.

Li tinha estimulado quem lhe dava apoio a se desconectar da internet nas semanas anteriores à eleição presidencial, para que o resultado não fosse conhecido antes da hora. Sua estratégia tinha dado certo, e milhões de pessoas atenderam sua recomendação. "Vote, não compartilhe!" se transformou num slogan decisivo para a campanha. Mas o resultado da eleição não foi surpresa para ninguém — a queda dramática da atividade na internet já tinha deixado claro que Li iria vencer, além de revelar exatamente quem planejava votar nele. Quando voltaram a se conectar, no dia seguinte à eleição, seus apoiadores foram recebidos com mensagens congratulatórias de seus servidores.

A viga mestra da campanha de Li tinha sido sua defesa do dólar muito enfraquecido, que ele chamava de "moeda do povo". Prometia retomar a impressão de cédulas de papel, para serem gastas localmente em território estadunidense. Foi uma ideia bem recebida pelas vítimas da grande deflação das criptomoedas, entre eles profissionais endividados pelo pagamento dos estudos que muito antes já haviam desistido de encontrar algum emprego permanente.

A coalizão de Li era composta pelos "fica-em-casa", sustentados pela escassa renda universal que recebiam, e os "viajantes", que se deslocavam de estado em estado à procura de trabalho ocasional sem vínculo. Teve menos apoio entre os cidadãos com mais de oitenta anos, preocupados com a conversão de sua aposentadoria em dólares. Os mais idosos continuavam aferrados aos seus bitcoins. Mas não precisavam ter medo — durante a transição, o presidente do Federal Reserve, o banco central dos Estados Unidos, já tinha explicado ao presidente eleito que seria impossível produzir um papel-moeda à prova de falsificações. Li tinha sido obrigado a abandonar a ideia. E ainda estava à procura de outra.

Era pouca a expectativa de que Li conseguisse fazer muita coisa, tendo em vista o Congresso eleito junto com ele. Os partidos divididos, e o número cada vez maior de candidatos independentes que tinham conquistado seus mandatos, haviam fraturado ainda mais o panorama político. Os tão sofisticados freios e contrapesos da Constituição dos Estados Unidos, ainda intactos, tornavam mais fácil para o Legislativo barrar do que promover a criação de novas leis, o que era saudado pelos libertários. Os muitos outros que deploravam a situação não viam caminho possível para contornar o problema básico — a Constituição, que criava tantas oportunidades de veto, tinha vetado o processo de sua própria reforma. No passado, uma emergência nacional poderia ter removido algumas dessas barreiras. A essa altura, porém, o panorama político estava desagregado demais até para isso.

Nem todos os rivais de Li compareceram à sua posse. Três preferiram não ir, alegando que aquela eleição vencida por tão poucos votos era uma farsa sem sentido. Fez pouca diferença. A ocasião foi prestigiada por uma multidão entusiasmada, e os protestos foram reduzidos a um mínimo. Os comandantes militares estavam presentes, bem como vários líderes do Congresso e juízes da Suprema Corte. Tudo correu do jeito certo. A cerimônia chegou ao fim sem qualquer sobressalto.

Li não estava de posse dos códigos nucleares, mas não tinham sido entregues a nenhum presidente nos últimos trinta anos, desde que o Congresso atribuíra a decisão final sobre o uso do arsenal nuclear do país a uma comissão tripartite, composta pelo comandante do Estado-Maior, o presidente da Câmara e um nome indicado pela Casa Branca, por convenção o chefe de gabinete do presidente. Esses três indivíduos permaneciam conectados o tempo todo por uma rede particular, e nenhuma decisão podia ser tomada sem a concordância de todos. Logo ficaram conhecidos como "os Três Sábios", ou "os Três Reis Magos", não sem alguma ironia, tendo em vista quantas vezes os Estados Unidos se viram à beira de um conflito nuclear desde então. Agora, pela primeira vez na história, os três seriam mulheres.

O discurso de posse de Li foi curto e animado. O palco estava decorado com bandeiras de verdade, não as virtuais que drapejavam nas posses anteriores. Sua eleição, disse ele, tinha sido o momento em que o poder começava a ser transferido de volta dos donos das redes sociais globais para os representantes do povo congregados em Washington. As decisões que pudessem afetar todos os estadunidenses seriam tomadas tendo em vista o interesse de todos os estadunidenses. Os Estados Unidos da América, reiterou, ainda eram, antes e acima de tudo, uma democracia. E haveriam de ser para sempre uma democracia.

Ao deixar o palanque, alguém ouviu seu predecessor comentar com seu vizinho de assento: "Ele protesta demais".

Leituras recomendadas

Faz algum tempo que venho pensando nos muitos problemas que a democracia enfrenta. Muitos outros pensaram e escreveram sobre o mesmo tema. Além dos livros e artigos a que me refiro em meu texto, há muito mais que merece ser lido, e indico aqui algumas das obras que ajudaram a informar o meu pensamento. Não concordo com todas, e muitas vezes meu livro tenta dizer coisas bem diferentes. Mas são todas ricas em boas ideias e dignas de interesse.

Em relação às grandes questões que preocupam os cientistas políticos do nosso tempo — o que faz com que a democracia dure e o que a faz regredir —, uma resposta de peso é dada por Daron Acemoglu e James Robinson em *Why Nations Fail: The Origins of Power, Prosperity, and Poverty* (Nova York: Crown Business, 2012; Londres: Profile, 2013).[1] Eles apontam as instituições fidedignas como a chave para a estabilidade política. E esta é uma versão mais acessível do livro anterior deles, o clássico *The Economic Origins of Dictatorship and Democracy* (Cambridge: Cambridge University Press, 2005). O primeiro livro contém algumas equações. O segundo, não.

Francis Fukuyama — ainda conhecido principalmente por *The End of History and the Last Man* (Nova York e Londres: Free Press, 1992)[2] — relata a seu modo a ascensão e a possível queda da democracia em *The Origins of Political Order* (Nova York: Farrar, Straus & Giroux; Londres: Profile, 2012)[3] e em *Political Order and Political Decay* (Nova York: Farrar, Straus &

Giroux, 2014; Londres: Profile, 2015).[4] O segundo volume, em especial, com sua preocupação em torno da inflexibilidade da "vetocracia" estadunidense, deveria dissipar qualquer ilusão que ainda resta quanto a Fukuyama ser um jovial otimista.

Steven Levitsky e Daniel Ziblatt publicaram seu livro *How Democracies Die: What History Tells Us about Our Future* (Nova York: Crown; Londres: Viking, 2018) tarde demais para que eu pudesse responder a seus argumentos neste livro. Adotam uma linha diferente da que trabalho, usando a história da falência da democracia para servir de guia de como e por que a democracia dos Estados Unidos pode dar errado no presente e no futuro. É o relato mais atualizado que temos do que causa o "retrocesso" da democracia, e de como Trump deve ser avaliado desse ponto de vista. Espero que meu livro, com seu título semelhante mas com muitas diferenças, complemente o deles, e não o contradiga.

O periódico *The Journal of Democracy* vem publicando nos últimos anos muitos artigos poderosos sobre a questão das fraquezas atuais da democracia. Alguns são bastante sombrios. Além do artigo sobre os golpes de Estado de Nancy Bermeo, que discuto neste livro, dois artigos que muito me influenciaram foram "The Democratic Disconnect" [A desconexão democrática], de julho de 2016, e "The Signs of Deconsolidation" [Os sinais da desconsolidação], de janeiro de 2017, ambos de Yascha Mounk e Robert Stefan Foa. Eles enfatizam as pesquisas de opinião e outros indícios que sugerem um possível declínio do apego aos valores democráticos nas democracias estabelecidas, especialmente entre os jovens.

Existem muitos livros excelentes sobre o que deu errado com a democracia na década de 1930. Richard J. Evans, que hoje vê paralelos entre a falência da democracia no período de Weimar e a ascensão de Donald Trump, conta a história original em *The Coming of the Third Reich* (Nova York: The Penguin

Press, 2004; Londres: Allen Lane, 2003).[5] O relato mais poderoso sobre como a democracia dos Estados Unidos chegou perto da catástrofe na década de 1930, e os entendimentos graças aos quais a catástrofe foi evitada, é o livro de Ira Katznelson, *Fear Itself: The New Deal and the Origins of Our Time* (Nova York e Londres: Liveright, 2014).

Voltando ainda mais no tempo, o livro de Paul Cartledge, *Democracy: A Life* (Nova York e Oxford: Oxford University Press, 2012, 2016), revive a política da antiga Atenas no presente, em toda sua complexidade e estranheza. Livro de tipo muito diferente é o de David A. Moss, *Democracy: A Case Study* (Cambridge, MA: Bellknap Press, 2017), em que o autor avalia episódios da história da democracia dos Estados Unidos — seus sucessos e fracassos — segundo os critérios de avaliação da Escola de Administração de Harvard. Não é uma abordagem que vá agradar a todos os gostos, mas revela o quanto as extensões do direito de participação foram instrumentais para tirar a democracia de seus entraves periódicos, e como pode ser difícil obter o mesmo efeito nos dias de hoje.

Na teoria política contemporânea, um livro de Nadia Urbinati, *Democracy Disfigured: Opinion, Truth and The People* (Cambridge, MA: Harvard University Press, 2014), realiza um trabalho magistral ao distinguir as diferentes maneiras como a democracia contemporânea pode transformar o povo em espectadores. Junto com seu livro anterior, *Representative Democracy: Principles & Genealogy* (Chicago: University of Chicago Press, 2006), que caracteriza a democracia como a política do "pensando melhor", a obra exerceu uma influência profunda sobre a maneira como entendo a política moderna.

Um grande número de livros mais recentes leva a sério o fenômeno das teorias da conspiração. Um dos primeiros, e ainda um dos melhores, é o de Kathryn Olmsted: *Real Enemies: Conspiracy Theories and American Democracy, World War I to 9/11*

(Nova York: Oxford University Press, 2009). O livro de Pankaj Mishra, *Age of Anger: A History of the Present* (Nova York: Farrer, Straus & Giroux; Londres: Allen Lane, 2017), conta uma longa história da fúria política popular que vem desde Jean-Jacques Rousseau e chega ao atual ataque às elites em todo o mundo. Mishra junta os pontos entre o nacionalismo italiano do século XIX, de um lado, e Trump e Modi, de outro. Jan-Werner Muller, em *What is Populism?* (Filadélfia: University of Pennsylvania Press, 2016; Londres: Penguin Books, 2017), traz um breve e vigoroso relato do que distingue o populismo contemporâneo como uma forma de política à parte.

O livro que ajudou a dar início à indústria do risco para a existência, ou "risco existencial", foi a obra de Martin Rees, *Our Final Century? Will the Human Race Survive the Twenty-First Century?* (Londres: William Heinemann, 2003). A versão em brochura foi publicada sem o primeiro ponto de interrogação.[6] Nick Bostrom, em *Superintelligence: Paths, Dangers, Strategies* (Oxford: Oxford University Press, 2014),[7] destaca os potenciais riscos catastróficos da inteligência artificial para um público amplo, inclusive o Vale do Silício. O livro de Sonia (S. M.) Amadae, *Prisoners of Reason: Game Theory and Neoliberal Political Economy* (Cambridge: Cambridge University Press, 2016), faz a ligação entre a guerra nuclear, a teoria dos jogos e a economia contemporânea, e nos mostra que alguns tipos de risco para a nossa existência nada têm de novo.

Para outras reflexões sobre a história complexa da relação entre Estados e empresas — e os modelos híbridos que já existiram —, um estudo oportuno é *International Order in Diversity: War, Trade and Rule in the Indian Ocean*, de Andrew Phiips e J. C. Sharman (Cambridge: Cambridge University Press, 2015). Os autores acreditam que a hegemonia do Estado soberano é a exceção, e não a regra, mesmo na história relativamente recente. E podem ter razão.

Proliferam hoje livros que tentam dissecar o que a tecnologia digital significa para o funcionamento da democracia. A obra de Frank Pasquale, *The Black Box Society: The Secret Algorithms That Control Money and Information* (Cambridge, MA: Harvard University Press, 2015), explica por que deixar que os algoritmos tomem decisões por nós será ruim para a democracia. Pelo lado positivo, o livro de Geoff Mulgan, *Big Mind: How Collective Intelligence Can Change Our World* (Princeton, NJ: Princeton University Press, 2017), explora o potencial de resolução de problemas criado pelo aprendizado de máquinas para a democracia. Em *Political Turbulence: How Social Media Shape Collective Action* (Princeton, NJ: Princeton University Press, 2015), Helen Margets e seus coautores desfazem algumas ilusões quanto às câmaras de eco e à prevalência do pensamento de grupo na internet. Como sempre, a história verdadeira é, ao mesmo tempo, melhor e pior do que podemos imaginar.

Neste livro, eu me refiro a romances, além de obras de não ficção. Um que não discuto é o romance de Philip Roth *The Plot Against America* (Boston: Houghton Mifflin; Londres: Jonathan Cape, 2004).[8] De muitas maneiras, esse romance vai contra os temas que tento abordar, porque Roth imagina uma versão alternativa dos Estados Unidos do início da década de 1940 em que um fascista consegue chegar à Casa Branca. Roth deseja nos fazer refletir sobre como algo que não aconteceu no passado pode ainda assim voltar a acontecer. Escreveu mais de uma década antes de Trump, no período de George W. Bush e da Lei Patriótica. Mesmo na era Trump, não acho que o passado alternativo de Roth seja o nosso futuro coletivo. Ainda assim, trata-se de uma das obras de ficção mais assustadoras e irresistíveis que já li na vida.

Agradecimentos

Parte das reflexões por trás deste livro vem de dois projetos coletivos de pesquisa de que participei em Cambridge: Conspiração e Democracia (http://www.conspiracyanddemocracy.org) e Tecnologia e Democracia (http://www.techdem.crassh.cam.ac.uk). Sou muito grato aos meus colegas desses projetos por seu estímulo e apoio. E tenho uma dívida de gratidão especial para com John Naughton, que trabalhou comigo em ambos e foi uma fonte incansável de encorajamento e de ideias. Este livro não teria sido escrito sem a sua ajuda.

Também sou muito grato aos convidados e colegas que participaram comigo do podcast Talking Politics (https://www.talkingpoliticspodcast.com). Empregamos muito tempo nos últimos dezoito meses falando sobre a situação da democracia, e aprendo coisas novas a cada vez. Desejo agradecer especialmente a Helen Thompson: de todos, ela é a pessoa com quem aprendi mais.

Andrew Franklin, da Profile Books, sugeriu que eu escrevesse este livro, e melhor editor eu não poderia ter encontrado: amigável mas cheio de expectativas. O mesmo também ocorreu com Lara Heimert na Basic Books. Aos dois e aos demais profissionais das duas editoras, dirijo meus agradecimentos por seu trabalho árduo e seu entusiasmo. Meu agente, Peter Straus, também foi um grande paladino deste livro. Contei com a valiosa assistência de pesquisa de Benjamin Studebaker, que discutiu comigo algumas das ideias deste livro e me deu várias outras.

Um primeiro esboço dos argumentos deste livro foi publicado num artigo que escrevi para a *London Review of Books*, chamado "Is This How Democracy Ends?", publicado pouco depois da vitória de Trump, em dezembro de 2016. Sou grato como sempre a Mary-Kay Wilmers e à equipe editorial da revista *LRB* por tudo o que fazem em apoio ao que escrevo.

Finalmente, meus mais profundos agradecimentos, e meu amor, vão para a minha esposa, Bee Wilson, e para nossos filhos, Tom, Natasha e Leo. Bee também estava escrevendo um livro ao mesmo tempo que eu. O fato de eu ter acabado antes lança sobre ela uma luz muito melhor que sobre mim.

Notas

Prefácio — Pensando o impensável [pp. 7-15]

1. Francis Fukuyama, "The End of History?", *The National Interest*, n. 16, pp. 3-18, verão de 1989.

Introdução — 20 de janeiro de 2017 [pp. 17-31]

1. "Discurso de posse", *Casa Branca, Governo dos Estados Unidos*, 20 de janeiro de 2017, <http://bit.ly/2mLGtmv>.
2. Esta ideia se origina com Adam Przeworski no texto "Minimalist Conception of Democracy: A Defense", em *Democracy's Value*, org. de Ian Shapiro e Casiano Hacker Cordon (Cambridge: Cambridge University Press, 1999).
3. "Declaração do presidente", *National Archives and Records Administration*, 9 de novembro de 2016, <http://bit.ly/2A28UVs>.
4. Ver nota anterior.
5. "O que está nos acontecendo, e vem nos acontecendo essencialmente desde a noite da eleição e por todos os dias seguintes, é um golpe silencioso", *The Rush Limbaugh Show*, 12 de julho de 2017, <http://bit.ly/2hUIlLW>.

1. Golpe! [pp. 32-89]

1. C. L. Sulzberger, "Greece under the Colonels", *Foreign Affairs*, vol. 48, n. 2, 1970, <http://fam.ag/2zjK029>.
2. Ibid.
3. Yanis Varoufakis, *Adults in the Room: My Battle With Europe's Deep Establishment* (Londres: The Bodley Head, 2017), p. 78.
4. Ibid., p. 469.

249

5. Yanis Varoufakis, op. cit., p. 82.
6. Donald Kagan, *Studies in the Greek Historians* (Cambridge: Cambridge University Press, 2009), p. 46.
7. Edward N. Luttwak, *Coup D'État: A Practical Handbook* (Harmondsworth: Penguin Books, 1968), p. 9. — No Brasil: *Golpe de Estado: Um manual prático*, trad. de Claudia Schilling (Rio de Janeiro: Paz e Terra, 1991).
8. Ibid., p. 24.
9. Citado em Adam Roberts, "Civil Resistance to Military Coups", *Journal of Peace Research*, vol. 12, n. 1, p. 26, 1975.
10. Jonathan Fenby, *The General: Charles De Gaulle and the France He Saved* (Londres: Simon & Schuster, 2010), p. 467.
11. Nancy Bermeo, "On Democratic Backsliding", *Journal of Democracy*, vol. 27, n. 1, pp. 5-19, 2016.
12. Ibid., p. 14.
13. Bruce Ackerman, *The Decline and Fall of the American Republic* (Cambridge, MA: Harvard University Press, 2010).
14. Sam Bourne, *To Kill the President* (Londres: HarperCollins, 2017). — No Brasil: *Matem o presidente*, trad. de Clóvis Marques (Rio de Janeiro: Record, 2017).
15. Chris Mullin, *A Very British Coup* (Londres: Hodder & Stoughton, 1982).
16. Joseph E. Uscinski et al., "Conspiracy Theories Are for Losers", *APSA 2011 Annual Meeting Paper*, agosto de 2011, <http://bit.ly/2zr6OBx>.
17. Joseph E. Uscinski e Joseph M. Parent, *American Conspiracy Theories* (Nova York: Oxford University Press, 2014).
18. Ver Joel Rogers, "Are Conspiracy Theories for (Political) Losers?", *YouGov–Cambridge*, 13 de fevereiro de 2015, <http://bit.ly/2ACrfI5> (resultado completo da pesquisa: <http://bit.ly/2k2kvNf>).
19. Citado em Christian Davies, "The Conspiracy Theorists Who Have Taken over Poland", *The Guardian Long Read*, 16 de fevereiro de 2016, <http://bit.ly/2enJyVI>.
20. Ver "Free Silver and the Mind of 'Coin' Harvey", em Richard Hofstadter, *The Paranoid Style in American Politics* (Nova York: Vintage, 2008).
21. Para a versão clássica desta história, ver Richard Hofstadter, *The Age of Reform: From Bryan to F.D.R.* (Nova York: Alfred A. Knopf, 1955).
22. Thomas Piketty, *Capital in the Twenty-First Century* (Cambridge, MA: Harvard University Press, 2014). — No Brasil: *O capital no século XXI*, trad. de Monica B. de Bolle (Rio de Janeiro: Intrínseca, 2014).
23. Walter Scheidel, *The Great Leveler: Violence and the History of Inequality From the Stone Age to the Twentyfirst Century* (Princeton, NJ: Princeton University Press, 2017).

2. Catástrofe! [pp. 90-128]

1. Rachel Carson, "Silent Spring – 1", *New Yorker*, 16 de junho de 1962, <http://bit.ly/2zYoOlx>. — No Brasil, em forma de livro: *Primavera silenciosa*, trad. de Claudia S. Martins (São Paulo: Gaia, 2010).
2. John Hersey, "Hiroshima", *New Yorker*, 31 de agosto de 1946, <http://bit.ly/2yibwPT>. — No Brasil, em forma de livro: *Hiroshima*, trad. de Hildegard Feist (São Paulo: Companhia das Letras, 2002).
3. Hannah Arendt, "Eichmann in Jerusalem – 1", *New Yorker*, 16 de fevereiro de 1963 (e os quatro números seguintes), <http://bit.ly/2gkvNOi>. — No Brasil, em forma de livro: *Eichmann em Jerusalém*, trad. de José Rubens Siqueira (São Paulo: Companhia das Letras, 1999).
4. Ibid.
5. "The Desolate Year", *Monsanto Magazine*, outubro de 1962, pp. 4-9.
6. Paul Krugman, "Pollution and Politics", *The New York Times*, 27 de novembro de 2014, <http://nyti.ms/2B288H9>.
7. Eben Harrell, "The Four Horsemen of the Nuclear Apocalypse", *Time*, 10 de março de 2011, <http://ti.me/2hMn8RY>.
8. Timothy Snyder, *On Tyranny: Twenty Lessons from the Twentieth Century* (Londres: The Bodley Head, 2017), p. 50. — No Brasil: *Sobre a tirania: Vinte lições do século XX para o presente*, trad. de Donaldson M. Garschagen (São Paulo: Companhia das Letras, 2017).
9. Timothy Snyder, *Bloodlands: Europe Between Hitler and Stalin* (Nova York: Basic Books, 2010). — No Brasil: *Terras de sangue: A Europa entre Hitler e Stalin*, trad. de Mauro Pinheiro (Rio de Janeiro: Record, 2012).
10. Derek Parfit, *Reasons and Persons* (Oxford: Oxford University Press, 1984), pp. 453 ss.
11. Citado em Craig Lambert, "Nuclear Weapons or Democracy", *Harvard Magazine*, março de 2014, <http://bit.ly/2i2BFgc>.
12. Nick Bostrom, "Existential Risks: Analyzing Human Extinction Scenarios and Related Hazards", *Journal of Evolution and Technology*, vol. 9, n. 1, 2002, <http://bit.ly/2jSajtw>.
13. Ibid.
14. Raffi Khatchadourian, "The Doomsday Invention", *New Yorker*, 23 de novembro de 2015, <http://bit.ly/2zdfTJY>.
15. Cormac McCarthy, *The Road* (Londres: Picador, 2006), p. 54. — No Brasil: *A estrada*, trad. de Adriana Lisboa (Rio de Janeiro: Alfaguara, 2007).
16. David Mitchell, *The Bone Clocks* (Londres: Sceptre, 2014).
17. E. M. Forster, "The Machine Stops", em *The Eternal Moment and Other Stories* (Londres: Sidgwick & Jackson, 1928).

18. Christopher Clark, *The Sleepwalkers: How Europe Went to War in 1914* (Londres: Allen Lane, 2013). — No Brasil: *Os sonâmbulos: Como eclodiu a Primeira Guerra Mundial*, trad. de Berilo Vargas (São Paulo: Companhia das Letras, 2014).

3. Revolução tecnológica! [pp. 129-75]

1. Mahatma Gandhi, *Hind Swaraj and Other Writings*, org. de Anthony J. Parel (Cambridge: Cambridge University Press, 1997), p. 35. — No Brasil: *Hind Swaraj: Autogoverno da Índia*, trad. de Gláucia Gonçalves, Divinize Carbonieri, Carlos Gohn, Laura P. Z. Izarra (Brasília: Funag, 2010).
2. David Edgerton, *Shock of the Old: Technology and Global History since 1900* (Londres: Profile, 2006).
3. Thomas Hobbes, *Leviathan*, org. de Richard Tuck (Cambridge: Cambridge University Press, 1996), p. 9. — No Brasil: *Leviatã*, org. de Eunice Ostrensky, trad. de J. P. Monteiro, M. B. Nizza da Silva e C. Berliner (São Paulo: Martins Fontes, 2003).
4. Mark Zuckerberg, "Building Global Community", Facebook, 16 de fevereiro de 2017, <http://bit.ly/2m39az5>.
5. Dave Eggers, *The Circle* (Nova York: Alfred A. Knopf, 2013). — No Brasil: *O Círculo*, trad. de Rubens Figueiredo (São Paulo: Companhia das Letras, 2014).
6. Mark Zuckerberg, "Mark Zuckerberg", Facebook, 3 de janeiro de 2017, <http://bit.ly/2hXwZIi>.
7. Josh Glancy, "Mark Zuckerberg's 'Listening Tour'", *Sunday Times*, 23 de julho de 2017, <http://bit.ly/2hVF4gM>.
8. Dave Eggers, *The Circle*, p. 386.
9. O relato mais completo desses fatos se encontra em Jon Ronson, *So You've Been Publicly Shamed* (Nova York: Riverhead Books, 2015). — No Brasil: *Humilhado: Como a era da internet mudou o julgamento público*, trad. de Mariana Kohnert (Rio de Janeiro: Best Seller, 2015).
10. Ezra Klein e Alvin Chang, "'Political Identity Is Fair Game for Hatred': How Republicans and Democrats Discriminate", *Vox*, 7 de dezembro de 2015, <http://bit.ly/2ja3CQb>.
11. "Mark Lilla vs Identity Politics", *The American Conservative*, 16 de agosto de 2017, <http://bit.ly/2uTZYhy>.
12. "Transcrição do quinto debate republicano", *The Washington Post*, 15 de dezembro de 2015, <http://wapo.st/2mTDrBY>.
13. Joseph Schumpeter, *Capitalism, Socialism, and Democracy* (Nova York: Harper and Brothers, 1942). — No Brasil: *Capitalismo, socialismo e democracia*, trad. de Luiz A. O. de Araújo (São Paulo: Unesp, 2017).

14. Joe McGinnis, *The Selling of the President 1968* (Nova York: Trident Press, 1969).
15. Robert A. Burton, "Donald Trump, Our AI President", *The New York Times*, 22 de maio de 2017, <https://nyti.ms/2rJHrT3>.
16. Citado em L. A. Scaff, *Max Weber in America*, Princeton, NJ: Princeton University Press, 2011, p. 177.

4. Alguma coisa melhor? [pp. 176-220]

1. Nick Land, "The Dark Enlightenment: Part I", *The Dark Enlightenment* (2013), <http://bit.ly/2zZA5Cz>.
2. Ibid.
3. Curtis Yarvin, "Moldbug's Gentle Introduction", *The Dark Enlightenment* (2009), <http://bit.ly/2zft6lk>.
4. Alessio Piergiacomi, "What Would an AI Government Look Like?", *Quora*, 30 de abril de 2016.
5. Ibid.
6. Winston Churchill, Câmara dos Comuns, 11 de novembro de 1947, <http://bit.ly/2hMe3bR>.
7. Steven Levitsky e Lucan A. Way, *Competitive Authoritarianism: Hybrid Regimes after the Cold War* (Cambridge: Cambridge University Press, 2010).
8. Daniel A. Bell et al., "Is the China Model Better Than Democracy?", *Foreign Policy*, 19 de outubro de 2015, <http://atfp.co/1jRIJXC>.
9. Ibid.
10. John Stuart Mill, *Considerations on Representative Government* (Londres: Parker & Son, 1861). — No Brasil: *Considerações sobre o governo representativo*, trad. de Denise Bottmann (Porto Alegre: L&PM Pocket, 2018).
11. Jason Brennan, *Against Democracy* (Princeton, NJ: Princeton University Press, 2016), p. 221.
12. Ibid., p. 212.
13. Christopher H. Achen e Larry M. Bartels, *Democracy for Realists: Why Elections Do Not Produce Responsive Government* (Princeton, NJ: Princeton University Press, 2016), p. 310.
14. Brennan, *Against Democracy*, p. 7.
15. David Estlund, *Democratic Authority: A Philosophical Framework* (Princeton, NJ: Princeton University Press, 2007).
16. Brennan, *Against Democracy*, p. 221.
17. Brian Wheeler, "Nigel: The Robot Who Could Tell You How to Vote", *BBC News*, 17 de setembro de 2017, <http://bbc.in/2x6K1IV>.

18. Benjamin M. Friedman, *The Moral Consequences of Economic Growth* (New York: Alfred A. Knopf, 2005). — No Brasil: *As consequências morais do crescimento econômico*, trad. de Renato Bittencourt (Rio de Janeiro: Record, 2009).
19. Robert Nozick, *Anarchy, State, and Utopia* (New York: Basic Books, 1974), p. 310. — No Brasil: *Anarquia, Estado e utopia*, trad. de Fernando Santos (São Paulo: WMF Martins Fontes, 2011).
20. Paul Mason, *Postcapitalism: A Guide to Our Future* (Londres: Allen Lane, 2015). — No Brasil: *Pós-capitalismo: Um guia para o nosso futuro*, trad. de José Geraldo Couto (São Paulo: Companhia das Letras, 2017).
21. Ibid, p. 134.
22. Philip N. Howard, *Pax Technica: How the Internet of Things May Set Us Free or Lock Us Up* (New Haven, CT: Yale University Press, 2015), p. 224.
23. Ibid., pp. 161-2.
24. Paul Mason, *Postcapitalism*, p. 283.
25. Alex Williams e Nick Srnicek, "#ACCELERATE MANIFESTO for an Accelerationist Politics", *Critical Legal Thinking*, 14 de maio de 2013, <http://bit.ly/18usvb4>.
26. Yuval Noah Harari, *Homo Deus: A Brief History of Tomorrow* (Londres: Harvill Secker, 2016). — No Brasil: *Homo Deus: Uma breve história do amanhã*, trad. de Paulo Geiger (São Paulo: Companhia das Letras, 2016).
27. Derek Parfit, *Reasons and Persons* (Oxford: Oxford University Press, 1984), parte 3.

Conclusão — É assim que a democracia chega ao fim [pp. 221-33]

1. "UK to Dodge Greek Fate with Tough Budget — Osborne", *Reuters*, 20 de junho de 2010, <https://reut.rs/2MFIOgV>.
2. Steven Pinker, *The Better Angels of Our Nature: The Decline of Violence in History and Its Causes* (Londres: Allen Lane, 2011). — No Brasil: *Os anjos bons da nossa natureza: Por que a violência diminuiu*, trad. de Bernardo Joffily e Laura T. Motta (São Paulo: Companhia das Letras, 2013).
3. Ver Clay Shirky, "Power Laws, Weblogs and Inequality", 8 de fevereiro de 2003, <http://bit.ly/1nyyc36>.
4. Alex Cuadros, "Open Talk of a Military Coup Unsettles Brazil", *New Yorker*, 13 de outubro de 2017, <http://bit.ly/2gjbW25>.

Epílogo — 20 de janeiro de 2053 [pp. 234-40]

1. Ver Yuval, *Homo Deus*.

Leituras recomendadas [pp. 241-5]

1. No Brasil: *Por que as nações fracassam: As origens do poder, da prosperidade e da pobreza*, trad. de Cristina Serra (São Paulo: Elsevier; Alta Books, 2012).
2. No Brasil: *O fim da história e o último homem*, trad. de Aulyde S. Rodrigues (Rio de Janeiro: Rocco, 2015).
3. No Brasil: *As origens da ordem política*, trad. de Nivaldo Montingelli Jr. (Rio de Janeiro: Rocco, 2013).
4. No Brasil: *Ordem e decadência política: Da Revolução Industrial à globalização da democracia*, trad. de Nivaldo Montingelli Jr. (Rio de Janeiro: Rocco, 2018).
5. No Brasil: *A chegada do Terceiro Reich*, trad. de Lucia Brito (São Paulo: Crítica, 2017).
6. No Brasil: *Hora final: Alerta de um cientista*, trad. de Maria Guimarães (São Paulo: Companhia das Letras, 2005).
7. No Brasil: *Superinteligência: Caminhos, perigos, estratégias*, trad. de Aurelio A. Monteiro, Clemente G. Penna, Fabiana G. Monteiro, Patricia R. Geremias (Rio de Janeiro: Darkside, 2018).
8. No Brasil: *Complô contra a América*, trad. de Paulo Henriques de Britto (São Paulo: Companhia das Letras, 2005).

Índice remissivo

A

aceleracionismo, 212-5
Achen, Christopher *ver* Bartels,
  Larry e Achen, Christopher
Ackerman, Bruce, 61-2
administração pública, 47-8, 61-3;
  ver burocracias
Afeganistão, 83
África, 88-9; *ver* Argélia; Zimbábue
Alemanha, 57
  corporações, 139
  e a dívida grega, 38-9, 126-7
  eleição de Hitler, 25
  República de Weimar, 106-8
Amazon, 141, 146
ambientalistas, 100, 213
ampliação do poder Executivo, 52-3
  Exército, 61-3
  presidentes dos Estados Unidos,
    100-1
anarquismo, 205-6, 228
Apple, 141, 146
aquecimento global, 100, 111-2; *ver*
  mudança climática
Arendt, Hannah, 93-5, 106
  "Eichmann em Jerusalém", 92
Argélia: golpe, 48-50
Argentina, 173
armas nucleares, 63, 91-2, 94
Aristóteles, 171

Atenas, antiga, 41, 44
  teorias da conspiração, 67-8
  epistocracia, 190-1
Atenas, moderna, 32-5; *ver* Grécia
  austeridade, 222
Austrália, 173
autoritarismo, 165, 182-5
  "competitivo", 187
  pragmático, 183-6, 188-9, 193, 198,
    218-9
  aversão à perda, 186, 200

B

Banco Central Europeu (BCE), 39,
  45, 126
bancos, 140, 145 ; *ver* Banco
  Central Europeu (BCE)
bancos de dados, 132
Bannon, Steve, 19
banqueiros, 76-7, 126, 193
Bartels, Larry e Achen, Christopher:
  Democracy for Realists, 196-7
Bell, Daniel A., 188
Benn, Tony, 65
Bentham, Jeremy, 136-7, 162
Bermeo, Nancy, 50-2
bioengenharia, 112-3
bitcoin, 145
Bostrom, Nick, 114-5

Bourne, Sam (pseudônimo): *Matem o presidente*, 64
Brasil, 233
Brennan, Jason: *Against Democracy*, 195-9, 201-3
Bryan, William Jennings, 76-7
burocracias, 92-3, 107, 136, 182; *ver* administração pública
Burton, Robert, 170
Bush, George W., 18, 62

C

Cambridge Analytica (empresa), 166-7, 169
"caminhar na corda bamba", 125-6
capitalismo, 209, 212
Carson, Rachel: "Primavera silenciosa", 90-1, 96-7, 115-7
catástrofe, 13, 93-4
    ambiental, 90-1, 93, 95-102; *ver* mudança climática
    nuclear, 91-2, 106
    total, 108-9
Chicago: violência, 225-6
China
    como uma meritocracia, 187-8
    economia, 183
    modelo de governo, 185-6
    e mudança climática, 186
    nacionalismo, 184
    Partido Comunista, 183-4
    política externa, 36
    poluição, 97
    visão de Trump, 184-5
Chipre: golpes, 39, 45
Churchill, Winston, 14, 84, 180, 188
Clark, Christopher: *Os sonâmbulos: Como eclodiu a Primeira Guerra Mundial*, 124

Clemenceau, Georges, 79, 83-4
Clinton, Bill, 61-2
Clinton, Hillary, 20-2, 24, 81, 212
computadores, 124, 132-5, 167, 179
conhecimento
    aquisição de, 163
    em ciências sociais, 196
    e discriminação, 191-2
    e internet, 163
    e poder, 199-200, 211-2
    político, 201
    social, 209
Companhia das Índias Orientais, 140
comunismo, 207; *ver* China; Partido Comunista; marxismo-leninismo; stalinismo
conciliação, 153
Constantino (imperador romano), 33
consumismo, 177
Corbyn, Jeremy, 65, 103-4, 159-60, 223
Coreia do Norte, 125, 227
corporações, 138-42, 148-9, 177-8
crash financeiro (2008), 87, 120, 126
crescimento econômico, 184, 205
    e aceleracionistas, 212
    Estados Unidos, 186-7
    Europa Ocidental, 186
    e populismo, 205
crises, 11-2
    Crise dos Mísseis em Cuba (1962), 103, 117
    da meia-idade, 11, 14, 29, 180-1, 220, 233
Cummings, Dominic, 191

D

De Gaulle, Charles, 48-50, 58, 160
democracia
    ameaças, 8, 13-4, 18-9, 27-8, 52-3,
      60-1, 121, 126; *ver* golpes
    apelo da, 12, 54, 181-2
    difusão da, 9
    direta, 41, 54, 152-3, 160, 171-4
    de espectadores, 53
    falência da, 57, 67, 242
    fortes e fracas, 66-7
    obsolescência, 88, 179-80
    de plateia, 53
    plebiscitária, 53
denunciante *ver* Snowden, Edward
desarmamento nuclear, 65, 103-4, 117
    Campanha para o Desarmamento
      Nuclear (CND, de Campaign for
      Nuclear Disarmament), 103
desigualdade
    e corporações, 140-1
    e meio ambiente, 98-9
    e populismo, 86-7
    e tecnologia digital, 217
    e violência, 87-9
despertar da consciência, 93-4, 97
dignidade
    coletiva, 182-4
    e eleições, 182, 189
    e perda, 186
Dorsey, Jack, 146
Dreyfus, Alfred, 77
distopias, 99-100, 123-4, 128, 136, 235

E

Economist, The (revista), 142
Edgerton, David, 131
educação, 119, 174, 195-7

Eggers, David: *O Círculo*, 148-51, 153
Egito, 55-7, 60
Eichmann, Adolf, 92, 93-5
eleições, 10, 232
    e computadores, 124
    e desinformação, 166-7
    e dignidade, 182, 189
    Egito, 55-6
    Estados Unidos *ver*
      Estados Unidos
    França, 158
    fraude, 50
    e golpes, 50-1
    Grécia, 34-5, 45-7, 158
    Holanda, 158
    Itália, 158
    manipulação das, 50
    online, 173
    processo de tomada de decisão,
      190, 201
    e publicidade, 169-70
    Turquia, 57-8
    Reino Unido, 103
    ver votação
elites, 83
    e desarmamento nuclear, 103-4
    empresas, 148-9
    e mudança climática, 99-100
    poder das, 69
    e populismo, 73-4
    ver fortuna
epistocracia, 190, 191-200, 204, 218
Equilibrista, O (documentário), 127
Erdogan, Recep, 58-60, 72, 74, 159,
    228
escravidão, 29, 41, 81, 132-3
Espanha, 173
Estados de bem-estar social, 78, 80,
    84, 119
Estados Unidos, 29, 30, 55-6
    acidentes de trânsito, 226

Agência Nacional de Segurança
(NSA, de National Security
Agency), 162
CIA, 34, 36
em comparação ao Egito, 55-6
Congresso, 25-6
conquista de direitos políticos, 84
corporações, 142
crescimento econômico, 186-7
Crise dos Mísseis em Cuba, 117
demonstrações, 10-1
democracia direta, 173
desigualdade, 87-8
direitos, 80
eleições presidenciais, 20, 22,
61-2, 65, 76, 235-9
e guerra nuclear, 94, 103-4
e Grécia, 36
Kennedy, John F., 117
Trump, Donald, 7-8, 11, 20, 26, 31,
128, 159
Exército, 23-4
fracasso da democracia, 9, 24
guerra com a Espanha, 83
imigração, 195
Judiciário, 25-6
macartismo, 75
meio ambiente, 95-7
metadados, 164
mudança climática, 100
New Deal, 84, 86
partidos políticos
Democratas, 21, 69, 72, 117,
156-7, 236
Republicanos, 69, 156-7, 236
pax americana, 211
pesticidas, 96
políticos, 175
populismo, 75-7, 83
prisões, 226
reformas, 77-8

teorias da conspiração, 70, 74
"tirania da maioria", 152
Vale do Silício, 146-7, 218
violência, 81-2, 226; *ver* Chicago;
Nova York; Texas
Estlund, David: *Democratic
Authority*, 199
Etiópia, 165
especialistas *ver* epistocracia;
tecnocracia
Exército, 34-6, 45, 48-9, 56-9, 76,
145; *ver* Forças Armadas
ExxonMobil, 100

F

Facebook, 141-50, 155, 159-60, 167,
168, 237
fake news, 72, 83, 88, 107, 134, 166-7
fascismo, 180
Forças Armadas, 20, 23, 33, 55, 57,
59; *ver* Exército
Forster, E. M.: "A máquina para",
123, 129
fortuna: e morte, 218; *ver* elites
França
e Argélia, 48-50
conquista de direitos políticos,
84
eleições presidenciais, 65-6, 158
movimento En Marche, 158-9
referendos, 78
teorias da conspiração, 74-5
Freedland, Jonathan *ver* Bourne,
Sam
Friedman, Benjamin, 205
Fukuyama, Francis, 7, 116, 221
Fundo Monetário Internacional
(FMI), 32, 73
futurismo, 212

G

Gandhi, Mahatma, 129-31, 134, 136, 140, 153, 155, 207
  manifesto *Hind Swaraj*, 129-30
Garton Ash, Timothy, 187-8
Goldman, Emma, 207
golpes, 9, 233
  Argélia, 48-50
  Chipre, 39, 45
  e catástrofes, 93
  condições econômicas para, 37
  e conspirações, 13, 67
  contragolpe, 63-4
  em Luttwak, 47-8, 50, 53
  esclarecedores, 66
  na ficção política, 64-5
  Grécia, 32-6, 38-46, 52
  Turquia, 57-8, 60, 72-3
  variedades de, 50-1
    ampliação do poder Executivo, 50
    executivos, 50
    fraude no dia da eleição, 50
    manipulação estratégica das eleições, 51
    promissórios, 50
  Zimbábue, 55
Google, 133, 141-2, 145-6, 148-9
Gore, Al, 129
Grécia, 32-47, 57, 222-5
  Aurora Dourada, 36, 38
  demografia, 37-8
  divisões, 35
  economia, 34, 37-9, 45, 126-7, 188, 221-4
  eleições, 34-5, 45-6, 158
  Exército, 45
  golpes, 32-6, 38-46, 52
  governo Syriza, 38, 45
  Guerra Fria, 36
  imigração, 224
  interesse estrangeiro na, 35
  novas fontes, 40-1
  refugiados, 36
  tecnocracia, 192
  União de Centro, 32
  União Radical Nacional (ERE), 34
  violência, 34, 37, 224
  ver Atenas, antiga
Grécia, antiga, 94; *ver* Atenas, antiga
Grillo, Beppe, 173
grupos de pressão, 97
Gülen, Fethullah, 59
Guerra do Iraque (2003), 83
Guerra Fria, 38, 75, 87, 103-5, 116, 118, 120

H

Hammond, Philip, 223
Hamon, Benoît, 158
Harari, Yuval Noah, 214, 234
Hersey, John: "Hiroshima", 91-2, 93, 102
hierarquias, 146-8
Hitler, Adolf, 25, 107-8
Hobbes, Thomas, 137
  Leviatã, 137, 140, 143-5, 147-8, 161, 163-4, 172, 217
Hofstadter, Richard, 75
Holanda, 158
Howard, Philip N.: *Pax technica*, 210-1, 219
Hungria, 52, 187

I

igualdade, 217; *ver* desigualdade
imigração, 62, 76, 195-6, 224

261

impostos, 78-9, 140, 206

Índia
   conquista de direitos políticos, 84
   independência, 129-30
   movimentos políticos, 160
   poluição, 97-8
   reforma, 85-6, 130-1
   tecnologia, 130-1
   teorias da conspiração, 73

insensatez, 87-8, 106

Inteligência artificial (IA), 112-3, 121, 131-2, 135-8, 202-4

interconexão, 121-4

internet, 163-4, 173-4
   "das coisas", 210-1
   governança da, 211
   invenção da, 129
   e liberação, 208-9
   publicidade, 168-70
   tomada de decisão, 171-2
   utopias, 214-5
   e vigilância, 164-5
   ver revolução digital

Islândia, 173

Itália, 57, 158, 173, 212

J

Japão, 221-5
   Hiroshima, 91-2, 113, 116
   imigração, 224
   Nagasaki, 102
   população, 223-4
   violência, 224

Jaurès, Jean, 79

Judeus
   Caso Dreyfus, 76-7
   Holocausto, 93, 107
   teorias da conspiração, 73-4, 76-7

junta militar, 44, 57

K

Kazcyński, Jarosław, 73

Kazcyński, Lech, 74

Kennedy, John F., 68, 97, 117

Khruschóv, Nikita, 117

Kimera Systems (empresa de tecnologia digital), 202

Kissinger, Henry, 63, 104-5

Krugman, Paul, 98

Kubrick, Stanley: *Dr. Fantástico ou: Como aprendi a parar de me preocupar e amar a bomba* (filme), 104, 118

L

Land, Nick, 176-7

Le Pen, Marine, 159

Lênin, Vladímir Ilitch: *Estado e Revolução*, 182

libertarismo, 207

Lilla, Mark, 160

Limbaugh, Rush, 26

Lincoln, Abraham, 20

Lloyd George, David, 79

Long, Huey, 56

Luttwak, Edward: *Coup D'État: A Practical Handbook*, 47-8, 50, 53, 57, 59, 63

M

McCarthy, Cormac: *A estrada*, 122, 128

McGinnis, Joe: *The Selling of the President*, 169

máquinas, 14, 112, 114, 121, 123, 129-30, 131-6, 138, 158, 204,

209-10, 214-5, 217, 218, 229; *ver*
computadores; inteligência
artificial; robôs; tecnocracia;
tecnologia
McKinley, William, 82
Macron, Emmanuel, 158-60, 174
Marx, Karl, "O fragmento sobre as
máquinas", 209
Marxismo-leninismo, 182-3
Mason, Paul, *Pós-capitalismo: Um
guia para o nosso futuro*, 209-10,
212, 219
Mélenchon, Jean-Luc, 65-6
Mencius Moldbug *ver* Yarvin,
Curtis
metadados, 162, 164
mídia social, 159; *ver* Facebook;
redes sociais; Twitter
Mill, John Stuart, 194-7, 200, 202
Miller, Stephen, 19
Mitchell, David: *The Bone Clocks*,
122-3
Modi, Narendra, 73
moeda, 145, 238
digital, 145
morte, 30, 46, 74, 82, 90, 92, 109-10,
115, 153, 184, 217-8, 225
mudança climática, 13, 99-101,
105-6, 109-10, 118, 186, 192
apoio político, 117-8
armas nucleares, 104-5
China, 186
e divisão, 108
despertar da consciência, 93
Estados Unidos, 95-7
evidências, 97
e fake news, 83
França, 76-7
e guerra, 85
e incerteza, 105
Índia, 73

natureza gradual, 106
Polônia, 73
Reino Unido, 103
e riscos, 109-10
teorias da conspiração, 100
e totalitarismo, 106
Turquia, 73
ver aquecimento global
monarcas, 178
Monsanto (empresa): "The
Desolate Year", 96
mudança social, 205, 234
Mugabe, Robert, 55
Mullin, Chris: *A Very British
Coup*, 65

N

nazistas, 92, 106, 108
Nova York
crime, 225
World Trade Center, 127
New York Times, The (jornal),
168
New Yorker (revista), 90
Nixon, Richard, 63, 98, 101, 169
Nozick, Robert: *Anarquia, Estado e
Utopia*, 206-8
Nunn, Sam, 104

O

Obama, Barack
e desigualdade, 87-8
e eleição de Trump, 20-2, 23-4
medidas executivas, 61-2
e mudança climática, 100-1
e teoria da conspiração, 71
Orbán, Viktor, 187, 223

Osborne, George, 222
Otan, 33, 65-6
Oxford and Cambridge Review
(revista), 129

P

Papademos, Lucas, 45-6, 48
Papandreou, Andreas, 32-3
Papandreou, George, 45
paranoia, 34, 73, 75, 82, 104
Parent, Joe, 68
Parfit, Derek, 100, 215-8
partidos da rede, 173
partidos políticos, 229
    artificialidade, 155-6
    associados, 156-8
    carisma, 157
    enquanto máquinas, 135-6
    Estados Unidos, 156-8, 229
    natureza partidária, 156
    "piratas", 172
    e políticas identitárias, 160-1
Paul, Rand, 164
Perry, William, 104
pesticidas, 93, 96-8, 100
Petit, Philippe, 127-8
petrolíferas, 140
Piergiacomi, Alessio, 179
Piketty, Thomas: *O capital no século XXI*, 86
Pinker, Steven: *Os anjos bons da nossa natureza*, 225
Platão, 191
políticos: e confiança, 153-5, 165, 228-9
Polônia, 52, 73-4
polícia, 151, 182, 225
política identitária, 81, 160-1, 189, 215-6

poluição, 97-8, 186
populismo, 19
    e banalidade, 107-8
    causas do, 72
    e crescimento econômico, 205
    e desigualdade, 86
    e desligamento, 151
    Estados Unidos, 74-6, 81
    e guerra, 82-3
    e movimentos políticos, 158-9
    e teoria da conspiração, 70-2
princípio da precaução, 109-10
prisões, 162, 226
publicidade, 168
    e eleições, 169-70
    internet, 168, 170
Pútin, Vladímir, 168, 187

R

racismo, 152-3
Rand, Ayn, 207
referendos, 39-40, 54-5, 59, 93, 191, 195
    França, 49
    Reino Unido, 54-5
    Turquia, 59
reforma, 77-9, 83-4, 86-8, 136, 187, 197; *ver* mudança social
rede social, 159
redes
    e anarquismo, 205-6
    interconexão, 121-4
    movimentos políticos, 158
    e mudança, 209-10
    sociais, 145-6, 151-2, 157, 159-61, 170, 189, 210
    utópicas, 213-4
    ver Facebook; rede social; Twitter; internet

Reino Unido
austeridade, 222
Brexit, 54-5, 80, 166, 174, 191
Campanha para o
Desarmamento Nuclear (CND,
de Campaign for Nuclear
Disarmament), 103
conquista de direitos políticos,
84
eleições gerais, 103
Estado de bem-estar social, 84
Guerra dos Bôeres, 83
metadados, 164
Partido Conservador, 156, 222-3
Partido Trabalhista, 65, 78, 103,
158, 160
reforma, 197
revoluções, 47, 87, 178, 182-3, 209;
ver revolução digital
revolução da informática, 13, 209;
ver internet
revolução digital, 162, 175, 216, 229,
231-4
risco, 110-6, 118, 120-1, 125
robôs, 13-4, 112, 120-1, 133-4, 137-9,
167, 179, 224
Rockefeller, John D., 141-2
Roosevelt, Theodore, 77-9, 92, 140
ruptura, 211-2
Rússia, 74, 187
"autoritarismo competitivo", 187
coleta de dados, 167
Crise dos Mísseis em Cuba, 117-8
política externa, 36

S

Sacco, Justine, 152-3
San Francisco, 173
Sandberg, Sheryl, 146

Sanders, Bernie, 65, 159
Sarandon, Susan, 211
Scarry, Elaine: *Thermonuclear
Monarchy: Choosing Between
Democracy and Doom*, 113
Scheidel, Walter: *The Great
Leveler*, 86
Schlesinger, James, 63
Schultz, George, 104
Shita, Mounir, 202
Simon, Herbert, 163
el-Sisi, Abdul Fatah, 55
Snowden, Edward, 162
*Snyder, Timothy: Sobre a tirania:
Vinte lições do século XX para o
presente*, 107-9
sonâmbulos, 124-6, 128
socialismo, 182
Sócrates, 44, 207
stalinismo, 108, 180, 183
sufrágio universal, 200
Suécia, 173
Sulzberger, Cyrus, 33

T

tecnocracia, 192-3, 204-5, 211, 228
tecnologia, 134
ameaças, 114, 143
corporações, 140-1
digital, 153-4, 161, 165, 172; *ver*
internet
e dignidade, 216
gestão de riscos, 114
informação, 14
e mortalidade, 30
e "o choque do antigo", 131
ver máquinas
teoria da escolha racional, 114
teorias da conspiração, 67-79
teorias dos jogos, 118

terrorismo, 82, 112
terroristas, 105, 164, 226
Texas, 174
Thiel, Peter, 211
tiranias, 68, 150, 152; *ver* totalitarismo
Tocqueville, Alexis de, 142
totalitarismo, 106-7; *ver* tiranias
tribalismo, 174
Truman, Harry S., 92-3
Trump, Melania, 19
Trump, presidente Donald, 55
  ampliação do poder Executivo, 100-1
  apoiadores, 98
  comportamento, 25-8, 166-7, 184-5
  demonstrações em Charlottesville, 10-1
  discurso inaugural, 17-9, 82
  e dignidade, 185
  e empresas do Vale do Silício, 146
  e fake news, 167-8
  eleição de, 7-8, 11, 18-22, 24-9, 31, 128, 159, 166-7
  e guerra nuclear, 94
  influência militar sobre, 66
  e mudança, 211
  e mudança climática, 101-2
  presidência, 226-7
  romances inspirados por, 64-5
  e teoria da conspiração, 71-2
  uso do Twitter, 152
  e vigilância, 164-5
  e violência política, 226-7
Tsipras, Alexis, 40, 223
Turquia, 57-8, 60
  e Chipre, 45
  eleições, 58
  golpes, 57-8, 60, 72-3

movimentos políticos, 159
Partido da Justiça e Desenvolvimento (AKP), 58
referendos, 59
teorias da conspiração, 59-60
Twitter, 65, 73, 146, 152-3, 167, 216

U

União Europeia (UE)
  e corporações, 141
  e Grécia, 36, 38, 126
Uscinski, Joe, 68
utopias, 136, 206-8, 214

V

Varoufakis, Yanis, 38-41, 126, 223
Venezuela, 165, 222-3
vigilância, 162-5, 168
violência, 8, 12-3, 81-3
  Atenas antiga, 44
  declínio da, 19, 81
  e desastre ambiental, 101
  e desigualdade, 86-7
  Estados Unidos, 81-3, 225-7
  Grécia, 37, 224
  Japão, 224
  online, 152-3
  política, 22-4
votação
  direito de, 84
  e Inteligência Artificial (IA), 202-3
  sistemas, 201-2
  ver eleições

W

Weber, Max, 136, 140, 157, 175
Wilson, Woodrow, 77, 79, 83

Y

Yarvin, Curtis, 178

Z

Zimbábue, 55
Zuckerberg, Mark, 141-4, 146-
     -50, 160, 168, 229-30, 237; *ver*
     Facebook

How Democracy Ends © David Runciman, 2018

Todos os direitos desta edição reservados à Todavia.

Grafia atualizada segundo o Acordo Ortográfico da Língua
Portuguesa de 1990, que entrou em vigor em 2009.

capa
Pedro Inoue
Ciça Pinheiro
composição
Manu Vasconcelos
imagem p. 137
Abraham Bosse, 1651
preparação e índice
Sheyla Miranda
revisão
Jane Pessoa
Ana Alvares

2ª reimpressão, 2019

Dados Internacionais de Catalogação na Publicação (CIP)

——

Runciman, David (1967-)
Como a democracia chega ao fim: David Runciman
Título original: *How Democracy Ends*
Tradução: Sergio Flaksman
São Paulo: Todavia, 1ª ed., 2018
272 páginas

ISBN 978-85-88808-13-3

1. Ciência política 2. Democracia 3. Governo democrático
I. Flaksman, Sergio II. Título

CDD 320.01

——

Índice para catálogo sistemático:
1. Ciência política: Ensaio 320.01

todavia
Rua Luís Anhaia, 44
05433.020 São Paulo SP
T. 55 11. 3094 0500
www.todavialivros.com.br

fonte
Register*
papel
Munken print cream
80 g/m²
impressão
Geográfica